21世纪经济管理类教材

税务会计

Tax Accounting

主　编　潘兆国
副主编　薛小青　任　敏　高雪琪

厦门大学出版社　国家一级出版社
XIAMEN UNIVERSITY PRESS　全国百佳图书出版单位

图书在版编目(CIP)数据

税务会计/潘兆国主编. —厦门:厦门大学出版社,2013.1
21世纪经济管理类教材
ISBN 978-7-5615-4540-9

Ⅰ.①税… Ⅱ.①潘… Ⅲ.①税务会计-高等学校-教材 Ⅳ.①F810.42

中国版本图书馆 CIP 数据核字(2013)第 012793 号

厦门大学出版社出版发行
(地址:厦门市软件园二期望海路 39 号 邮编:361008)
http://www.xmupress.com
xmup @ xmupress.com
厦门集大印刷厂印刷
2013 年 1 月第 1 版 2013 年 1 月第 1 次印刷
开本:720×970 1/16 印张:20.5
字数:368 千字 印数:1~3 000 册
定价:32.00 元
本书如有印装质量问题请直接寄承印厂调换

前　言

　　税务会计是以国家现行税收法律法规为依据,以货币为主要计量单位,运用会计核算的专门方法对纳税单位税基的形成、税款的计算、申报和缴纳引起的资金运动进行连续、系统、全面的核算和监督的一种专业会计。

　　现阶段,纳税活动已经渗透到纳税人生产经营活动的每一个环节,成为纳税人进行会计核算和经营决策的一项重要内容,税务会计已形成一套独立的核算体系,并且逐步发展为一个会计分支,与财务会计、管理会计一起成为经济界中现代会计的三大支柱。税务会计的作用也越来越重要。

　　本书的编写,是为了适应我国近些年来在会计制度和税收制度上的修改和调整。2007年1月1日起在上市公司范围内实施新的会计准则体系,并鼓励其他企业执行;2008年1月1日起实施了新的企业所得税法、耕地占用税条例等;另外,2009年1月1日,增值税法、消费税法、营业税法也都有了新的变化。根据党的十七届五中全会精神,按照《中华人民共和国国民经济和社会发展第十二个五年规划纲要》确定的税制改革目标和2011年《政府工作报告》的要求,制定了《营业税改征增值税试点方案》。本书将以最新的政策为指导,做到理论与实务融合,反映新的税务会计理论和技术方法,注意结合我国在税务会计方面的实践、方法和经验,力求反映税务会计的发展变化。教材中每章附有教学目标、练习题及计算题等,能够满足高校学生和自学者的学习要求。

　　本书由潘兆国任主编,薛小青、任敏、高雪琪任副主编,负责全书写作大纲的拟定和编写的组织工作。各章撰写分工如下:第一章、第五章由潘兆国执笔;第二章由叶青执笔;第三章、第七章由任敏执笔;第四章、第十三章由薛小青执笔;第六章由蒋鹏飞执笔;第八章、第九章由高雪琪执笔;第十章由黄德军执笔;第十一章由孙清娟执笔;第十二章由黄芳执笔。全书由潘兆国、薛小青、任敏、高雪琪修改、补充,最后由潘兆国总纂、定稿。

本书的编写，得到了仰恩大学领导、有关同行和部门的关心、支持与帮助，特别是何杨英老师、东育老师对本书的编写提出了许多宝贵意见和建议，与此同时，还得到了厦门大学出版社编辑的大力支持和帮助，谨此一并表示衷心感谢。

在本书的编写过程中，作者参阅了许多专家学者的专著和教材等，谨向相关作者致以诚挚的谢意！书后列出了主要参考文献。

尽管编者收集和研读了大量最新的税收法律文件及相关论著，但由于时间紧，编者水平有限，书中难免有不妥之处，恳请读者给予批评指正。

编者

2012 年 11 月

目 录

第一篇　税务会计基本理论与方法

第1章　税务会计概述 …… 3
1.1 税务会计的产生与发展 …… 3
1.1.1 税务会计的产生 …… 3
1.1.2 税务会计的发展 …… 4
1.2 税务会计的概念与特点 …… 5
1.2.1 税务会计的概念 …… 5
1.2.2 税务会计的特点 …… 5
1.3 税务会计的基本前提与原则 …… 7
1.3.1 税务会计的基本前提 …… 7
1.3.2 税务会计的原则 …… 8
1.4 税务会计的职能与作用 …… 11
1.4.2 税务会计的职能 …… 11
1.4.3 税务会计的作用 …… 12
1.5 税务会计与相关学科的关系 …… 14
1.5.1 税务会计与财务会计 …… 14
1.5.2 税务会计与税收会计 …… 16

第2章　税务会计基本方法 …… 19
2.1 纳税基础 …… 19
2.1.1 税收的概念与特征 …… 19
2.1.2 税制的构成要素 …… 20
2.1.3 税收分类 …… 23
2.2 税务会计要素 …… 24
2.2.1 计税依据 …… 24

    2.2.2 应税收入 ………………………………………… 25
    2.2.3 准予扣除项目 …………………………………… 25
    2.2.4 应税所得 ………………………………………… 26
    2.2.5 应纳税额 ………………………………………… 27
    2.2.6 税务会计等式 ……………………………………… 27
  2.3 税务会计的一般核算方法 ……………………………… 28
    2.3.1 账户设置 ………………………………………… 28
    2.3.2 纳税计算 ………………………………………… 29
    2.3.3 账务处理 ………………………………………… 29
    2.3.4 会计报表 ………………………………………… 29
    2.3.5 其他特殊方法 ……………………………………… 29

第二篇 流转税会计

第 3 章 增值税会计 …………………………………………… 33
  3.1 增值税税制概述 ………………………………………… 33
    3.1.1 增值税的概念和特征 ……………………………… 33
    3.1.2 增值税的纳税人 …………………………………… 34
    3.1.3 增值税的征税范围 ………………………………… 35
    3.1.4 增值税税率和征收率 ……………………………… 38
  3.2 增值税的计算 …………………………………………… 39
    3.2.1 增值税销项税额的计算 …………………………… 39
    3.2.2 增值税进项税额的计算 …………………………… 43
    3.2.3 增值税应纳税额的计算 …………………………… 44
  3.3 增值税的会计核算 ……………………………………… 46
    3.3.1 增值税会计核算的账户设置 ……………………… 46
    3.3.2 一般纳税人增值税的会计核算 …………………… 48
    3.3.3 小规模纳税人增值税的会计核算 ………………… 73

第 4 章 消费税会计 …………………………………………… 76
  4.1 消费税税制概述 ………………………………………… 76
    4.1.1 消费税的概念与特征 ……………………………… 76
    4.1.2 消费税的征税范围 ………………………………… 77
    4.1.3 消费税的纳税人 …………………………………… 78

         4.1.4 消费税税目、税率表 …………………………………… 79
    4.2 消费税的计算 ………………………………………………… 80
         4.2.1 自产应税消费品应纳税额的计算 ………………………… 80
         4.2.2 委托加工应税消费品应纳税额的计算 …………………… 84
         4.2.3 进口应税消费品应纳税额的计算 ………………………… 87
    4.3 消费税的会计核算 …………………………………………… 88
         4.3.1 自产自销应税消费品应纳税额的会计核算 ……………… 88
         4.3.2 自产自用应税消费品应纳税额的会计核算 ……………… 91
         4.3.3 委托加工应税消费品应纳税额的会计核算 ……………… 93
         4.3.4 进口应税消费品应纳税额的会计核算 …………………… 94

第5章 出口货物退(免)税会计 …………………………………… 97
    5.1 出口货物退(免)税概述 ……………………………………… 97
         5.1.1 出口货物退(免)税的概念与特点 ………………………… 97
         5.1.2 出口货物退(免)税的三种税收政策 ……………………… 98
         5.1.3 出口货物退(免)税的适用范围 …………………………… 98
         5.1.4 出口货物退税率 …………………………………………… 100
    5.2 出口货物退(免)税的计算 …………………………………… 101
         5.2.1 出口货物退(免)税办法 …………………………………… 101
         5.2.2 "先征后退"的计算方法 ………………………………… 102
         5.2.3 "免、抵、退"税的计算办法 …………………………… 103
         5.2.4 出口货物退(免)消费税的计算 …………………………… 106
    5.3 出口货物退(免)税的会计核算 ……………………………… 107
         5.3.1 外贸企业出口货物退(免)增值税的会计处理 …………… 107
         5.3.2 生产企业出口货物退(免)增值税的会计处理 …………… 110
         5.3.3 出口货物退(免)消费税的会计处理 ……………………… 113

第6章 营业税会计 ………………………………………………… 116
    6.1 营业税税制概述 ……………………………………………… 116
         6.1.1 营业税的概念与特点 ……………………………………… 117
         6.1.2 营业税的征税范围 ………………………………………… 117
         6.1.3 营业税的纳税人 …………………………………………… 118
         6.1.4 营业税税目和税率 ………………………………………… 119
    6.2 营业税的计算 ………………………………………………… 120
         6.2.1 营业税计税依据的确定 …………………………………… 120

  6.2.2 营业税应纳税额的计算 ………………………………………… 121
  6.2.3 营业税的征收管理 …………………………………………… 122
 6.3 营业税的会计核算 ……………………………………………………… 123
  6.3.1 营业税会计核算的账户设置 ………………………………… 123
  6.3.2 营业税具体业务的会计核算 ………………………………… 123

第 7 章 关税会计 ………………………………………………………………… 139
 7.1 关税税制概述 …………………………………………………………… 139
  7.1.1 关税的概念与特征 …………………………………………… 139
  7.1.2 关税的征税对象 ……………………………………………… 140
  7.1.3 关税的纳税人 ………………………………………………… 140
  7.1.4 关税税则和税率 ……………………………………………… 141
 7.2 关税的计算 ……………………………………………………………… 142
  7.2.1 关税计税依据的确定 ………………………………………… 142
  7.2.2 关税应纳税额的计算 ………………………………………… 145
 7.3 关税的会计核算 ………………………………………………………… 146
  7.3.1 外贸企业进出口关税的会计核算 …………………………… 146
  7.3.2 生产企业进出口关税的会计核算 …………………………… 149

第三篇 所得税会计

第 8 章 企业所得税会计 ……………………………………………………… 155
 8.1 企业所得税税制概述 …………………………………………………… 155
  8.1.1 企业所得税的概念及特点 …………………………………… 155
  8.1.2 企业所得税的纳税人 ………………………………………… 156
  8.1.3 企业所得税的征税对象 ……………………………………… 157
  8.1.4 企业所得税的税率 …………………………………………… 157
 8.2 企业所得税的计算 ……………………………………………………… 158
  8.2.1 企业应纳税所得额的确定 …………………………………… 158
  8.2.2 非居民企业应纳税所得额的确定 …………………………… 164
  8.2.3 企业所得税应纳税额的计算 ………………………………… 164
 8.3 企业所得税会计基础 …………………………………………………… 165
  8.3.1 企业所得税会计的概念及核算方法 ………………………… 165
  8.3.2 资产负债表债务法下所得税会计核算的程序 ……………… 167

8.3.3 资产、负债的计税基础 …………………………………………… 168
8.3.4 暂时性差异 …………………………………………………… 176
8.3.5 递延所得税的确认与计量 ……………………………………… 179
8.3.6 所得税费用的确认和计量 ……………………………………… 185
8.4 企业所得税的会计核算 …………………………………………… 187
8.4.1 企业所得税会计核算的账户设置 ………………………………… 187
8.4.2 企业所得税的会计处理 ………………………………………… 188

第9章 个人所得税会计 ……………………………………………… 198
9.1 个人所得税税制概述 ……………………………………………… 198
9.1.1 个人所得税的概念及特点 ……………………………………… 198
9.1.2 个人所得税的征税范围 ………………………………………… 199
9.1.3 个人所得税的纳税人 …………………………………………… 200
9.1.4 个人所得税的税率 ……………………………………………… 201
9.2 个人所得税的计算 ………………………………………………… 203
9.3 个人所得税的会计核算 …………………………………………… 207
9.3.1 工资、薪金所得应纳个人所得税的会计处理 …………………… 207
9.3.2 个体工商户生产经营所得应纳个人所得税的会计处理 ………… 208
9.3.3 劳务报酬所得应纳个人所得税的会计处理 ……………………… 209
9.3.4 稿酬所得应纳个人所得税的会计处理 …………………………… 209
9.3.5 财产转让所得应纳个人所得税的会计处理 ……………………… 210

第四篇 其他税会计

第10章 资源税类会计 ……………………………………………… 215
10.1 资源税会计 ……………………………………………………… 215
10.1.1 资源税概述 …………………………………………………… 215
10.1.2 资源税的计算 ………………………………………………… 217
10.1.3 资源税的会计核算 …………………………………………… 218
10.2 城镇土地使用税会计 …………………………………………… 221
10.2.1 城镇土地使用税概述 ………………………………………… 221
10.2.2 城镇土地使用税的计算 ……………………………………… 222
10.2.3 城镇土地使用税的会计核算 ………………………………… 223
10.3 土地增值税会计 ………………………………………………… 224

10.3.1 土地增值税概述 …………………………………… 224
10.3.2 土地增值税的计算 …………………………………… 226
10.3.3 土地增值税的会计核算 …………………………………… 228
10.4 耕地占用税会计 …………………………………… 230
10.4.1 耕地占用税税制概述 …………………………………… 230
10.4.2 耕地占用税的计算 …………………………………… 233
10.4.3 耕地占用税的会计处理 …………………………………… 234
10.5 烟叶税会计 …………………………………… 235
10.5.1 烟叶税概述 …………………………………… 235
10.5.2 烟叶税的计算 …………………………………… 237
10.5.3 烟叶税的会计处理 …………………………………… 237

第11章 财产税类会计 …………………………………… 240
11.1 房产税会计 …………………………………… 240
11.1.1 房产税税制概述 …………………………………… 240
11.1.2 房产税的计算 …………………………………… 243
11.1.3 房产税的会计核算 …………………………………… 244
11.2 契税会计 …………………………………… 246
11.2.1 契税税制概述 …………………………………… 246
11.2.2 契税的计算 …………………………………… 249
11.2.3 契税的会计核算 …………………………………… 249
11.3 车船税会计 …………………………………… 250
11.3.1 车船税税制概述 …………………………………… 250
11.3.2 车船税的计算 …………………………………… 253
11.3.3 车船税的会计核算 …………………………………… 253

第12章 行为税类会计 …………………………………… 255
12.1 城市维护建设税会计 …………………………………… 255
12.1.1 城市维护建设税税制概述 …………………………………… 255
12.1.2 城市维护建设税的计算 …………………………………… 256
12.1.3 城市维护建设税的会计核算 …………………………………… 257
12.2 印花税会计 …………………………………… 258
12.2.1 印花税税制概述 …………………………………… 258
12.2.2 印花税的计算 …………………………………… 262
12.2.3 印花税的会计核算 …………………………………… 265

12.3 车辆购置税会计 …… 266
12.3.1 车辆购置税税制概述 …… 266
12.3.2 车辆购置税的计算 …… 268
12.3.3 车辆购置税的会计核算 …… 270

第五篇 税务会计报表

第13章 税务会计报表 …… 275
13.1 税务会计报表概述 …… 275
13.1.1 税务会计报表的内容 …… 275
13.1.2 税务会计报表的填制要求 …… 276
13.2 不同税种的纳税申报的主要报表 …… 276
13.3.1 增值税的纳税申报表 …… 276
13.3.2 消费税的纳税申报表 …… 281
13.3.3 出口货物退（免）税的纳税申报表 …… 283
13.3.4 营业税的纳税申报表 …… 287
13.3.5 关税的纳税申报表 …… 289
13.3.6 企业所得税的纳税申报表 …… 291
13.3.7 个人所得税的纳税申报表 …… 293
13.3.8 资源税纳税申报表 …… 294
13.3.9 土地增值税纳税申报表 …… 295
13.3.10 房产税纳税申报表 …… 297
13.3.11 印花税纳税申报表 …… 298
13.3.12 城市维护建设税纳税申报表 …… 299

附录 A 营业税改征增值税试点方案 …… 303
附录 B 营业税改征增值税试点有关企业会计处理规定 …… 305
附录 C 模拟试题 …… 308
参考文献 …… 316

第一篇

税务会计基本理论与方法

第1章 税务会计概述

> **学习目标**
>
> 1. 了解税务会计的产生与发展。
> 2. 掌握税务会计的概念、职能与基本前提。
> 3. 熟悉税务会计的特点、对象和原则。
> 4. 掌握税务会计与财务会计的联系与区别。
> 5. 了解税务会计与税收会计的区别。

1.1 税务会计的产生与发展

1.1.1 税务会计的产生

税收是人类社会发展到一定历史阶段的产物。税收是国家为了实现其职能,凭借政治权力参与社会产品和国民收入分配,按照法定标准和程序,强制地、无偿地取得财政收入所发生的一种分配关系。它是一个分配范畴,也是一个历史范畴。

在人类社会的早期——原始社会,生产力水平极其低下,人们只有依靠集体的力量和大自然作斗争才能生存与发展,没有阶级和国家。随着生产力的发展,人类社会逐步出现了财产私有制,进而出现了阶级和国家。伴随着国家的产生,税收应运而生。

国家为了保证其社会管理职能的行使和国家机器的正常运转,必须具备一定的物质基础,而国家本身并不直接创造物质财富,只能以税收的形式参与社会产品的分配,取得物质财富。同时,为了满足国民物质文化生活的需要和各项法定权力的实现,以及企事业单位的发展,国家也必须以税收的形式聚积大量资金,用于工农业基础建设、公共设施建设,发展科学技术、文化、教育、卫生等事业。当前,我国的财政收入中,税收收入就占92%以上。因此,税收从它产生之日起,就是统治者借助国家政权强制参与社会产品分配的重要工具,也是国家财政收入的支柱。

研究表明,自从国家出现后,尽管税收的名称和内容不断变化,但历代统治者对于税收都十分重视。为了计算和记录国家赋税实物或货币的收入和支出情况,在奴隶制社会,就产生了"官厅会计"。由于当时的税制简单和会计技术的限制,统治阶层只能从国家的角度对征税结果进行较为健全、完整的核算和监督,不可能对纳税人的会计核算提出具体的要求,而且当时的纳税人也不具备正式会计核算的条件,因而不可能形成独立的税务会计。

直到18世纪末,英国首创所得税,各国税收也逐步走上法制化轨道,税务会计的产生才逐步具备了基本的经济和法律环境。

1.1.2 税务会计的发展

税务会计是在税收和财务会计发展的基础上逐步产生和发展起来的。随着社会生产力的进一步发展,各国的税法、税制日益健全,并逐渐向成熟化、复杂化的方向发展。作为主要纳税人的企业,纳税已成为其进行经营决策的一个日益重要的因素。

在税务会计的产生和发展过程中,所得税、增值税的出现和不断完善表现出极大的推动力。18世纪末,英国首创所得税,使税务会计的发展跃上一个新台阶。由于所得税的形成和计算依据直接涉及企业供应、生产、销售或商品流转的全过程,致使所得税的地位日益增强,特别是在西方国家,所得税取代了流转税而成为各国税制体系中的主体税。1954年法国开征增值税,为税务会计提供了更加丰富的内容。比较科学合理的增值税的出现,对企业会计提出了更高的要求,即要求企业在会计凭证和账簿中,提供反映收入的形成和物化劳动转移的价值,以及转移价值中所包括的已纳税金情况的信息。因为只有这样,才能正确反映增值额,从而正确计算企业应纳的增值税。这就迫使传统会计从计算方法、核算方式等方面与之相适应。

但是,这并不意味着独立的税务会计已经产生。会计发展的历史表明,只有当会计发展到一定阶段,企业成为独立的法人实体,税务会计才有可能从财务会计中分离出来成为一个独立的分支。因为企业作为独立核算、自负盈亏的法人实体,必须依法纳税,而缴纳税款又会直接减少纳税人的收益,这就促使现代企业不得不非常重视税收问题,在进行投资或生产经营决策中把税收作为一个重要的因素,在日常管理和经营中也十分重视税款的计算和缴纳,力求在不违反国家税收法规的前提下,最大限度地减轻自己的税收负担。税务会计正是适应企业经营管理的需要而产生和发展的。

由此可见,税收征纳双方的需要是税务会计产生和发展的直接动因。随着税制的逐步健全和会计技术的日趋完善,税务会计越来越健全,越来越复杂,最终从传统的财务会计中分离出来,成为一门相对独立的会计学科。

当今,税务会计、财务会计和管理会计成为会计学科的三大分支。税务会计知识也相应地成为会计专业人员所必须具备的专业知识。

1.2 税务会计的概念与特点

1.2.1 税务会计的概念

税务会计是介于税收学与会计学之间的一门新兴的边缘性会计学科。

税务会计是为了适应纳税人的需要而从财务会计中分离出来的,是一种融国家税收法律法规和会计处理为一体的特殊的专业会计。

从本质上来讲,税务会计是一种管理活动,而这种管理活动要求以国家税收法律法规为准绳,并采用会计的专门理论和技术方法,即要求企业依据会计准则和财务管理制度的规定处理会计事项,同时按照税收法律法规的规定重新确认、计算会计要素,使会计行为达到既满足纳税的需要,又能使提供的财务信息符合会计准则的要求。因此,当会计准则和税收法律法规的规定不一致时,必须采用税务会计进行调整处理;即使会计准则、财务会计制度和税收法律法规的规定基本一致,仍然存在应纳税款的计算、申报、缴纳乃至税务筹划等会计事项。从某种程度上讲,税务会计已经融于企业会计核算的全过程。

综上所述,税务会计是以国家现行税收法律法规为依据,以货币为主要计量单位,运用会计核算的专门方法对纳税单位税基的形成、税款的计算、申报和缴纳引起的资金运动进行连续、系统、全面的核算和监督的一种专业会计。

1.2.2 税务会计的特点

税务会计作为会计学科的一个相对独立的分支,除具有其他专业会计的共性特征外,也有其特殊性,主要体现在以下几个方面:

1.法律性

税务会计必须以现行的税收法律法规为依据,接受税收法律法规的规范和制约,这是税务会计区别于其他专业会计的突出特点。

由此可见,税务会计的法律性源于税收所固有的强制性、无偿性的形式特征。税务会计必须以现行税法为依据,接受税收法律法规的制约。具体会计核算中的一些计算方法,如存货计价、固定资产折旧等,企业可以根据其生产经营的实际需要适当选择,但税务会计必须在遵守国家现行税收法律法规的前提下选择。税收法律法规作为税务活动的基本准则,制约着征纳双方的分配关系。

当会计准则、财务会计制度的规定与现行税收法律法规发生抵触时,税务会计必须以现行税收法律法规为准进行调整。

2.统一性

税法的统一性、普遍适用性决定了税务会计的统一性特点。

也就是说,同一种税对于适用的不同纳税人而言,其规定具有统一性、规范性。不区分纳税人的经济性质、组织形式、隶属关系以及生产经营形式和内容,在税收制度构成要素,诸如征税对象、税目、税率、征纳办法等方面,均适用统一的税法规定。当然,在维护税法统一的前提下,也不排除特殊情况下的灵活性,如减免税方面的规定等。

税法的统一性决定了税务会计在对纳税行为进行核算和监督时的统一性。

3.广泛性

纳税人的广泛性决定了税务会计适用范围的广泛性。

就部门而言,它适用于工业、商品流通、交通运输、房地产开发等国民经济各行业、各部门;就所有制而言,它适用于国有经济、集体经济、私营经济、个体经济、联营经济、股份制经济、外商投资经济、港澳台投资经济和其他经济等多种经济形式。

由此可见,不论什么性质的企事业单位,不管其隶属于哪个部门或行业,只要被确认为纳税人,在处理税务事宜时都必须依照税收制度的规定,运用会计核算的专门方法对其生产、经营活动进行核算和监督,这就使得税务会计成为企事业单位涉税活动的一种核算手段。

4.独立性

作为会计学科的一个相对独立的分支,与其他专业会计相比较,税务会计具有自身的相对独立性。

在核算方法上,因为国家税收法律法规与企业准则所遵循的原则不同,规范的对象不同,二者有可能存在一定的差异。例如,现行增值税中对视同销售货物行为的征税规定、企业所得税中税前会计利润与应纳税所得额之间的差异调整等方面,税务会计要求完全按照税法规定进行调整处理,由此反映了税务会计核算方法的相对独立性。

在核算内容上,税务会计只对纳税人在税务活动过程中所表现的有关经济业务这部分内容进行全面、系统的核算和监督,由此反映了税务会计核算内容的相对独立性。

1.3 税务会计的基本前提与原则

1.3.1 税务会计的基本前提

税务会计以财务会计为基础,财务会计中的基本前提有些也适用于税务会计,如会计分期、货币计量等。但由于税务会计有其自身的特点,其基本前提也应有特殊性。税务会计的基本前提包括纳税主体、持续经营、货币时间价值、纳税会计期间四个方面。

1. 纳税主体

纳税主体是指按照税法规定直接负有纳税义务的特定单位或组织。

纳税主体与财务会计的会计主体有密切联系,但不一定等同。会计主体是财务会计为之服务的特定单位或组织,会计处理的数据和提供的财务信息被严格限制在一个特定的、独立的或相对独立的经营单位之内,典型的会计主体是企业。纳税主体必须是能够独立承担纳税义务的纳税人。如对稿酬所得征纳个人所得税时,其纳税人(即稿酬收入者)并非会计主体,而作为这一纳税事项的扣缴义务人则成了会计主体。纳税主体作为代扣代缴义务人时,纳税人与负税人是分开的。

因此,纳税主体作为税务会计的一项基本前提,应侧重从会计主体的角度理解和应用。

2. 持续经营

持续经营是指纳税主体在可预见的未来不会破产或被清算,其生产经营活动将按照当前的规模和状态持续下去。

只有在持续经营的前提下,税务会计才能对不同情况影响税务活动的收入和费用,分别按照权责发生制原则或收付实现制原则确认,并决定各种具体税务会计方法的应用取舍。

可见,持续经营是税务会计记录信息真实可靠、会计核算方法持续稳定的重要前提。

3. 货币时间价值

货币时间价值是指在不考虑风险和通货膨胀的条件下,由于时间因素而产生的资金差额价值。即货币随着时间的推移,投入周转使用的资金所增加的价值。

由于货币时间价值的存在,递延确认收入或加速确认费用可以产生巨大的财务优势,如果这种财务优势的利益循环发生,实际获得的利益将远远大于短期内使用资金的利益。

因此,货币时间价值这一基本前提已经成为税收立法、税收征管和纳税人选择会计政策、会计处理方法的基点,税法中对每个税种都明确规定了纳税义务发生的时间的确认原则、纳税期限、缴库期限等。

4. 纳税会计期间

纳税会计期间亦称纳税年度,是指纳税人按照税法规定选定的纳税年度。我国的纳税会计期间是指自公历1月1日起至12月31日止。

纳税会计期间不等同于纳税期限,如增值税、消费税、营业税的纳税期限是日或月。如果纳税人在一个纳税年度的中间开业,或者由于改组、合并、破产关闭等原因,使该纳税年度的实际经营期限不足12个月的,应当以其实际经营期限为一个纳税年度。纳税人清算时,应当以清算期间作为一个纳税年度。

纳税人可以在税法规定的范围内选择、确定,但必须符合税法规定的采用和改变纳税年度的办法,并且遵循税法中所作出的关于对不同企业组织形式、企业类型的各种限制性规定。

1.3.2 税务会计的原则

税务会计的原则是指人们从税务会计实践中抽象出来的并在实践中证明是正确的行为规范,它反映税务会计的内在要求,是联系理论与实务的纽带。

税务会计与财务会计密切相关,财务会计中的核算原则大部分或基本上也都适用于税务会计。但因税务会计与税法的特定联系,税收理论和立法中的实际支付能力原则、公平税负原则、程序优先于实体原则等,也会非常明显地影响税务会计。税务会计的特定原则可以归纳如下:

1. 税法导向原则

税法导向原则亦称合法性原则,是税务会计的主要原则之一。

因为税务会计应以税法为准绳,企业对税务会计事项的处理,必须符合国家的税收法律、法规、条例,严格按税法规范纳税人行为。在财务会计确认、计量的基础上,再以税法为判断标准进行重新确认和计量,在遵从或不违反税法的前提下,履行纳税义务,寻求税收利益。

该原则体现了"税法至上",税法优先于会计法规等其他普通法规的精神。

2. 以财务会计核算为基础原则

税务会计是为了适应纳税的需要从财务会计中分离出来的,税务会计与财务会计关系密切,税务会计一般应遵循各项财务会计准则。

只有当某一交易、事项按会计准则、制度在财务会计报告日确认以后,才能确认该交易、事项按税法规定确认的应课税款;依据会计准则、制度在财务报告日尚未确认的交易、事项可能影响到当日已确认的全部交易事项之后,才能确认这些征税效应。其基本含义包括:(1)对于已在财务报表中确认的全部交易事项的当期或递延税款,应确认为当期或递延所得税负债或资产;(2)根据现行税法的规定计量某一交易事项的当期或递延应纳税款,以确定当期或未来年份应付或应退还的所得税金额;(3)为确认和计量递延所得税负债或资产,不预期未来年份赚取的收益或发生的费用的应纳税款或已颁布税法、税率变更的未来执行情况。

税务会计与财务会计密切相关,财务会计中的核算原则,基本上也都适用于税务会计。

3. 修正的应计制原则

目前大多数国家的税法都接受应计制(权责发生制)原则。

由于收付实现制(现金制)不符合财务会计要素的确认、计量原则,不能用于财务会计报告目的,为了更多地借助财务会计记录,降低税收征管成本,目前大多数国家的税法都接受应计制原则。

但其在被用于税务会计时,与财务会计的应计制还是存在明显差异:

(1) 应该考虑税款支付能力,使得纳税人在最有能力支付时缴纳税款。

(2) 确定性的需要,要求收入和费用的实际实现具有确定性。

(3) 保护政府税收收入。例如,在收入的确认上,应计制的税务会计由于在一定程度上被支付能力原则所覆盖而包含着一定的收付实现原则,而在费用的扣除上,财务会计采用稳健原则列入的某些估计、预计费用,在税务会计中是不被接受的,后者强调"该经济行为已经发生"(在费用发生时而不是实际支付时确认扣除)的限制条件,从而实现保护政府税收收入的目的。

由此可见,税务会计是有条件地接受应计制原则,体现的是税收实用主义。

4. 历史(实际)成本计价原则

按历史成本计价原则进行会计处理,既有利于对资产、负债、所有者权益的存量计量,也有利于对收入、费用、利润的流量计量,因此,能够客观、真实地反映企业的财务状况和经营成果。在财务会计中,该原则有一定局限性,为纠正其不足,可以根据判断标准,对资产计提减值准备等,从而对历史成本计价原则进行修正。

但在税务会计中,除税法另有规定外,纳税人必须遵循历史成本计价原则,因为它具有确定性与可验证性。

5. 税款支付能力原则

税款支付能力与纳税能力有所不同。

纳税能力是指纳税人应以合理的标准确定其计税基数。有同等计税基础的纳税人应负担同一税种的同等税款。因此,纳税能力体现的是合理税负原则。

税款的支付与企业的其他费用支出有所不同,税款支付必须全部是现金支出,因此,在考虑纳税能力的同时,也应考虑税款的支付能力。税务会计确认、计量、记录收入、收益、成本、费用时,应尽可能选择保证税款支付能力的会计处理方法。

6. 确定性原则

确定性原则是指在所得税会计处理过程中,按所得税税法的规定,在应税收入与可扣除费用的实际实现上具有确定性,即纳税人可扣除的费用不论何时支付,其金额必须是确定的。该原则适用于所得税的税前扣除,凡税前扣除的费用,如财产损失等,必须是真实发生的,且其金额必须是可确定的。

7. 划分营业收益与资本收益原则

营业收益与资本收益具有不同的来源,担负着不同的纳税责任,在税务会计中应严格区分。营业收益是指企业通过其日常性的经营活动而获得的收入,通常表现为现金流入或其他资产的增加或负债的减少,其内容包括主营业务收入和其他业务收入两个部分,其税额的课征标准一般按正常税率计征。资本收益是指在出售或交换税法规定的资本资产时所得的利益,资本收益的课税标准具有许多不同于营业收益的特殊规定。因此,为了正确地计算所得税负债和所得税费用,应该遵循两种收益的划分原则。

1.4 税务会计的职能与作用

1.4.2 税务会计的职能

税务会计的职能指的是税务会计作为一种特殊的专业会计,其本身所固有的职责和功能。主要有三个方面:

1. 核算职能

税务会计同财务会计一样,具有核算职能。

税务会计根据国家的税收法规、财务和会计制度等,连续、系统、全面、综合地记录和核算企业生产、经营过程中的税务活动,即税务资金的形成、计算、缴纳、补退、减免等。

对于缴纳税款的企业单位来说,运用税务会计材料,可以随时了解本企业单位履行纳税义务的详细情况,并从中发现未完成缴纳税款任务的原因,进而采取有效措施,保证完成上缴税款的任务。

对于税务部门来说,运用税务会计资料,可以全面了解纳税人上缴税款的明细情况,并从中考察某些纳税人的情况,分析他们未完成纳税任务的原因,进而采取有效措施,促使企业单位努力完成纳税任务。

通过对税务会计反映的税务活动及其提供的资料信息进行分析,还可以为企业改善经营管理,提高经济效益,进一步扩充税源提供保障。

2. 监督职能

税务会计同财务会计一样,也具有监督职能。

税务会计根据国家的税收法令和有关方针、政策、制度等,通过税务会计的一系列核算方法,监督企业单位应纳税款的形成、计算和缴纳情况,监督企业的收益分配,发挥利用税收杠杆调节经济的作用。

税务会计还可以通过审查凭证、账表和采取其他各种检查监督手段,发现和揭露偷税、漏税等违法乱纪行为,以及多征、少征、错征等现象,并为严肃处理这些问题提供确凿的会计证据,从而在维护税收法规的严肃性和保护企业合法权益、保护国家财政收入等方面发挥重要的作用。

通过税务会计对企业税务活动的监督和控制及时提供的税收信息,可以保证国家税收法令、法规的正确贯彻实施和适时合理修订。

3. 参与涉税决策职能

税务会计能通过对税务活动的核算和监督,参与涉及纳税企业的生产、经营、财务和其他决策。

税务会计参与企业决策的方式主要表现为为决策提供信息支持。税务会计的核算信息是进行涉税决策的客观依据。企业单位在很多情况下需要进行有关税务方面的决策,在这些决策中一般需要运用以前各期的税务会计核算资料,有时还需要运用税务会计的专门技术方法,对未来经济活动的纳税情况进行科学分析和预测,以便正确、合理地进行决策。

例如,企业拓展新的业务领域,开发新产品、新项目的决策,就要考虑新业务、新产品、新项目的适用税种、税率和税负情况,并借助税务会计核算资料和专门方法进行科学分析;企业在选取固定资产折旧、长期资产摊销的技术方法时,也必须考虑纳税因素,借助税务会计来具体进行;企业在筹资过程中选定资本结构和筹资渠道的决策,在分配利润时选取合理分配方案的决策,都必须考虑所得税的影响,并运用所得税会计的技术方法进行计算、分析和比较;必要时还应充分考虑以前年度的纳税情况。这些情况只能通过税务会计的核算资料来获得。

1.4.3 税务会计的作用

税务会计的职能制约着税务会计的作用,税务会计的作用又是税务会计的职能在一定运行条件下的具体体现。税务会计的作用大致包括以下几个方面。

1.结合会计法规贯彻税法,有利于充分发挥税收的作用

由于税务会计是集税收法规和会计核算于一体的特种专业会计,因此,它通过对企业单位的税务活动所引起的资金运动进行会计核算,以及对税务活动展开分析,有利于税收作用的充分发挥。一方面,它能促使企业按照税收法规的有关规定,依法、足额、及时地履行纳税义务;另一方面,它能分析纳税对企业单位的影响,促使企业考虑税收因素,改善经营管理,调整产品结构,提高经济效益。

总之,企业单位通过开展税务会计工作,能更好地贯彻税法的要求,从而更好地发挥税收调节生产、调节消费、调节经济的作用。

2.反映纳税义务的履行情况,维护纳税人的合法权益

税务会计依据税收法令计算企业的各种应纳税款,并通过会计核算,如实地记录其形成和缴纳的情况,反映企业单位作为纳税人所履行的纳税义务。

纳税义务的履行情况直接通过税务会计核算资料体现出来,一方面便于

各方对其加强了解，另一方面也能起到鞭策企业单位依法履行纳税义务的作用。与此同时，税务会计作为纳税人的会计，在依法纳税的同时，也要根据现行税收法规，明确维护纳税人的权益，进行税务筹划，充分享受税收的优惠政策，最大限度地减轻和延迟纳税。

3. 发挥会计监督和税务监督的作用，促进企业单位正确处理分配关系

税务会计能发挥会计监督和税务监督的双重作用，促进企业单位正确处理分配关系。

根据会计监督的要求，税务会计有权拒绝有损任何一方利益的不正确的收益分配方案，有权向税务机关反映问题，并按上级要求进行自查。根据税务监督的要求，税务机关通过纳税检查、税务稽查，根据税务会计提供的信息资料，检查纠正不符合国家税收法令、制度规定的错误行为，以维护国家税法的严肃性，正确处理有关各方的收益分配关系。

收益分配关系是企业与各有关方面经济关系中最重要的一环，只有处理好方方面面的收益分配关系，才能协调好各方的经济利益，从而为企业单位的发展创造一个良好的外部环境。

4. 保证国家和地方的财政收入

税务会计虽然是以企业单位等纳税人为主体的专业会计，但是国家和地方税务机关仍能通过税务会计核算资料，对纳税人的纳税行为进行监督和控制，以保证国家和地方的财政收入足额、及时地解缴入库。

尤其应该注意的是，税务会计在涉外经济活动中，应该严格执行中华人民共和国全国人民代表大会及其常务委员会制定、通过的有关税法，依法计税，正确核算，不能超越税法多计、错计、少计、漏计税款。同时，还应该认真贯彻执行我国对外商投资企业和外国企业的税收优惠政策，促进改革开放顺利进行，充分利用外资，维护国家利益。

5. 促进企业单位改善经营管理

税务会计作为企业单位内部的一种特殊的会计管理活动，其根本目的是通过核算、监督和参与决策，以达到改善经营管理、提高经济效益的理想效果。

税收是企业外部环境中一个至关重要的因素，也是企业进行经营管理时不容忽视的客观条件。企业单位对税收方面情况的关注、了解和应用是通过税务会计来实现的。税务会计以税收法规和财会制度为依据，连续、系统、全面、综合地核算税务活动，监督税务行为，并参与涉税决策，能促使企业合理、有效地改善内部经营管理，提高经济效益。

1.5 税务会计与相关学科的关系

通过对税务会计与其他相关学科的对比分析,可以帮助我们加深对税务会计的理解。

1.5.1 税务会计与财务会计

1. 税务会计与财务会计的联系

(1) 税务会计与财务会计的相伴性

税务会计作为一项实质性的工作并不是独立存在的,而是企业会计的一个专门领域,与财务会计相伴而存。税务会计不要求企业在财务会计的凭证、账簿、报表之外,再设一套会计凭证、账簿;而从会计机构的设置来看,中小企业也可以不专门设置税务会计机构和专职人员。

(2) 税务会计与财务会计功能的关联性

现代会计应具备多重功能,诸如财务功能、税务功能、管理功能、成本分析功能、经济效益分析功能等,这些功能形成不同的衡量尺度。企业只需设一套完整的会计账表,平时只依据一种尺度(财务会计尺度)进行会计处理,待需要时,再依据其他尺度做调整,以发挥其多种功能,满足不同需要。

(3) 税务会计与财务会计资料的共享性

税务会计资料来源于财务会计,它对财务会计与现行税法不符的事项或出于税务筹划目的需要调整的事项,按税务会计方法计算、调整,并做调整会计分录,再融于财务会计账簿或报告之中。

(4) 税务会计植根于财务会计

一方面,世界各国的税法都不同程度地吸收会计的概念和方法,计算税金的程序也大多数要模拟会计方法,计算依据一般都必须以会计记录为基础,可以说,税法借用了会计技术才得以实施,税法因采用了会计方法才日趋成熟。另一方面,税法对会计的影响也是普遍的:税法使会计实务的处理更加规范化;税法影响会计对某些会计方法的选择,促使会计的重心由计算资产的盘存转向计算收入,由重视利润表转向重视资产负债表,也使会计人员的业务范围不断扩大。

由此可见,税收与会计相互影响、相互制约、相互促进,税务会计与财务会计也如此。

2.税务会计与财务会计的区别

从理论上说,税务会计与财务会计的目标不同,是两个不同的学科。税务会计与财务会计的区别主要表现在以下几个方面:

(1)核算的目的性不同

财务会计通过对纳税人所有经济业务进行记录和核算,最后编制资产负债表、利润表、现金流量表及其附表,全面反映企业的财务状况、经营成果和现金流量,并将其报送投资者、债权人、企业主管部门及其他会计信息使用者,为债权人、投资者的决策提供有用的信息,同时也为国家进行宏观调控提供真实的信息资料。

而税务会计则是通过对企业涉税活动的反映和核算,保证纳税人依法纳税,使纳税人的经营行为既符合税法,又最大限度地减轻税收负担。

(2)核算依据的法规不同

财务会计的核算依据是会计准则和企业会计制度,按照会计准则与会计制度的程序和方法组织会计核算和提供信息。但会计人员基于自身的理解或情况的特殊性,对某些相同的经济业务可能有不同的表达方法,以致出现不同的会计结果,这是会计方法灵活性和会计准则、会计制度具有弹性的正常表现。

而税务会计的核算依据是税收法规,按照税法规定计算所得税额并向税务部门申报,其会计处理具有强制性、客观性和统一性,一般不会出现模棱两可的情况,也不允许在计算口径和方法上有悖于税法规则。

(3)核算对象范围不同

财务会计的核算对象是企业以货币计量的全部经济事项,其核算范围包括资金的投入、循环、周转、退出等过程,既要反映企业的财务状况,又要反映企业的经营成果和资金变动情况。对纳税人可以用货币表现的经济活动,不论是否涉及纳税事宜,都要通过财务会计进行核算与监督,以满足国家宏观管理及企业债权人、投资人和经营管理者的需要。

税务会计的核算对象是因纳税而引起的税款形成、计算、缴纳、补退等经济活动的资金运动,其核算范围包括经营收入、成本(费用)与资产计价、收益分配、财产与特定行为目的、纳税申报与税款解缴、税收减免和税收筹划等与纳税有关的经济活动,对纳税人与税收无关的业务不予核算。

(4)处理会计事项的方法不同

会计处理一般有两种:一种是收付实现制,另一种是权责发生制。财务会计应该遵循权责发生制原则,强调收入是否实际发生以及收入与费用相配比。会计上确认的收入不等于企业增加的现金流入量,会计上确认的费用也不意味着企业的现金流出量,企业各期的会计利润也不代表当期可支配的净现金资源。

税务会计由于体现了税收强制征收的特性,不强调在主体上以权责发生制为依据来确定企业的应纳税所得额,税务会计在规定各项目的征收时,表现为权责发生制与现金收付制并用。

(5)收支确认范围和标准不同

就财务会计而言,为了全面、真实地反映企业的财务收支状况,企业发生的一切收支事项均要按其业务性质列入有关的会计账户中;而税务会计则必须按照税法的要求,将税法规定的收支事项列入有关的会计账户中,以作为纳税所得的形成要素,超出税法规定的收支事项,即使是企业已实际发生的收支事项,也不得列为纳税所得的构成要素。企业自产自用产品,在财务会计中不计入收入,计入相关支出;而税务会计则视同对外销售处理。财务会计规定可以据实列支的项目,税务会计则不允许据实列支,税务会计对财务会计的列支标准做出了严格细致的限定,如捐赠支出,财务会计允许一切捐赠支出列入企业的营业外支出,但税务会计中规定了捐赠支出的列支标准,企业实发数超出计算标准的要调整应纳税所得。

(6)受税法约束程度不同

财务会计按公认的会计准则和财务、会计制度规范纳税人的财务会计行为,处理纳税人的经济业务,当对某些业务的处理出现税法的规定与会计准则的规定不一致时,可以不必考虑税法的规定,直接依据事实、公允的原则核算。

而税务会计要依据国家税法和会计准则规范纳税人的会计行为,必须严格按照税法处理经济业务,当会计准则与国家税法对某些业务处理的规定不一致时,必须按税法的规定进行调整。

总之,财务会计与税务会计既密切相关,又有所区别,它们是企业会计的两个不同分支。财务会计与税务会计的差异是客观存在的,各自遵循自身的规律,应该辩证看待。我国在全面贯彻实施新的财会制度和不断完善新的税制的同时,应正视财务会计与税务会计的差异,促使两个学科在理论上和实践上不断完善和健康发展。

1.5.2 税务会计与税收会计

1.税务会计与税收会计的联系

(1)税务会计与税收会计产生的同时性

税务会计与税收会计几乎同时产生,只要有税收,就有计算应纳税款的税务会计和征收税款的税收会计。

(2)税务会计与税收会计计量单位的一致性

税务会计与税收会计都以货币为主要计量单位。

(3)税务会计与税收会计法规的统一性

税务会计与税收会计均以现行的税法为准绳。

(4)税务会计与税收会计核算方法的相同性

税务会计与税收会计都是利用会计的基本理论和方法对税款进行核算和监督。

2.税务会计与税收会计的差别

(1)主体不同

税务会计的主体是纳税人,即承担纳税义务的经济组织。税务会计是从纳税人的角度出发,依据税法的规定,运用财务会计的方法计算缴纳税款。

税收会计的主体是国家税收的征收机关,包括从国家税务总局到基层税务分局等税务机关,以及征收关税的海关和征收耕地占用税的财政机关。税收会计是从国家角度出发,依据税法规定,核算和监督税款的征收、报解、入库、提退等情况。

(2)对象不同

税务会计的对象是从应税商品、应税所得、应税行为开始,到纳税人按税法的规定缴纳税款为止的整个纳税活动,包括税款的计算、申报缴纳的核算、税款计算缴纳的检查分析等内容。

税收会计的对象是从纳税人缴纳税款开始,到税款缴入国库的整个过程,包括税款的应征、征收、解缴、入库等内容。

(3)核算的依据不同

税务会计核算的依据是税法和企业会计准则,平时税务会计按会计准则的规定对计税依据进行核算,纳税期结束时再按税法规定进行调整。

税收会计核算的依据是总预算会计制度和税收会计核算办法以及税法。总预算会计制度与税收会计核算办法以及税法都是国家制定的,都是维护国家利益的工具,因而它们比较一致,不存在调整的问题。

(4)核算原则不同

税务会计是核算和监督企业税务活动的一门专业会计,属于企业会计学科范畴,其主体是企业等经济组织,这些企业经济组织要营利,必须进行收入、成本和利润的核算,通常以权责发生制为记账基础。同时,由于税务会计的特殊性,也可以遵循收付实现制原则。

税收会计是对税收资金运用进行核算和监督的一门专业会计,属于预算会计学科范畴。因为预算会计单位不以营利为目的,一般不独立核算成本,不计算盈亏。所以会计核算一般按收付实现制原则进行。

(5)目的不同

税务会计服务于纳税目的,维护纳税人的利益;税收会计服务于征税目的,维护征税人的利益。

练习题

1. 简述税务会计的概念。
2. 税务会计的职能是什么?
3. 税务会计与财务会计有什么联系与区别?

第 2 章 税务会计基本方法

> **学习目标**
>
> 1. 了解税收基础知识。
> 2. 掌握税务会计要素及会计等式。
> 3. 熟悉税务会计的一般核算方法。

2.1 纳税基础

2.1.1 税收的概念与特征

1. 税收的概念

税收是政府为了满足社会公共需要,凭借政治权力,强制、无偿地取得财政收入的一种分配关系。

税收的历史与国家的历史一样久远。数千年前的古希腊、古罗马和古埃及就已存在税收。中国五千年的文明史,从来都是和税收紧密联系在一起的。只不过商品经济不发达时期的税收多采用实物形式,而不是我们现在所熟悉的货币形式。税收最早起源于农业,而且是以农产品形式缴纳的。只是到了后来,税收才逐渐扩展到工商业、服务业等各个领域,逐渐演变为按货币形式缴纳。可以说,税收是与人类的文明史相伴随的,没有税收就不可能创造出今天辉煌的社会文明。

税收不仅是国家取得财政收入的一种活动或手段,而且也是国家用以加强宏观调控的重要经济杠杆。在税收经济学上,税收是指国家为实现其公共职能而凭借其政权力量,依照法律规定,强制、无偿地向纳税人征收货币或实物的活动。国家征税的目的是提供公共物品,实现公共财政职能,其权力依据是国家的政治权力,必然带有强制性,由此可能会使纳税人的利益受到损害,它体现了以国家为主体,在国家与纳税人之间的特定的征纳关系,因而税收的实现必须依法进行,实行税收法定原则,而依法征税必须有相对明确、稳定的征收标准,并体现在税法的课税要素的规定之中,从而使税收具有标准法定性或称固定性的特征。正因为如此,有法学学者从法学的视角将税收概念界定为:税收是人民依法向征税机关缴纳一定的财产以形成国家财政收入,从而使国家得以具备满足人民对公共服务需要的能力的一种活动。

2.税收的特征

税收具有以下特征:

(1)税收在征收上具有强制性

国家税务机关依照法律规定直接向纳税人征税,法律的强制力是导致税收的强制性特征的最直接原因。即税收的征收以国家强制力为后盾,纳税与否不以纳税人的意志为征税的要件,纳税人必须依法纳税,否则国家可以通过法律强制力迫使纳税人履行纳税义务,并追究其相应的法律责任。

(2)税收在交纳性质上具有无偿性

即国家的征税过程,就是把纳税人所有的这部分财产转移给国家所有,形成国家财政收入,不再返还给原纳税人,也不向纳税人支付任何报酬。

(3)税收在征税对象和标准上具有法定性

税收的法定性来源于税收法定原则,国家以法律的形式明确规定税收的纳税主体、征收对象和税率等基本要素,即通过税法把对什么征税、对谁征税和征多少税预先固定下来,不仅纳税人必须严格依法按时足额申报纳税,而且国家也只能依法定程序和标准征税。

2.1.2 税制的构成要素

税收制度简称税制,是国家各种税收法令和征收管理办法的总称,是国家向纳税单位和个人征税的法律依据和工作程序。税收构成的基本要素主要包括以下内容:

1.纳税人

纳税人亦称纳税义务人。它是指税法规定的直接有纳税义务的单位和个人,又称为纳税主体。纳税人可以是法人也可以是自然人。纳税人是税制的一个基本要素。

在实际纳税中与纳税人相关的概念有:

(1)代扣代缴义务人,亦称扣缴义务人

是指根据税法规定,有义务从其持有的纳税人收入中扣除应纳税并代为缴纳税额的单位或个人。代扣代缴义务人主要有两类：①向纳税人支付收入的单位或个人；②为纳税人办理汇款的单位。代扣代缴义务人必须严格履行扣缴义务。

(2) 名义纳税人和实际纳税人

在一般情况下，税法中规定的纳税人就是实际纳税人。但在某些税种中，国家为了及时取得财政收入，防止偷漏税款，往往采取控制源泉的方法。这就出现了名义纳税人和实际纳税人不统一的问题，名义纳税人是指替别人履行纳税义务的纳税人。实际纳税人是指直接支付税款的纳税人。实际纳税人通过名义纳税人实现向国家缴纳税款的义务。

(3) 代征人

它是指受税务机关委托代征税款的单位和人员。

(4) 纳税单位

它是指申报缴纳税的单位。为了方便征管和缴纳税款，可以允许在法律上负有纳税义务的同类型纳税人作为一个纳税单位，填写一份申请表进行纳税。在一般情况下，要根据管理的需要和国家政策来确定纳税单位。

2. 课税对象

课税对象是税收的基本要素之一，是确定税种性质和名称的重要依据。现代税收分类中，以课税对象为标准的分类是最基本最常见的。课税对象的多少和课税对象数量的大小，对国家征税范围和国家税收收入有着直接的影响。

3. 税目

税目是课税对象的具体项目，其设计方法有以下两种：

(1) 列举法

它是指将每一种商品或经营项目等采用一一列举的方法，分别规定税目，必要时还可以在税目之下划分若干个细目。列举法的优点是：界限明确，便于征纳双方掌握；其缺点是：税目过多，不便于查找，不利于征管。

(2) 概括法

它是指按照商品大类或行业，采用概括方法设计税目。概括法的优点是：税目较少，查找方便；其缺点是：税目过粗，不便于贯彻合理负担的原则。

4. 税率

税率是征税额与单位课税对象之间的比例，是计算应纳税额的尺度，体现征税的深度。税率有以下三大类型：

(1) 比例税率

比例税率是对同一课税对象或税目，不论其数额大小，都规定按同一比例计算应纳税额的税率。我国税金目前绝大部分采用比例税率。

(2)定额税率

定额税率又称固定税率,是对同一课税对象或税目,按其计量单位规定固定税额计算应纳税额的税率。我国的税金中消费税的成品油、啤酒、黄酒为定额税率。

(3)累进税率

累进税率是随着课税对象或税目数额的增大而逐级递增的税率,即把征税对象按一定的标准划分为若干个等级,从低到高分别规定逐级递增税率。按累进税率结构的不同,又可分为:

①全额累进税率,即依课税对象的数额设计逐级递增的税率,每次征税时,按课税对象总额相对应的最高一级税率计算应纳税额。我国20世纪50年代的工商所得税曾经采用过21级全额累进税率。

②超额累进税率,即依课税对象的数额设计逐级递增的税率,每次征税时,将课税对象的全部数额分级次按其相应等级的税率计算应纳税额,汇总征收。如个人所得税的工资、薪金所得采用九级超额累进税率。

③超率累进税率。它与超额累进税率在道理上是相同的,不过税率累进的依据不是征税对象数额的大小,而是销售利润率或资金率的高低。如资源税的税率。

5.纳税期限

纳税期限是指税法规定的计算税款和缴纳税款的期限。它是税收的强制性、固定性在时间上的体现。超过期限未交税的,属于欠税,应依法加收滞纳金。各税种由于自身的特点不同,有着不同的纳税期限。

6.纳税环节

纳税环节是指对于处于不断运动之中的课税对象选定的应该纳税的具体环节。任何一种税均需要确定纳税环节。

7.税收减免和加成加倍

(1)税收减免

①税收减免的含义。税收减免是国家根据经济发展的客观要求对特定的纳税人或课税对象在特定时期内采取的鼓励或照顾政策。减税是对应纳税额少征一部分税款,而免税是对应纳税额全部免征税款。除税法另有规定外,一般减税、免税都属于定期减免性质,期后要恢复征税。

②税收减免的类型。它一般包括法定减免、特定减免、临时减免。

③税收减免的形式。A.减税。即对纳税人或课税对象的应纳税额少征

一部分。减税的办法有:降低税率;按应纳税额减征一定比例;确定减征额等。B. 免税。对纳税人的某一项或某几项课税对象免予征税。C. 起征点。它是计税依据达到国家规定数开始征税的界限。课税对象达不到这一数量时不征税,达到这一数量时就课税对象的全部数额征税。这体现了国家对收入或所得较少的纳税人的照顾。D. 免征额。即税法规定的在对课税对象征税时,可以从课税对象总额中固定扣除的数额,只就剩余部分征税。规定免征额有利于保证纳税人的基本所得。

(2)加成加倍

加成加倍是在原税率的基础上增加若干成或若干倍,是原税率的延伸。加成加倍也是税收制度灵活性与严肃性相结合的具体表现,它体现国家对纳税人或课税对象的限制政策。

8. 违章处理

违章处理是税制中不可缺少的要素,是税收强制性特点在税收制度中的体现。它是指对纳税人违反税法的行为采取的惩罚措施,其主要内容有:

(1)对偷税、漏税、抗税不交的处罚;

(2)对迟交拖欠应纳税款的处罚;

(3)不按期,不按规定向税务机关登记或报送报表资料的处罚等。

2.1.3 税收分类

税收分类,即根据研究的目的,对税收制度中的各种税按照一定标准进行划分。进行税收分类是十分重要的。这不仅有助于人们正确认识和把握每种税的特点、作用,有助于建立科学合理的税制,而且还有助于深入研究税额分布和税收负担,有助于合理划分中央和地方的财政收入范围。同时,税收分类也是研究和评价税收制度的重要依据。对税收分类,因研究目的和划分标准不同而有许多种分类方法。

1. 按课税对象分类

按课税对象,税收划分为流转税类、所得税类、资源税类、财产税类、行为税类共五大类别。

(1)流转税类。包括增值税、营业税、消费税和关税等。基本上遵循权责发生制会计假设下确认的收入额为基数计算。近些年来,该类税收占我国财政收入的一半以上。

(2)所得税类。包括企业所得税、个人所得税等。它以纳税人的应纳税所得额为征税对象。

(3)资源税类。包括资源税、土地增值税、耕地占用税、土地使用税、烟叶税等。

(4)财产税类。包括房产税、契税、车船税等。

(5)行为税类。包括城市建设维护税、印花税、车辆购置税等。

我国是以增值税和企业所得税为主体税种的复合税制国家。

2.按税收的管理权限和支配权限分类

按税收的管理权限和支配权限分类,可以分为中央税、地方税和中央地方共享税三类。

3.按税收与价格的依存关系分类

根据税收与价格的依存关系,可以把税收划分为价内税和价外税。

(1)价内税。它是指将税金作为价格组成部分包含于商品价格之中的税种。如消费税、营业税,通过"主营业务税金及附加"、"其他业务支出"等核算。

(2)价外税。它是指税金不包含在商品或劳务的价格中,而是作为附加在价格之外的价值而存在的税种。如增值税,通过"应交税金——应交增值税"核算。

4.按税收的计税依据分类

按税收的计税依据,可以分为从价税和从量税两种。

2.2 税务会计要素

在财务会计中,会计要素是会计核算对象的基本分类,是设定会计报表结构和内容的依据,也是进行确认和计量的依据。

同样,税务会计要素是对税务会计对象的进一步分类。纳税人因纳税而引起的税款的形成、计算、缴纳、补退税、罚款等经济活动以货币表现的资金运动就是税务会计对象。根据税务会计信息使用者的要求以及会计对象的具体内容,税务会计要素可以分为以下几个方面。

2.2.1 计税依据

1.计税依据的定义

计税依据是税法中规定的计算应纳税额的根据,也称为税基。计税依据是课税对象量的表现。计税依据的数额同税额成正比例,计税依据的数额越多,应纳税额也越多。课税对象同计税依据有密切的关系。前者是从质的方面对征税的规定,即对什么征税;后者则是从量的方面对征税的规定,即如何计量。

2. 计税依据类型

(1)从价计征。从价计征即以课税对象的自然数量与单位价格的乘积为计税依据,按这种方法计征的税种称从价税。如中国产品税的计税依据为产品销售收入,即产品的销售数量与单位销售价格的乘积。

(2)从量计征。从量计征即以课税对象的自然实物量为计税依据,按税法规定的计量标准(数量、重量、面积等)计算,按这种方法计征的税种称从量税。如中国的资源税,对原油以实际产量为计税依据,税法规定的计量标准为"吨";对天然气以实际销售数量为计税依据,税法规定的计量标准是"千立方米"。

(3)从量从价复合计征。征税对象的价格和数量均为其计税依据。

(4)计税依据的特殊规定。纳税人在特殊情况下,适用特殊规定。

3. 计税依据的表现形式

纳税人的各种应缴税款等于各税的计税依据与其税率相乘之积。不同税种的计税依据也不同,如收入额、销售额(量)、增值额(率)、营业额、应纳税所得额、组成计税价格等。

2.2.2 应税收入

1. 应税收入

应税收入是指企业由于销售商品、提供劳务等应税行为所取得的收入。应税收入与会计收入有密切联系,但不一定等同。

2. 应税收入的确认

确认应税收入时应注意两点:一是与应税行为相联系,即发生应税行为才能产生应税收入。如果发生的是非应税行为或免税行为,其所得的收入就不是应税收入,只能是会计收入。二是与某一具体税种相关。对应税收入一般也是按财务会计原则来确认、计量的。但也有例外,如对权责发行制的修正,对某些应税行为按收付实现制确认应税收入。

2.2.3 准予扣除项目

1. 定义

准予扣除项目是指依据税法规定,纳税人为取得应税收入而准予扣除的相关的成本、费用、税金、损失等。准予扣除项目有时与会计费用一致,有时不一致。例如,违法经营而导致的罚款,会计上列作费用处理,而税法明确规定其不得作为扣除项目在计算纳税所得时予以扣除。一般而言,准予扣除项目是税法在会计费用的基础上进行调整而确定的。

2. 具体情况

一是按其与应税收入的发生是否为因果关系,按比例扣除;二是在受益期内,按税法允许的会计方法进行折旧、返销;三是对特定项目,严格按照税法规定的扣除标准扣除,而不管财务会计的规定。例如,在计算应纳税所得额时,税法上规定计税工资的月扣除最高限额为 3 500 元/人,而会计上则按实际发放额全额扣除。

2.2.4 应税所得

1. 税务会计的应税所得

税务会计上所称的所得是指应税所得,或称为应纳税所得额,它是企业本期实现的应税收入与准予扣除项目之间的差额,即所得税的计税依据。在实际业务中,纳税人通常采用以会计上的利润总额为基础,加上纳税调整增加额、减去纳税调整减少额的方法计算得出应税所得。如果"应税所得"是负数,则为"应税亏损"。

财务会计上所称的所得是账面利润或会计利润。

2. 企业所得税的应纳税所得

在实际工作中,通常采用纳税调整法,以利润总额为基础,加减税收调整项目金额计算应纳税所得额。

应纳税所得额＝利润总额±纳税调整项目金额

式中:

利润总额＝利润表中的利润额

纳税调整项目金额＝会计处理与税务处理不一致应调整的金额

企业所得税的应纳税所得必须是实物或货币所得。各种荣誉性、知识性及体能、心理上的收益,都不是应纳税所得。

企业所得税的应纳税所得包括来源于中国境内、境外的应税所得。

3. 个人的应纳税所得

在税法中,对个人的应纳税所得概括为 11 项,具体为:(1)工资、薪金;(2)个体工商户的生产、经营所得;(3)对企事业单位的承包经营、承租经营所得;(4)劳务报酬所得;(5)稿酬所得;(6)特许权使用费所得;(7)利息、股息、红利所得;(8)财产租赁所得;(9)财产转让所得;(10)偶然所得等。

2.2.5 应纳税额

应纳税额是按计税依据(税基)与税率计算的标准纳税额。其计算公式为：

应纳税额＝计税依据×适用税率(或单位税额)

应纳税额是税务会计特有的一个要素，财务会计中并没有与之相适应的要素，其也不能与财务会计中的某一项目相对应。影响应纳税额的因素有：计税依据、税率、单位税额以及减免税规定。

此外，退(免)税、退补税、滞纳金、罚款、罚金也可以作为税务会计的要素，但不是主要的会计要素。

2.2.6 税务会计等式

1. 会计等式

在我国财务会计的六项会计要素中，资产、负债、所有者权益构成资产负债表。静态会计等式为：

资产＝负债＋所有者权益

收入、费用、利润构成利润表，这三个要素在一定期间(注意：不是时点)，就形成了下列动态会计公式的数量关系：

收入－费用＝利润

资本运动的静态与动态是一种辩证的统一。资产、负债、所有者权益、收入、费用和利润的数量关系存在着一种内在有机的联系，即可以综合。它们的综合反映是：

资产＋(收入－费用)＝负债＋所有者权益＋利润

2. 税务会计等式

与财务会计要素之间的关系相关联，税务会计各要素之间存在如下会计等式：

应税收入－扣除费用＝应税所得 　　　　　　　　　　　　(2-1)

计税依据×适用税率(或单位税额)＝应纳税额 　　　　　　(2-2)

等式(2-1)适用于所得税，等式(2-2)适用于包括所得税在内的所有税种。

2.3 税务会计的一般核算方法

税务会计作为一种特殊的专业会计,是会计学科的一个分支,因而会计的一般原理是税务会计进行核算和监督的重要依据。由于税务会计并不需要(至少在现阶段不需要)抛开财务会计的方法体系和凭证、账簿、报表等核算体系去另搞一套,而是要在财务会计核算资料的基础上根据税收法规的特殊要求进行深层次的加工,其会计处理过程和结果直接与财务会计的处理密切相关,二者之间有着内部的钩稽关系,因此,财务会计的一般方法对税务会计来说,大都也是适用的。但税务会计毕竟是会计学的一个分支,在方法上也有一些自身的特色。

2.3.1 账户设置

税务会计要依靠财务会计的账户系统。账户是对会计对象的具体内容进行分类核算的一种方法。由于企业的经济业务多种多样,都是会计核算的对象,为了完整、系统地反映复杂的经济业务,就有必要对经济业务进行分类核算。按分类的项目设置账户,对某一类业务进行集中、系统的核算,可以迅速、准确地提供分类别的财务信息,而会计科目是账户的名称。

日常工作中税务会计的主要任务包括:按照税法规定正确计算企业应缴税款,并进行正确的会计处理;正确编制、及时报送会计报表和纳税申报单;及时、足额地缴纳各种税金,完成企业上缴任务;进行企业税务活动的财务分析;合理进行纳税筹划等。通常,税务会计不要求在财务会计之外另设一套账。在财务会计中,凡涉及应税收入、计税成本费用、应交税款、减免税、退补税、滞纳金、罚款、罚金核算的账户,都属于税务会计账户。其中"应交税费"、"营业税金及附加"、"所得税费用"、"递延所得税资产"、"递延所得税费用"等账户,是专门用于税金核算的账户,可以看作税务会计特有的账户。

企业设置"应交税费"总账。除印花税、关税及耕地占用税等不需预缴的税种外,纳税人应缴纳给税务机关的各种税金及教育费附加均在本账户核算。"应交税费"属于负债类账户,专门用于反映企业各种税金的应交、已交和未交情况。其贷方反映企业应交的各种税金及教育费附加;借方反映企业已经缴纳的各种税金及教育费附加;余额一般在贷方,反映企业应交的各种税金及教育费附加。企业一般在"应交税费"账户下按各税种设置明细账户,如"应交增值税"、"应交消费税"、"应交营业税"及"应交所得税"等。有时根据税收管理的需要,还应设置三级明细账户进行核算,如在"应交税费——应交增值税"下设"进项税额"、"销项税额"及"已交税金"等三级明细账户。

可见,税务会计专设的账户主要包括"应交税费"账户、"管理费用——税金"账户、"营业税金及附加"账户、"其他业务支出——税金及附加"账户、"所得税费用"账户等。必要时还应设置"递延所得税资产"、"递延所得税负债"、"待摊税金"、"预提税金"、"待扣税金"和"代扣代缴税金"等账户。

2.3.2 纳税计算

税务会计的计算方法主要包括计税依据的计算和应缴税金的计算,它们分别按税收法规规定的专门方法进行。具体见各章不同税种的计算。

2.3.3 账务处理

税务会计的记账方法、审核和填制凭证方法以及登记账簿的方法与一般的财务会计基本一致。

2.3.4 会计报表

税务会计编制的专用报表有纳税申报表等,它一般只为主管的税务机关编报,具体见第十三章。

2.3.5 其他特殊方法

税务会计还有很多特殊的专门方法,这些特殊方法往往是与税收法规的有关规定相联系的。对此,我们将在后面有关章节的具体会计处理中详细讲述。

练习题

1. 税制的构成要素有哪些?
2. 税收按课税对象如何分类?
3. 税务会计有哪些要素?
4. 简述税务会计核算方法。

第二篇

流转税会计

第二章

流体静力学

第 3 章 增值税会计

> **学习目标**
>
> 1. 熟悉增值税制度的基本内容。
> 2. 掌握一般纳税人增值税税额的计算。
> 3. 熟悉小规模纳税人增值税税额的计算。
> 4. 掌握一般纳税人增值税进项税额、销项税额、进项税额转出的账务处理。
> 5. 熟悉小规模纳税人增值税税额的会计处理。
> 6. 了解营业税改征增值税试点方案内容。

3.1 增值税税制概述

3.1.1 增值税的概念和特征

1.增值税的基本概念

按照我国现行增值税法的规定,增值税是对在我国境内销售货物或提供加工、修理修配劳务以及进口货物的单位和个人,就其取得的货物或应税劳务的销售额以及进口货物的金额计算税款并实行税款抵扣制的一种流转税。

2.增值税的特征

现行增值税具有以下特征:

(1)采用消费型增值税

由于生产型增值税对固定资产存在重复征税,抑制了纳税人对固定资产投资的积极性,为了提高企业的技术改造能力,加强企业的固定资产改造,国务院决定自 2009 年 1 月 1 日起,在全国范围内实施消费型增值税。

(2)保持税收中性

根据增值税的计税原理,流转额中的非增值因素在计税时被扣除。因此,对同一商品而言,无论流转环节多少,只要增值额相同,税负就相等,不会影响商品的生产结构、组织结构和产品结构。

(3)普遍征收

从增值税的征收范围看,对从事商品生产经营和劳务提供的所有单位和个人,在商品增值的各个生产流通环节向纳税人普遍征收。

(4)税收负担由商品的最终消费者承担

虽然增值税是向企业主征收的,但企业主在销售商品时又通过价格将税收负担转嫁给下一生产流通环节,最后由最终消费者承担。

(5)实行税款抵扣制度

在计算企业主应纳税款时,要扣除商品在以前流通环节已负担的税款,以免重复征税。

(6)实行比例税率

从实行增值税制度的国家看,普遍实行比例税制,以贯彻征收简便易行的原则。

(7)实行价外税制度

在计税时,作为计税依据的销售额不包括增值税税额,这样有利于形成均衡的生产价格,并有利于税负转嫁的实现。

3.1.2 增值税的纳税人

增值税的纳税人是指在我国境内销售货物或提供加工、修理修配劳务以及进口货物的单位和个人。其中,单位是指企业、行政单位、事业单位、军事单位、社会团体及其他单位,个人是指个体工商户和其他个人。单位租赁或者承包给其他单位或者个人经营的,以承租人或承包人为纳税人。

注:《交通运输业和部分现代服务业营业税改征增值税试点实施办法》提出:在中华人民共和国境内(以下称境内)提供交通运输业和部分现代服务业服务(以下称应税服务)的单位和个人,为增值税纳税人。纳税人提供应税服务,应当按照本办法缴纳增值税,不再缴纳营业税。

为了简化增值税计算和征收,也为了减少税收征管漏洞,我国按会计核算水平和经营规模的不同将增值税纳税人分为小规模纳税人和一般纳税人,分别采取不同的增值税计税办法。

1. 小规模纳税人

小规模纳税人是指年应征增值税销售额(应税销售额)在规定标准以下,并且会计核算不健全,不能按规定报送有关税务资料的增值税纳税人。

所谓"会计核算不健全",是指不能按照国家统一的会计制度设置账簿,不能正确核算增值税的销项税额、进项税额和应纳税额。小规模纳税人的认定标准如下:

(1)从事货物生产或提供应税劳务的纳税人,以及以从事货物生产或提供应税劳务为主,并兼营货物批发或零售的纳税人,年应税销售额不超过50万元。

(2)从事货物批发和零售的纳税人,年应税销售额不超过80万元。

所谓"以从事货物生产或提供应税劳务为主",是指纳税人的年货物生产或者提供应税劳务的年销售额占应税销售额的比重在50%以上。年应税销售额超过小规模纳税人标准的其他个人按小规模纳税人纳税;非企业性单位、不经常发生应税行为的企业可选择按小规模纳税人纳税。

小规模纳税人不得抵扣进项税额,也不得使用增值税专用发票。

2.一般纳税人

一般纳税人是指年应税销售额超过财政部、国家税务总局规定的小规模纳税人标准的企业和企业性单位。年应税销售额未超过财政部、国家税务总局规定的小规模纳税人标准以及新开业的纳税人,可以向主管税务机关申请一般纳税人资格认定。除国家税务总局另有规定外,纳税人一经认定为一般纳税人后,不得转为小规模纳税人。

一般纳税人认定手续按《增值税一般纳税人申请认定办法》的具体规定办理。资格认定程序为:申请——初审——审核批准——确认(盖章)。

3.1.3 增值税的征税范围

根据《增值税暂行条例》的规定,将增值税征税范围分为一般规定和特殊规定。

1.征税范围的一般规定

(1)销售货物。货物是指除土地、房屋和其他建筑物等不动产之外的有形动产,也包括电力、热力和气体。销售货物是指有偿转让货物的所有权。

(2)提供加工、修理修配劳务。指有偿提供加工、修理修配劳务,也指销售应税劳务。单位或个体工商户聘用的员工为本单位或者雇主提供加工、修理修配劳务不包括在内。

(3)进口货物。指申报进入我国境内的货物。

由此可见,我国增值税的征收范围包括生产、批发、零售和进口环节,加工和修理修配也属于增值税的征税范围,对加工和修理修配以外的其他劳务暂不实行增值税。

注:2011年11月16日,经国务院批准,财政部、国家税务总局联合下发《营业税改征增值税试点方案》。从2012年1月1日起,在上海交通运输业和部分现代服务业开展营业税改征增值税试点。至此,货物劳务税收制度的改革拉开序幕。自2012年8月1日起至年底,国务院扩大营改增试点,由上海市分批扩大至北京、天津、江苏、浙江、安徽、福建、湖北、广东和厦门、深圳10个省(直辖市、计划单列市)。2013年继续扩大试点地区,并选择部分行业在全国范围试点。

2.征税范围的特殊规定

(1)特殊项目

①货物期货;

②银行销售金银业务;

③典当业的死当物品和寄售业代委托人销售寄售物品的业务;

④集邮商品的生产以及邮政部门以外的其他单位和个人销售集邮商品;

⑤邮政部门以外其他单位发行报刊;

⑥电力公司向发电企业收取的过网费;

⑦单独销售无线寻呼机、电话等,不提供电信服务的电信单位;

⑧缝纫业务;

⑨经中国人民银行和商务部批准以外的其他企业从事融资租赁业务,货物的所有权转让给承租方的;

⑩矿产资源开采、挖掘、切割、破碎、分拣、洗选。

(2)视同销售行为

视同销售就是将不属于销售范围或尚未实现销售的货物,视同销售处理,纳入增值税征税范围。单位和个体工商户的下列行为视同销售货物:

①委托代销;

②销售代销货物;

③设有两个机构不在同一县市的货物转移;

④将自产、委托加工货物用于非应税项目;

⑤将自产、委托加工货物用于集体福利及个人消费;

⑥将自产、委托加工或购进货物用于对外投资等;

⑦将自产、委托加工或购进货物用于分配给股东或投资者;

⑧将自产、委托加工或购进货物无偿赠送他人等。

(3)混合销售行为

一项销售行为如果既涉及货物又涉及非应税劳务,为混合销售行为。强调的是同一销售行为中存在两类经营项目或两者之间有从属关系。如销售水泥,又代办运输。

从事货物的生产、批发或零售的企业、企业性单位和个体工商户的混合销售行为,视为销售货物,应当缴纳增值税;其他单位和个人的混合销售行为,视为销售非增值税应税劳务,不缴纳增值税。

纳税人的下列混合销售行为,应当分别核算货物的销售额和非增值税应税劳务的营业额,并根据其销售货物的销售额计算缴纳增值税,非增值税应税劳务的营业额不缴纳增值税,未分别核算的,由主管税务机关核定其货物的销售额:①销售自产货物并同时提供建筑业劳务的行为;②财政部、国家税务总局规定的其他情形。

(4)兼营行为

兼营行为也即兼营非增值税应税项目行为,是指纳税人的经营范围既包括销售货物和应税劳务又包括非应税劳务。强调的是同一纳税人存在两类经营项目或两者之间无从属关系。如建筑材料商店销售建筑材料,同时又承揽安装、装饰工程;大商场既销售货物又经营餐厅等。

纳税人兼营非增值税应税项目的,应分别核算货物或者应税劳务的销售额和非增值税应税项目的营业额;未分别核算的,由主管税务机关核定货物或应税劳务的销售额。纳税人兼营不同税率货物或应税劳务,属于同税种、不同税率的,应按不同税率、不同类别或项目分别设账,分别核算,若未分别核算或不能准确核算的,免税的不得免税,应税的则从高适用税率。纳税人兼营免税、减税项目的,应当分别核算,未分别核算的,不得减税、免税。

3.征税范围的其他规定

《增值税暂行条例》规定的免税项目:

(1)农业生产者销售的自产农产品。

(2)避孕药品和用具。

(3)古旧图书(指向社会收购的古书和旧书)。

(4)直接用于科学研究、科学试验和教学的进口仪器、设备。

(5)外国政府、国际组织无偿援助的进口物资和设备。

(6)由残疾人的组织直接进口供残疾人专用的物品。

(7)销售的自己使用过的物品。自己使用过的物品,是指其他个人(个体经营者以外的人,如一般个人)自己使用过的物品。

3.1.4 增值税税率和征收率

1.增值税税率

(1)基本税率

一般纳税人销售或进口适用低税率以外的货物,提供加工、修理修配劳务,税率为17%。

(2)低税率

一般纳税人销售或进口下列货物,税率为13%:

①粮食、食用植物油、鲜奶;

②自来水、暖气、冷气、热水、煤气、石油液化气、天然气、沼气、居民用煤炭制品;

③图书、报纸、杂志;

④饲料、化肥、农药、农机、农膜;

⑤初级农产品、音像制品、电子出版物、二甲醚;

(3)零税率

纳税人出口货物,税率为0;但国务院另有规定的除外。

注:在《营业税改征增值税试点方案》中新增两档税率,在现行增值税17%标准税率和13%低税率基础上,新增11%和6%两档低税率。租赁有形动产等适用17%税率,交通运输业、建筑业等适用11%税率,其他部分现代服务业适用6%税率。

2.增值税征收率

当纳税人采用简易办法计算增值税时,视不同情况,采用不同的征收率。

(1)小规模纳税人销售货物,提供应税劳务,其增值税征收率为3%。

(2)小规模纳税人(不包括其他个人)销售自己使用过的固定资产,适用2%的征收率;如果销售自己使用过的除固定资产以外的物品,则适用3%的征收率。

(3)一般纳税人销售以下特殊货物,适用4%的征收率:

①寄售商店代销寄售物品;

②典当业销售死当物品;

③经国务院或授权机关批准的免税商店零售免税品。

(4)一般纳税人销售以下货物,适用4%的征收率减半征收:

①一般纳税人销售自己使用过的属于《增值税暂行条例》第10条规定不得抵扣且未抵扣进项税额的固定资产;

②纳税人销售旧货(不包括自己使用过的物品)。

(5)一般纳税人销售以下自产货物,适用6%的征收率:

①县级及县级以下小型水力发电单位生产的电力;

②建筑用和生产建筑材料所用的沙、土、石料;

③以自己采掘的沙、土、石料或其他矿物连续生产的砖、瓦、石灰(不含黏土实心砖、瓦);

④用微生物、微生物代谢产物、动物毒素、人或动物血液或组织制成的生物制品;

⑤自来水;

⑥商品混凝土(仅限于以水泥为原料生产的水泥混凝土);

⑦属于增值税一般纳税人的单采血浆站销售非临床用人体血液。

3.2 增值税的计算

3.2.1 增值税销项税额的计算

销项税额是指纳税人销售货物或者提供应税劳务,按照销售额或提供应税劳务收入和规定的税率计算并向购买方收取的增值税额。其计算公式为:

$$销项税额 = 销售额 \times 增值税税率$$

从定义和公式可以看出,销项税额是由购买方在购买货物或者应税劳务支付价款时,一并向销售方支付的税款。销项税额的计算取决于销售额和适用税率两个因素,在适用税率既定的前提下,销项税额的大小主要取决于销售额的大小。

1. 一般销售方式下销售额的确定

销售额是指纳税人销售货物或者提供应税劳务向购买方收取的全部价款及价外费用。价外费用包括向购买方收取的手续费、补贴、基金、集资费、返还利润、奖励费、违约金、滞纳金、延期付款利息、赔偿金、代收款项、代垫款项、包装费、包装物租金、储备费、优质费、运输装卸费以及其他各种性质的价外收费。但下列项目不包括在内:

(1)销项税额。

(2)受托加工应征消费税的消费品所代收代缴的消费税。

(3)同时符合以下条件的代垫运输费：
①承运部分的运输费发票开具给购买方的；
②纳税人将该发票转交给购买方的。
(4)同时符合以下条件代为收取的政府性基金或者行政事业性收费：
①由国务院或者财政部批准设立的政府性基金,由国务院或者省级人民政府及其财政、价格主管部门批准设立的行政事业性收费；
②收取时开具省级以上财政部门印制的财政票据；
③所收款项全部上缴财政。
(5)销售货物的同时代办保险等而向购买方收取的保险费,以及向购买方收取的代购买方缴纳的车辆购置税、车辆牌照费。

上述五项不计入价外费用是因为在满足了上述相关条件后可以确认销售方在其中仅仅是代为收取了有关费用,这些价外费用确实没有形成销售方的收入。

应当注意,根据国家税务总局规定:对增值税一般纳税人(包括纳税人自己和/或代其他部门)向购买方收取的价外费用和逾期包装物押金,应视为含税收入,在征税时换算成不含税收入再并入销售额。

2.特殊销售方式下销售额的确定

(1)采取折扣方式销售

折扣销售(商业折扣)是指销货方在销售货物或应税劳务时,因购货方购货数量较大等原因而给予购货方的价格优惠。根据税法规定,纳税人采取商业折扣方式销售货物,如果销售额和折扣额在同一张发票上分别注明,可按折扣后的销售额征收增值税,另外开具发票的,则不能扣除折扣额。折扣销售仅限于货物价格的折扣,如果销货者将自产、委托加工和购买的货物用于实物折扣,则该实物款额不能从货物销售额中减除,应"视同销售"计算征收增值税。

销售折扣(现金折扣)是指销货方在销售货物或应税劳务后,为了鼓励购货方及早偿还货款而协议许诺给予购货方的一种折扣优待。销售折扣发生在销货之后,是一种融资行为,因此,折扣额不得从销售额中减除。

销售折让是指货物销售后,由于其品种、质量等原因购货方未予退货,但销货方需给予购货方的一种价格折让。销售折让与销售折扣相比,虽然都是在货物销售后发生的,但因为销售折让是由于货物品种和质量引起销售额的减少,因此,对销售折让可以扣除折让后的货款为销售额。

(2)采取以旧换新方式销售

以旧换新是指纳税人在销售自己的货物时,有偿收回旧货物的行为。根据税法规定,采取以旧换新方式销售货物的,应按新货物的同期销售价格确定销售额,不得扣减旧货物的收购价格(金银首饰除外)。

(3)采取还本销售方式销售

还本销售是指纳税人在销售货物后,到一定期限由销售方一次或分次退还给购货方全部或部分价款。这种方式实际上是一种筹资行为,税法规定,采取还本销售方式销售货物,其销售额就是货物的销售价格,不得从销售额中减除还本支出。

(4)采取以物易物方式销售

以物易物是指购销双方不是以货币结算,而是以同等价款的货物相互结算,实现货物购销的一种方式。在以物易物活动中,双方均作购销处理,以各自发出的货物核算销售额并计算销项税额,以各自收到的货物按规定核算购货额并计算进项税额。应当注意,以物易物应当分别开具合法票据,未取得合法票据的,不能抵扣进项税额。

(5)出租、出借包装物

纳税人为销售货物而出租出借包装物收取的押金,单独记账核算的,时间在1年以内,又未过期的,不并入销售额征税,因逾期(指合同约定实际逾期或者以1年为限)未收回包装物不再退还的押金,应并入销售额征税。

(6)混合销售与兼营

从事货物的生产、批发或零售的企业、企业性单位和个体工商户的混合销售行为,视为销售货物,应当按照货物销售额与非应税劳务销售额的合计数计算缴纳增值税;其他单位和个人的混合销售行为,视为销售非增值税应税劳务,不缴纳增值税。

纳税人的下列混合销售行为,应当分别核算货物的销售额和非增值税应税劳务的营业额,并根据其销售货物的销售额计算缴纳增值税,非增值税应税劳务的营业额不缴纳增值税,未分别核算的,由主管税务机关核定其货物的销售额:①销售自产货物并同时提供建筑业劳务的行为;②财政部、国家税务总局规定的其他情形。

纳税人兼营非增值税应税项目的,应分别核算货物或者应税劳务的销售额和非增值税应税项目的销售额,对货物和应税劳务的销售额按各自适用税率征收增值税,对非增值税应税劳务的销售额按适用的税率征收营业税;未分别核算的,由主管税务机关核定货物或应税劳务的销售额。

(7)关于纳税人销售自己使用过的固定资产的情况

一般纳税人销售自己使用过的物品或旧货,适用按简易办法依征收率

4%减半征收增值税政策,按下列公式确定销售额和应纳税额:

$$应纳税额 = 含税售价 \div (1+4\%) \times 4\% \div 2$$

小规模纳税人销售自己使用过的固定资产和旧货,按下列公式确定销售额和应纳税额:

$$应纳税额 = 含税售价 \div (1+3\%) \times 2\%$$

(8)对视同销售货物行为而无销售额或价格明显偏低而无正当理由的销售额确定

对视同销售货物行为而无销售额或价格明显偏低而无正当理由者,其销售额按下列顺序确定:

①按纳税人最近时期同类货物的平均销售价格确定。

②按其他纳税人最近时期同类货物的平均销售价格确定。

③按组成计税价格确定。组成计税价格有如下几种情况:

若该商品只征增值税,不征消费税,则组价公式为:

$$组成计税价格 = 成本 \times (1+成本利润率)$$

若该商品既征增值税又征消费税,则组价公式为:

$$组成计税价格 = \frac{成本 \times (1+成本利润率)}{1-消费税税率}$$

或者:

$$组成计税价格 = 成本 \times (1+成本利润率) + 消费税税额$$

公式中的"成本"分两种情况:销售自产货物的为实际生产成本,销售外购货物的为实际采购成本。"成本利润率"由国家税务总局确定。

3.含税销售额的换算

现行增值税是以不含增值税税款的销售额作为计税销售额,即实行价外计税。但实际工作中,常常会出现纳税人将销售货物或者应税劳务采用销售额和销项税额合并定价的方法,如果不将含税销售额换算为不含税销售额直接计税,会造成计税环节上的重复纳税现象,因此,应将含税销售额换算为不含税销售额后,再计算增值税税额。

一般纳税人销售额换算公式为:

$$销售额 = \frac{含税销售额}{1+增值税税率}$$

小规模纳税人销售额换算公式为：

$$销售额 = \frac{含税销售额}{1+增值税征收率}$$

3.2.2 增值税进项税额的计算

进项税额是纳税人购进货物或者接受应税劳务支付或者负担的增值税额。进项税额与销项税额是相对应的，在开具增值税专用发票的情况下，它们之间的对应关系是：销售方收取的销项税额就是购买方支付的进项税额。进项税额一般凭增值税专用发票注明的税额进行抵扣或者按指定的收购凭证计算抵扣。

1. 准予从销项税额中抵扣的进项税额

根据《增值税暂行条例》的规定，准予从销项税额中抵扣的进项税额，限于下列增值税扣税凭证上注明的增值税税额和按规定的扣除率计算的进项税额。

(1) 从销货方取得的增值税专用发票上注明的增值税额；

(2) 从海关取得的海关进口增值税专用缴款书上注明的增值税额；

(3) 购进农产品，除取得增值税专用发票或者海关进口增值税专用缴款书外，按照农产品收购发票或者销售发票上注明的农产品买价和13%的扣除率计算的进项税额；

(4) 购进或销售货物以及在生产经营过程中支付运输费用的，按照运输费用结算单据上注明的运输费用金额和7%的扣除率计算的进项税额；

(5) 混合销售行为按规定应当缴纳增值税的，该混合销售行为所涉及的非增值税应税劳务所用购进货物的进项税额；

(6) 自2009年1月1日起，一般纳税人购进(包括接受捐赠、实物投资)或者自制(包括改扩建、安装)固定资产发生的进项税额，凭增值税专用发票、海关进口增值税专用缴款书和运输费用结算单据从销项税额中抵扣。

2. 不得从销项税额中抵扣的进项税额

(1) 用于非增值税应税项目、免征增值税项目、集体福利或者个人消费的购进货物或应税劳务；

(2) 非正常损失的购进货物及相关应税劳务；

(3) 非正常损失的在产品、产成品所耗用的购进货物或者应税劳务；

(4) 国务院财政、税务主管部门规定的纳税人自用消费品(如摩托车、汽车、游艇)；

(5)上述第1项至第4项规定的货物运输费用和销售免税货物的运输费用;

(6)一般纳税人兼营免税项目或者非增值税应税劳务而无法划分不得抵扣的进项税额的,按下列公式计算不得抵扣的进项税额:

$$当月无法划分的全部进项税额 \times \frac{当月免税项目销售额、非增值税应税劳务营业额合计}{当月全部销售额、营业额合计}$$

(7)因购进货物退回或折让而收回的进项税额,应从发生购进货物退回或者折让当期的进项税额中抵减(必须持有按规定开具的红字增值税专用发票);

(8)按简易办法计算缴纳增值税的货物或劳务,不得抵扣进项税额;

(9)纳税人购进货物或应税劳务,取得的增值税扣税凭证不符合法律、行政法规或者国务院税务主管部门有关规定的,其进项税额不得从销项税额中抵扣;

(10)已抵扣进项税额的购进货物或应税劳务,改变用途的(免税项目、非增值税应税劳务除外),应当将该购进货物或应税劳务的进项税额从当期进项税额中扣减,无法确定该进项税额的,按当期实际成本计算应扣减的进项税额;

(11)一般纳税人取得的国际货物运输代理业发票和国际货物运输发票,不得计算抵扣进项税额。

3.2.3 增值税应纳税额的计算

对增值税的两类纳税人,税法规定了各自应纳税额的计算方法,对一般纳税人采用购进扣税法,对小规模纳税人采用简易征收的办法。

1. 一般纳税人应纳税额的计算

一般纳税人销售货物或应税劳务应按下列公式计算其应纳税额:

$$应纳税额 = 当期销项税额 - 当期进项税额$$

纳税人因当期销项税额小于当期进项税额而不足抵扣的部分,可结转到下期继续抵扣。

【例2-1】某厂为一般纳税人,1月销售产品,开出增值税专用发票,销售额为100 000元,销项税额为17 000元;销售给小规模纳税人产品,开具普通发票,销售额为35 100元,将一批成本为100 000元的产品对外投资。当月购进原材料,取得增值税专用发票,注明价款50 000元,进项税额8 500元;购进免税农产品20 000元;当月用水27 600元,专用发票上注明税额3 588元;购进设备一台,价款40 000元,专用发票上注明税额6 800元。要求:计算该厂当月应纳增值税税额。

当期销项税额=17 000+35 100/(1+17%)×17%+100 000×(1+10%)×17%
=40 800(元)

当期进项税额=8 500+20 000×13%+3 588+6 800
=21 488(元)

当期应纳税额=40 800-21 488=19 312(元)

2.小规模纳税人应纳税额的计算

小规模纳税人销售货物或提供应税劳务实行简易征收的办法计算应纳税所得额,即按销售额和规定的征收率计算应纳税额,并不得抵扣进项税额。其计算公式为:

应纳税额=销售额×征收率

公式中,销售额为不含增值税销售额,若采用价税合并销售货物、提供应税劳务,应将其换算为不含税销售额。

【例2-2】某商店系小规模纳税人,2012年2月发生如下业务:(1)销售服装,取得含税销售额3 600元,并开具了普通发票;(2)购进办公用品,支付价款10 000元,增值税税款1 700元;(3)当月销售办公用品一批,取得含税销售额8 240元,开具普通发票;(4)销售给一般纳税人某公司两台设备,取得不含税收入40 000元,增值税税款1 200元,增值税专用发票由税务所代开。要求:计算该商店当月应纳税额。

$$应纳税额=\frac{3\ 600}{1+3\%}\times 3\% + \frac{8\ 240}{1+3\%}\times 3\% + 1\ 200 = 1\ 443.05(元)$$

3.进口货物应纳税额的计算

纳税人进口货物,应按照组成计税价格和规定的税率计算应纳税额,其计算公式如下:

组成计税价格=关税完税价格+关税+消费税
应纳税额=组成计税价格×税率

其中,关税完税价格由海关审定,关税等于完税价格乘以关税税率;如果进口货物属于征收消费税的货物,则组成计税价格应加上消费税,消费税的计算见"消费税会计"章节有关内容。

【例 2-3】某外贸企业为一般纳税人,2011 年 10 月进口货物一批,完税价格为 100 000 元,进口关税税率为 20%,已经缴纳进口关税和增值税,并取得增值税完税凭证,当月销售货物取得不含税收入 350 000 元,试计算该外贸企业当月应纳增值税。

进口环节增值税=(100 000+100 000×20%)×17%=20 400(元)
本月应纳增值税=350 000×17%-20 400=39 100(元)

3.3 增值税的会计核算

3.3.1 增值税会计核算的账户设置

我国对增值税纳税人实行分类管理,将其划分为一般纳税人和小规模纳税人,一般纳税人采取购进扣税法,而小规模纳税人实行简易征收的办法,因此,两类纳税人在账户设置和会计核算上亦有不同。

1.一般纳税人账户的设置

一般纳税人应设置"应交税费"账户,在此账户下设置"应交增值税"、"未交增值税"和"增值税检查调整"专门账户进行明细核算。

(1)"应交税费——应交增值税"明细账户

"应交税费——应交增值税"明细账户借方发生额反映企业购进货物、接受应税劳务所支付的进项税额和实际已交的增值税以及月末转入"未交增值税"明细账户当月发生的应交未交增值税额;贷方发生额反映销售货物、提供应税劳务应缴纳的增值税、出口货物退税、转出已支付或应分摊的增值税以及月末转入"未交增值税"明细账户的当月多交的增值税额;该账户期末借方余额反映尚未抵扣的增值税额。

为了详细核算企业应交增值税的计算、上缴和抵扣等情况,企业应在"应交增值税"明细账户下设置"进项税额"、"已交税金"、"减免税款"、"出口抵减内销产品应纳税额"、"转出未交增值税"、"销项税额"、"出口退税"、"进项税额转出"、"转出多交增值税"九个专栏。

"进项税额"专栏,记录企业购进货物或接受应税劳务而支付的,按规定准予从销项税额中抵扣的增值税额。企业购进货物或接受应税劳务支付的进项税额,用蓝字登记;若发生购货退回或折让,应用红字登记,以示冲销进项税额。

"已交税金"专栏,记录企业本月已缴纳的增值税额。企业本月已缴纳的增值税用蓝字登记;退回本月多交的增值税额,用红字登记。

"减免税款"专栏,记录企业按规定享受直接减免的,用于指定用途或未专门指定用途的、准予从销项税额中抵扣的增值税额。

"出口抵减内销产品应纳税额"专栏,记录企业按规定的退税率计算的出口货物进项税额抵减内销产品的应纳税额。

"转出未交增值税"专栏,记录企业月末转出当月应交未交的增值税额。

"销项税额"专栏,记录企业销售货物、提供应税劳务应收取的增值税额。企业销售货物、提供应税劳务应收取的增值税额,用蓝字登记;销售退回或折让,在发生当期以红字冲销。

"出口退税"专栏,记录企业出口货物后,按规定退税率计算并向海关申报的退税款和抵减内销产品应纳税额的退税款。出口货物退回的增值税额,用蓝字登记;出口货物办理退税后发生退货或者退关而补交已退税款,用红字登记。

"进项税额转出"专栏,记录企业购进的由于货物改变用途以及购进的货物、在产品、产成品因管理不善造成非常损失等不应从销项税额中抵扣而按规定转出的进项税额。

"转出多交增值税"专栏,记录企业月末转出本月多交的增值税。月末,企业转出本月多交的增值税额,用蓝字登记;收到退回本月多交增值税额,用红字登记。

(2)"应交税费——未交增值税"明细账户

"应交税费——未交增值税"明细账户借方登记月末从"应交税费——应交增值税(转出多交增值税)"专栏转入的当月多交增值税额和上月上交以前月份应交未交的增值税额;贷方登记月末从"应交税费——应交增值税(转出未交增值税)"专栏转入的当月应交未交的增值税额。期末借方余额反映多交的增值税,贷方余额反映未交的增值税。

(3)"应交税费——增值税检查调整"明细账户

根据国家税务总局《增值税日常稽查办法》的规定,增值税一般纳税人在税务机关对其增值税纳税情况进行检查后,凡涉及增值税账务调整的,应设立"应交税费——增值税检查调整"专门账户进行核算。

2.小规模纳税人账户的设置

小规模纳税人增值税采取简易征收的办法,不实行抵扣制。因此,小规模纳税人增值税的会计核算,只需设置"应交税费——应交增值税"明细账户,不需要在其下设置若干专栏。该账户借方登记上交的增值税额,贷方登记应交的增值税额及销售退回红字冲销的增值税额。期末余额在借方,反映多交的增值税额。期末余额在贷方,反映应交未交的增值税额。

3.3.2 一般纳税人增值税的会计核算

1. 进项税额的核算

(1)可抵扣进项税额的会计处理

①国内采购货物进项税额的会计处理

企业从国内采购货物,应按增值税专用发票上注明的增值税额加上按运费上注明的运费的7%计算得出的进项税额,借记"应交税费——应交增值税(进项税额)"账户,按照专用发票上注明的货款加运费上扣除7%进项税后的运费及其应计入采购成本的费用,借记"在途物资"、"周转材料"等账户,按应付或实付价款、税费之和,贷记"银行存款"、"库存现金"、"其他货币资金"、"应付票据"和"应付账款"账户。

【例2-4】某厂购入甲材料4 000千克,购进价为6元/千克,供货方代垫运杂费2 800元(其中运输发票上列明运费为2 000元),增值税进项税额为4 080元,已开出银行承兑汇票,材料验收入库。运费允许抵扣税额为140元。

相应会计处理如下:

借:原材料——甲材料　　　　　　　　　　　　　　26 660
　　应交税费——应交增值税(进项税额)　　　　　 4 220
　　贷:应付票据　　　　　　　　　　　　　　　　　　　30 880

②收购免税农产品的会计处理

根据税法规定,对于购进免税农产品,一般纳税人应按照农产品收购发票或者销售发票上注明的农产品买价和13%的扣除率计算进项税额,借记"应交税费——应交增值税(进项税额)"等账户,按买价扣除进项税额后的差额借记"原材料"、"在途物资"等账户,按实际总价贷记"银行存款"、"应付账款"等账户。

【例2-5】某食品加工厂企业10月收购粮食,价款100 000元,货款已支付,货物已验收入库。

会计处理如下:

借:库存商品　　　　　　　　　　　　　　　　　　87 000
　　应交税费——应交增值税(进项税额)　　　　　13 000
　　贷:银行存款　　　　　　　　　　　　　　　　　　　100 000

③国外进口货物进项税额的会计处理

企业从国外进口货物时,应根据海关开具的完税凭证上注明的增值税额,借记"应交税费——应交增值税(进项税额)"账户,按进口货物采购成本金额,借记"在途物资"、"原材料"、"库存商品"和"固定资产"等账户,按实付或应付金额,贷记"银行存款"、"应付账款"等账户。

【例2-6】某商业企业由国外进口A产品一批,完税价格400 000美元,采取汇付结算方式,关税税率20%,增值税额17%,另外支付国内运杂费2 400元(其中运费2 000元,增值税进项税额140元)。该企业开出人民币转账支票2 800 000元,从银行购入400 000美元,转入美元存款户,当日外汇牌价1:7。

会计处理如下:

(1)买入外汇时:

借:银行存款——美元户　　　　　　　　　　　　2 800 000
　贷:银行存款——人民币户　　　　　　　　　　　　2 800 000

(2)支付货款时:

借:在途物资　　　　　　　　　　　　　　　　　2 800 000
　贷:银行存款——美元户　　　　　　　　　　　　2 800 000

(3)支付进口关税和增值税时:

应纳关税=2 800 000×20%=560 000(元)

应纳增值税=(2 800 000+560 000)×17%=571 200(元)

借:在途物资　　　　　　　　　　　　　　　　　560 000
　应交税费——应交增值税(进项税额)　　　　　　571 200
　贷:银行存款　　　　　　　　　　　　　　　　1 131 200

(4)支付国内运杂费时:

借:在途物资　　　　　　　　　　　　　　　　　2 260
　应交税费——应交增值税(进项税额)　　　　　　140
　贷:银行存款　　　　　　　　　　　　　　　　2 400

(5)商品验收入库时:

借:库存商品——A产品　　　　　　　　　　　　3 362 260
　贷:在途物资　　　　　　　　　　　　　　　　3 362 260

④接受投资转入货物进项税额的会计处理

企业接受投资转入的货物,按照双方确认的价值(不含增值税),借记"原材料"、"库存商品"和"固定资产"等账户,按照专用发票上注明的或根据确认货物价值换算的增值税额,借记"应交税费——应交增值税(进项税额)"账户,按照双方确认的所有者权益份额,贷记"实收资本"或"股本"账户,其差额贷记"资本公积——资本溢价"账户。

【例2-7】 A公司接受联营B企业以原材料作为投资,开出一份增值税专用发票,直接将货物送到仓库验收入库。增值税专用发票注明价款256 410元,税额43 590元,价税合计300 000元,确认A企业资本份额为250 000元。

会计处理如下:

借:原材料	256 410
应交税费——应交增值税(进项税额)	43 590
贷:实收资本	250 000
资本公积——资本溢价	50 000

⑤接受应税劳务进项税额的会计处理

企业接受加工、修理修配劳务,应按取得的增值税专用发票上注明的增值税额,借记"应交税费——应交增值税(进项税额)"账户,按照增值税专用发票上注明的加工、修理修配费用,借记"委托加工物资"、"其他业务支出"、"制造费用"和"管理费用"等账户,按应付或实付金额,贷记"银行存款"或"应付账款"等账户。

【例2-8】 某公司10月发出材料80 000元,委托该市材料厂加工材料,加工完毕,取得加工厂开具的专用发票,注明加工费4 000元,增值税额680元,款项已付。

会计处理如下:

(1)发出材料时:

借:委托加工物资	80 000
贷:原材料	80 000

(2)支付加工费时:

借:委托加工物资	4 000
应交税费——应交增值税(进项税额)	680
贷:银行存款	4 680

(3)加工完毕,验收入库时:

借:原材料	84 000
贷:委托加工物资	84 000

⑥购建固定资产进项税额的会计处理

企业购买、自制固定资产时,按其取得的增值税专用发票上注明的进项税额,借记"应交税费——应交增值税(进项税额)"账户,按专用发票上记载的应计入固定资产价值的金额,借记"固定资产"、"在建工程"等账户,按实付或应付金额,贷记"银行存款"、"应付账款"等账户。

【例 2-9】M 企业采购生产用机器设备一台,专用发票上注明价款 400 000 元,增值税 68 000 元,购进固定资产所支付的运费 5 000 元(其中装卸费、保险费 500 元),安装费 10 000 元,取得合法票据,均用银行存款支付。

会计处理如下:
(1)购进设备时:

允许抵扣的进项税额=68 000+4 500×7%=68 315(元)

借:在建工程	414 685
应交税费——应交增值税(进项税额)	68 315
贷:银行存款	483 000

(2)达到预定可使用状态时:

借:固定资产	414 685
贷:在建工程	414 685

⑦接受捐赠货物进项税额的会计处理

企业接受捐赠转入货物,按照捐赠确认的价值,借记"原材料"等账户,按照捐赠单位开出的增值税专用发票上注明的税额,借记"应交税费——应交增值税(进项税额)"账户,按照价税合计贷记"营业外收入——捐赠利得"账户。

【例 2-10】A 公司接受 B 公司捐赠原材料一批,取得增值税专用发票,注明价值 100 000 元,增值税额 17 000 元,捐赠过程发生手续费 10 000 元。

会计处理如下:

借:原材料	110 000
应交税费——应交增值税(进项税额)	17 000
贷:营业外收入——捐赠利得	117 000
银行存款	10 000

⑧小规模纳税人购进货物的会计处理

由于小规模纳税人不实行税款抵扣制度,因此,无论收到普通发票还是专用发票,其所付税款均不单独反映,可直接计入采购成本,按发票上注明的价款和税款,借记"原材料"、"库存商品"等账户,按应付或实付金额,贷记"应付账款"、"银行存款"等账户。

【例 2-11】大明厂系小规模纳税人,3 月购进原材料一批,增值税专用发票上注明价款 8 800 元,增值税税额 1 496 元,购入包装物一批,普通发票上注明价款 2 500 元,已付款并验收入库。

会计处理如下:

借:原材料 10 296
　　周转材料 2 500
　贷:银行存款 12 796

(2)不可抵扣进项税额的会计处理

当企业购进的货物发生非正常损失,用于免税项目或改变用途时,其进项税额不得从销项税额中进行抵扣。但这些货物的增值税额在其购进时已作进项税额从当期销项税额中作了扣除,故应将其从进项税额中转出,或将其视同销项税额,从本期的进项税额中抵减,借记有关成本、费用、损失等账户,贷记"应交税费——应交增值税(进项税额转出)"。

①购进货物改变用途转出进项税额的会计处理

企业将购进的货物改变用途,用于免税项目、非增值税项目、集体福利或个人消费等,应将其相应的增值税额从进项税额中转出,随同货物成本计入有关账户。按领用货物成本和相应负担的增值税额,借记"在建工程"、"应付职工薪酬"、"生产成本"等账户;按转出的增值税额,贷记"应交税费——应交增值税(进项税额转出)";按领用货物成本,贷记"原材料"、"库存商品"等账户。

【例2-12】某企业8月购进一批钢材112吨,进价为3 500元/吨,增值税专用发票上注明钢材进价392 000元,进项税额66 640元,款已支付,货物已验收入库,已作相应会计处理。9月因改扩建工程需要,从仓库中领用上月购入生产用钢材28吨。

会计处理如下:

借:在建工程 114 660
　贷:原材料——钢材 98 000
　　应交税费——应交增值税(进项税额转出) 16 660

②用于免税项目的进项税额转出的会计处理

如果企业生产的产品全部是免税项目,其购进货物的进项税额应计入成本,不存在进项税额转出的问题;如果企业购进的货物既用于应税项目,又用于免税项目,而进项税额又不能单独核算时,月末应按免税项目销售额与全部销售额之比计算免税项目不得抵扣的进项税额,然后作进项税额转出的会计处理。

【例2-13】某塑料制品厂生产农用薄膜和塑料餐具产品,前者是免税产品,后者正常计税。9月,该厂购入聚氯乙烯原料一批,专用发票列明价款265 000元,增值税额45 050元,已付款并验收入库,购进包装物、低值易耗品,专用发票列明价款24 000元,增值税额4 080元,已付款并验收入库;当月支付电费 5 820 元，进项税额 989.4 元，9 月全部产品销售额 806 000 元，其中农用薄膜销售额 526 000 元。

计算当月全部进项税额为：

45 050＋4 080＋989.4＝50 119.4(元)

计算当月不得抵扣进项税额为：

50 119.4×526 000÷806 000＝32 708.19(元)

计算当月准予抵扣进项税额为：

50 119.4－32 708.19＝17 411.21(元)

会计分录如下：

借：主营业务成本　　　　　　　　　　　　　　　　　32 708.19
　　贷：应交税费——应交增值税(进项税额转出)　　　　32 708.19

③非正常损失货物进项税额转出的会计处理

企业因管理不善造成购进货物、在产品、产成品被盗、丢失、霉烂变质等损失称为非正常损失。根据税法规定，非正常损失的购进货物和非正常损失的在产品、产成品所耗用的购进货物或应税劳务的进项税额不得抵扣。在发生损失时，应将其进项税额和损失货物的成本一起转出，借记"待处理财产损溢"账户，贷记"原材料"、"生产成本"、"库存商品"和"应交税费——应交增值税(进项税额转出)"等账户。

【例 2-14】某商场仓库失火，造成上月购入的库存商品损毁，其采购成本 240 000 元，进项税额 40 800 元。

借：待处理财产损溢——待处理流动资产损溢　　　　　280 800
　　贷：库存商品　　　　　　　　　　　　　　　　　　240 000
　　　　应交税费——应交增值税(进项税额转出)　　　　40 800

2.销项税额的核算

(1)一般销售方式下销项税额的会计处理

①直接收款方式销售货物的会计处理

企业采取直接收款方式销售货物，不论货物是否发出，纳税义务发生时间均为收到销售款或者索取销售款的凭据，并将提货单交给买方的当天。即使对不完全符合收入确认条件的销售业务，只要已经向对方开出专用发票，也应确认销项税额。企业应根据销售结算凭证和银行存款进账单，借记"应收账款"、"应收票据"、"银行存款"等账户，按照实现的销售收入，贷记"主营业务收入"、"其他业务收入"等账户，按照规定收取的增值税额，贷记"应交税费——

应交增值税(销项税额)"账户。

【例2-15】某企业2012年3月采用汇兑结算方式向其客户销售一批产品,价值216 000元,增值税税额36 720元,开出转账支票,支付代垫运费1 000元,货款尚未收到。

会计处理如下:

借:应收账款　　　　　　　　　　　　　　　　　　　253 720
　贷:主营业务收入　　　　　　　　　　　　　　　　　　　216 000
　　　应交税费——应交增值税(销项税额)　　　　　　　　　36 720
　　　银行存款　　　　　　　　　　　　　　　　　　　　　1 000

②采取托收承付和委托收款方式销售货物的会计处理

企业采取托收承付和委托收款方式销售货物,纳税义务发生时间为发出货物并办妥托收手续的当天。采取这种方式,企业按合同规定向购买方发货,然后凭运单、发票账单向银行办理托收,银行受理后,即可认为取得了收款的权利,应确认销售收入的实现,按照实现的销售收入和按规定收取的增值税额,借记"应收账款"账户,贷记"主营业务收入"、"应交税费——应交增值税(销项税额)"账户。

【例2-16】某一般纳税人企业销售A商品一批,销售价款180 000元,税率17%,用现金支付代垫运杂费400元,已办妥托收手续。

会计处理如下:

借:应收账款　　　　　　　　　　　　　　　　　　　211 000
　贷:主营业务收入　　　　　　　　　　　　　　　　　　　180 000
　　　应交税费——应交增值税(销项税额)　　　　　　　　　30 600
　　　库存现金　　　　　　　　　　　　　　　　　　　　　400

③采取赊销和分期收款方式销售货物的会计处理

企业采取赊销和分期收款方式销售货物,纳税义务发生时间为合同约定的收款日期的当天;无书面合同或者书面合同没有约定收款日期的,纳税义务发生时间为货物发出的当天。因此,企业在发出产品时,按发出产品的实际成本借记"发出商品"账户,贷记"库存商品"账户;在合同约定的收款日期,按应收款额确认收入和增值税额,借记"应收账款"、"应收票据"、"银行存款"等账户,按照应确认的收入,贷记"主营业务收入"、"其他业务收入"等账户,按照规定应收取的增值税额,贷记"应交税费——应交增值税(销项税额)"账户,同时结转成本,借记"主营业务成本"账户,贷记"发出商品"账户。

【例2-17】M公司1月采取分期收款方式销售B产品一批,实际成本90 000元,不含税价款138 000元,增值税税额23 460元,按合同规定,从2月

1日起平均分3期收款。

会计处理如下：

(1)1月发出商品时：

借：发出商品 90 000
　　贷：库存商品 90 000

(2)2月1日确认收入,结转成本时：

借：银行存款 53 820
　　贷：主营业务收入 46 000
　　　　应交税费——应交增值税(销项税额) 7 820

借：主营业务成本 30 000
　　贷：发出商品 30 000

(3)4月1日、5月1日会计处理同上,故省略。

④采取预收货款方式销售货物的会计处理

采取预收货款方式销售货物,其纳税义务发生时间为货物发出的当天。但销售工期超过12个月的大型机器设备、船舶、飞机等货物,其纳税义务发生时间为收到预收款或者书面合同约定的收款日期的当天。纳税人收到预收款时,借记"银行存款"账户,贷记"预收账款"账户；在发出产品,确认收入和补收货款时,借记"预收账款"、"银行存款"等账户,贷记"主营业务收入"、"应交税费——应交增值税(销项税额)"账户,同时结转成本。

【例2-18】M公司以预收货款方式销售D产品一批,7月收到预收货款200 000元,8月1日发出D产品,实际成本60 000元,不含税售价100 000元,增值税额17 000元,当日收到对方补付的货款。

相应的会计处理如下：

(1)7月收到预收货款时：

借：银行存款 200 000
　　贷：预收账款 200 000

(2)8月1日发出商品时：

借：预收账款 100 000
　　银行存款 17 000
　　贷：主营业务收入 100 000
　　　　应缴税费——应交增值税(销项税额) 17 000

(3)结转成本时：

借：主营业务成本 60 000
　　贷：库存商品——D产品 60 000

⑤销售退回与折让的会计处理

根据税法规定,一般纳税人在开具专用发票当月,发生销售退回、开票有误等情形,收到退回的发票联、抵扣联符合作废条件的,按作废处理;开具时发现有误的,可即时作废,因此,销售方不需要作会计处理,只要将作废的发票保留,以备税务机关检查即可。如果一般纳税人取得专用发票后,发生销售退回、开具发票有误等情形但不符合作废条件,或者因销货部分退回及发生销售折让的,购买方应向主管税务机关填报《开具红字增值税专用发票申请单》,经主管税务机关审核后,由主管税务机关出具《开具红字增值税专用发票通知单》,销售方凭购买方提供的《开具红字增值税专用发票通知单》开具红字专用发票,在防伪税控系统中以销项负数开具。未按规定开具红字增值税专用发票的,增值税额不得从销项税额中抵减。因此,一般纳税人发生销货退回或折让,应根据红字销货发票中的销售额和增值税额,用红字登记,借记"银行存款"或"应收账款"账户,贷记"主营业务收入"、"应交税费——应交增值税(销项税额)"账户。

【例2-19】M公司2012年3月销售的货物,在2012年7月发生销售折让,已收到购货单位寄来的《开具红字增值税专用发票通知单》,M公司8月开具红字专用发票并交付给购买方,退回购买方折让价款5 000元,增值税款850元,款项从银行退回。

会计分录如下:

借:银行存款　　　　　　　　　　　　　　　　　　5 850

　　贷:主营业务收入　　　　　　　　　　　　　　5 000

　　　　应交税费——应交增值税(销项税额)　　　　850

(2)特殊销售方式下销项税额的会计处理

①采取折扣方式销售销项税额的会计处理

销售折扣是指企业在赊销或商业信用情况下,为推销商品或及时收回货款,由销货方给予购货方的让利优惠。主要表现为商业折扣和现金折扣两种形式。

商业折扣是指销货方在销售货物或应税劳务时,因购货方购货数量较大等原因而给予购货方的价格优惠。根据税法规定,纳税人采取商业折扣方式销售货物,如果销售额和折扣额在同一张发票上分别注明,可按折扣后的销售额征收增值税,另外开具发票的,则不能扣除折扣额。其会计处理与一般销售业务相同。

现金折扣是指销货方在销售货物或应税劳务后,为了鼓励购货方及早偿还货款而协议许诺给予购货方的一种折扣优待。销售折扣发生在销货之后,是一种融资行为,因此,折扣额不得从销售额中减除。当纳税人发生现金折扣时,应按全价确认销售收入,贷记"主营业务收入"账户,按全价计算的增值税额贷记"应交税费——应交增值税(销项税额)"账户,按销售总价和税款借记"应收账款"账户,按实际收到的款项借记"银行存款"账户,贷记"应收账款"账户,按购货方取得的折扣金额借记"财务费用"账户。

【例 2-20】 M 公司 3 月销售一批产品,增值税专用发票上注明价款 100 000 元,增值税额 17 000 元,款未收,M 公司为对方规定的现金折扣条件为"2/10、n/30"。

A. M 公司如果 10 日内收到货款,会计处理如下:

```
借:应收账款                         117 000
   贷:主营业务收入                      100 000
       应交税费——应交增值税(销项税额)      17 000
借:银行存款                         114 660
   财务费用                           2 340
   贷:应收账款                         117 000
```

B. M 公司如果 10 日后收到货款,会计处理如下:

```
借:应收账款                         117 000
   贷:主营业务收入                      100 000
       应交税费——应交增值税(销项税额)      17 000
借:银行存款                         117 000
   贷:应收账款                         117 000
```

②以旧换新方式下销项税额的会计处理

以旧换新是指纳税人在销售自己的货物时,有偿收回旧货物的行为。根据税法规定,采取以旧换新方式销售货物的,应按新货物的同期销售价格确定销售额,不得扣减旧货物的收购价格(金银首饰除外),收购旧货物作为购进商品处理。因此,纳税人应按实际或应收款项,借记"库存现金"、"银行存款"、"应收账款"等账户;按回收旧货物的价值,借记"库存商品"等账户;按新货物的同期销售价格和计算的增值税额,贷记"主营业务收入"和"应交税费——应交增值税(销项税额)"账户。

【例 2-21】 M 公司 2012 年 1 月采取以旧换新方式销售甲产品,甲产品不含税销售价格为 50 000 元,增值税额为 8 500 元,同时收回同类旧产品作价 10 000 元,并已验收入库。未取得专用发票,只取得普通发票。

会计分录如下:
借:银行存款 48 500
　库存商品 10 000
　　贷:主营业务收入 50 000
　　　　应交税费——应交增值税(销项税额) 8 500

③以物易物方式下销项税额的会计处理

以物易物是指购销双方不是以货币结算,而是以同等价款的货物相互结算,实现货物购销的一种方式。在以物易物活动中,双方均作购销处理,以各自发出的货物核算销售额并计算销项税额,以各自收到的货物按规定核算购货额并计算进项税额。应当注意,以物易物应分别开具合法票据,未取得合法票据的,不能抵扣进项税额。企业在交换货物时,按换取货物取得的增值税专用发票上注明的价款和增值税额,借记"原材料"、"库存商品"和"应交税费——应交增值税(进项税额)"等账户,按发出货物应计的销售额和增值税额,贷记"主营业务收入"和"应交税费——应交增值税(销项税额)"等账户,按收取或支付的差价款,借记或贷记"银行存款"等账户。

【例 2-22】M公司12月份以自产的C产品换取原材料一批,原材料已验收入库,取得的增值税专用发票上注明价款80 000元,增值税额13 600元,发出C产品不含税价款70 000元,增值税额11 900元,另支付差价款11 700元。

会计分录如下:
借:原材料 80 000
　应交税费——应交增值税(进项税额) 13 600
　　贷:主营业务收入 70 000
　　　　应交税费——应交增值税(销项税额) 11 900
　　　　银行存款 11 700

④还本销售方式下销项税额的会计处理

还本销售是指纳税人在销售货物后,到一定期限由销售方一次或分次退还给购货方全部或部分价款。这种方式实际上是一种筹资行为,税法规定,采取还本销售方式销售货物,其销售额就是货物的销售价格,不得从销售额中减除还本支出。纳税人应按销售总价和按销售总价计算的增值税,借记"应收账款"、"银行存款"等账户;按销售总价,贷记"主营业务收入"账户;按计算出的增值税额,贷记"应交税费——应交增值税(销项税额)"账户。发生的还本支出,应按实际支付金额,借记"销售费用"账户,贷记"银行存款"或"库存现金"账户。

【例 2-23】M公司10月份采取还本销售方式销售甲产品1 000件,每件不含税售价1 800元,每件成本价1 000元,5年后全额一次还本,增值税税率为

17%。

会计处理如下：

A. 实现销售收入，计算增值税销项税额时：

借：银行存款　　　　　　　　　　　　　　　　　2 106 000
　　贷：主营业务收入　　　　　　　　　　　　　　　　　　1 800 000
　　　　应交税费——应交增值税（销项税额）　　　　　　　　306 000

B. 结转销售成本时：

借：主营业务成本　　　　　　　　　　　　　　　1 000 000
　　贷：库存商品　　　　　　　　　　　　　　　　　　　　1 000 000

C. 每年预提还本支出时：

a. 以促销为目的，可比照广告费用的处理将还本支出分期计入销售费用。

借：销售费用　　　　　　　　　　　　　　　　　　360 000
　　贷：其他应付款　　　　　　　　　　　　　　　　　　　　360 000

b. 以筹资为目的，可比照借款费用资本化方法将还本支出分不同情况计入当期费用或计入购建固定资产的成本。

如所筹资金用于投资、补充营运资金等，计入当期财务费用。

借：财务费用　　　　　　　　　　　　　　　　　　360 000
　　贷：其他应付款　　　　　　　　　　　　　　　　　　　　360 000

如所筹资金用于购建固定资产，在购建期间预提的还本支出应增加相应资产价值。

借：固定资产　　　　　　　　　　　　　　　　　　360 000
　　贷：其他应付款　　　　　　　　　　　　　　　　　　　　360 000

D. 到期支付还本额时：

借：其他应付款　　　　　　　　　　　　　　　　1 800 000
　　贷：银行存款　　　　　　　　　　　　　　　　　　　　1 800 000

⑤带包装物的货物销售销项税额的会计处理

★随货物销售不单独计价的包装物

纳税人实现销售时，按实收或应收的全部货款及增值税额，借记"银行存款"、"应收账款"等账户；按实现的销售收入，贷记"主营业务收入"账户；按收取的增值税额，贷记"应交税费——应交增值税（销项税额）"账户；结转货物成本时，借记"主营业务成本"账户，贷记"库存商品"账户；结转包装物成本时，借记"销售费用"账户，贷记"周转材料"账户。

【例2-24】M公司2012年3月份销售一批A产品，增值税专用发票注明价款270 000元，其中包装物价值40 000元（不单独计价），增值税额45 900元，货款尚未收到。

会计处理如下：

借：应收账款　　　　　　　　　　　　　　　　　　　　　　315 900
　　贷：主营业务收入　　　　　　　　　　　　　　　　　　　270 000
　　　　应交税费——应交增值税（销项税额）　　　　　　　　45 900

★随货物销售单独计价的包装物

纳税人销售货物时，按实收或应收的全部货款及增值税额，借记"银行存款"、"应收账款"等账户；按实现的销售收入，贷记"主营业务收入"账户；按包装物销售收入，贷记"其他业务收入"账户；按收取的增值税额，贷记"应交税费——应交增值税（销项税额）"账户；结转货物成本时，借记"主营业务成本"，贷记"库存商品"；结转包装物成本时，借记"其他业务成本"账户，贷记"周转材料"账户。

【例2-25】M公司2012年3月销售给X公司带包装物的A产品600件，包装物单独计价，开出增值税专用发票注明产品销售价款960 000元，包装物销售价款40 000元，增值税额170 000元，款未收到。

会计分录如下：

借：应收账款　　　　　　　　　　　　　　　　　　　　　1 170 000
　　贷：主营业务收入　　　　　　　　　　　　　　　　　　　960 000
　　　　其他业务收入　　　　　　　　　　　　　　　　　　　40 000
　　　　应交税费——应交增值税（销项税额）　　　　　　　　170 000

⑥包装物押金销项税额的会计处理

★销售酒类产品之外的货物而收取的押金

对于销售酒类产品以外的货物而收取的包装物押金，当包装物逾期未收回时，没收押金，按适用税率计算增值税销项税额。逾期以一年为限，收取的押金超过一年的，无论是否退还，均应并入销售额中计算缴纳增值税。按实收或应收的全部货款及增值税额，借记"银行存款"、"应收账款"等账户；按实现的销售收入，贷记"主营业务收入"账户；按收取的包装物押金金额，贷记"其他应付款"账户；按收取的增值税额，贷记"应交税费——应交增值税（销项税额）"账户；结转货物成本时，借记"主营业务成本"，贷记"库存商品"；押金未逾期时，按实际退还金额，借记"其他应付款"账户，贷记"银行存款"等账户；押金逾期时，按收取时的金额，借记"其他应付款"账户；按收取的增值税额，贷记"应交税费——应交增值税（销项税额）"账户，按其差额，贷记"其他业务收入"账户；结转包装物成本时，借记"其他业务成本"账户，贷记"周转材料"账户。

第3章 增值税会计

★销售酒类产品而收取的押金

对于销售酒类产品而收取的包装物押金是否征收这一问题,需分两种情况来探讨:一是销售啤酒、黄酒,其计税要求、会计处理方法同上;二是销售除啤酒、黄酒以外的其他酒类产品,无论将来押金是否返还,是否按时返还,均应并入当期销售额计算缴纳增值税。按实收或应收的全部货款及增值税额,借记"银行存款"、"应收账款"等账户;按实现的销售收入,贷记"主营业务收入"账户;按包装物销售收入,贷记"其他业务收入"账户;按收取的增值税额,贷记"应交税费——应交增值税(销项税额)"账户,结转货物成本时,借记"主营业务成本",贷记"库存商品";结转包装物成本时,借记"其他业务成本"账户,贷记"周转材料"账户。

【例2-26】某企业销售A产品100件,成本价350元/件,售价500元/件,收取包装物押金9 360元,包装物成本价70元/件。

会计处理如下:

A. 销售产品时:

借:银行存款	67 860	
贷:主营业务收入		50 000
应交税费——应交增值税(销项税额)		8 500
其他应付款		9 360

B. 若包装物按期退还时:

借:其他应付款	9 360	
贷:银行存款		9 360

C. 若包装物逾期未退还时:

借:其他应付款	9 360	
贷:应交税费——应交增值税(销项税额)		1 360
其他业务收入		8 000

D. 结转包装物成本时:

借:其他业务成本	7 000	
贷:周转材料		7 000

(3)视同销售方式下销项税额的会计处理

视同销售是指企业的库存商品用于除销售以外的各个方面,没有直接现金流入的销售。从交易实质来看,并不是真正意义上的销售,财务会计有的确认销售收入,有的不确认销售收入,但税法规定构成销售。在会计处理上,对构成销售业务的,借记有关账户,贷记"主营业务收入"、"应交税费——应交增值税(销项税额)"账户;对于不构成会计销售业务的,直接结转库存商品成本,并按规定计算应纳增值税额。

①委托代销商品销项税额的会计处理

委托代销是委托其他单位代为销售商品的一种销售方式,它是为了扩大企业产品销售范围和销售量的一种经营措施,涉税会计处理方法视委托代销方式不同而有所区别。

★以支付手续费方式的委托代销

这主要是受托方按照委托方规定的价格销售,受托方只收取手续费的方式。根据税法规定,纳税人以委托代销方式销售货物,其纳税义务发生时间为收到代销清单或者收到全部或部分货款的当天;未收到代销清单及货款的,视同销售实现,其纳税义务发生时间为发出代销商品满180天的当天。因此,委托方收到受托方开具的代销清单后开具销货发票,并确认收入,受托方按收取的手续费确认收入。

【例2-27】某商业批发企业委托天方商店(一般纳税人)代销N产品400件,合同规定含税代销价为234元/件,手续费按不含税销售额的5%支付,该商品进价150元/件。

商业批发企业会计处理如下:

A.发出委托代销商品时:

借:委托代销商品　　　　　　　　　　　　　　　　60 000
　　贷:库存商品　　　　　　　　　　　　　　　　　　　　60 000

B.当收到天方商店报来的代销清单时:

代销清单列明销售数量150件,金额35 100元,倒算销售额并开具增值税专用发票,列明价款30 000元,增值税额5 100元。

借:应收账款　　　　　　　　　　　　　　　　　　35 100
　　贷:主营业务收入　　　　　　　　　　　　　　　　　　30 000
　　　　应交税费——应交增值税(销项税额)　　　　　　　5 100

C.结转委托代销商品成本时:

借:主营业务成本　　　　　　　　　　　　　　　　22 500
　　贷:委托代销商品　　　　　　　　　　　　　　　　　　22 500

D.如果委托代销商品满180天而未收到代销清单,应在当期确认销项税额,但不确认收入。

借:应收账款　　　　　　　　　　　　　　　　　　5 100
　　贷:应交税费——应交增值税(销项税额)　　　　　　　5 100

E.收到天方商店汇来的款项和手续费普通发票时,普通发票列明:扣除手续费1 500元,实收金额33 600元。

借:银行存款　　　　　　　　　　　　　　　　　　33 600
　　销售费用　　　　　　　　　　　　　　　　　　1 500
　　贷:应收账款　　　　　　　　　　　　　　　　　　　　35 100

★视同买断方式委托代销商品

这是指受托方在委托方规定的销售价格之外,另外加价销售,加价的部分归受托方所有,委托方不再支付手续费的销售方式。

【例2-28】承例2-27,假设受托方不是收取手续费,而是在委托方销售价格的基础上每件加价10元,其他条件不变。

商业批发企业的会计处理如下:

A.发出代销商品时:

借:委托代销商品　　　　　　　　　　　　　　　　60 000
　　贷:库存商品　　　　　　　　　　　　　　　　　　　　60 000

B.收到代销清单时:

代销清单列明销售数量150件,金额35 100元,倒算销售额并开具增值税专用发票,列明价款30 000元,增值税额5 100元。

借:应收账款　　　　　　　　　　　　　　　　　　35 100
　　贷:主营业务收入　　　　　　　　　　　　　　　　　　30 000
　　　　应交税费——应交增值税(销项税额)　　　　　　　5 100

C.结转委托代销商品成本时:

借:主营业务成本　　　　　　　　　　　　　　　　22 500
　　贷:委托代销商品　　　　　　　　　　　　　　　　　　22 500

D.收到汇来的款项时,普通发票列明:扣除手续费1 500元,实收金额33 600元。

借:银行存款　　　　　　　　　　　　　　　　　　35 100
　　贷:应收账款　　　　　　　　　　　　　　　　　　　　35 100

②受托代销商品销项税额的会计处理

销售代销货物的单位一般为商品流通企业,它也有两种方式:一是以支付手续费方式销售代销商品;二是视同买断方式销售代销商品。

★以支付手续费方式销售代销商品

以支付手续费方式销售代销商品,受托方按委托方规定的价格进行销售,批发企业和零售企业的会计处理是相同的。

【例2-29】某商品零售企业接受代销B商品600件,委托方规定代销价格为60元/件,代销手续费为不含税代销额的5%,增值税税率为17%,代销手续费的营业税税率为5%。

商品零售企业会计处理如下：

A.收到代销商品时：

借:受托代销商品(按含税代销价)　　　　　　　　　36 000
　　贷:受托代销商品款　　　　　　　　　　　　　　　　　　36 000

B.代销商品全部售出时：

借:银行存款　　　　　　　　　　　　　　　　　　　36 000
　　贷:应付账款　　　　　　　　　　　　　　　　　　　　　　30 769
　　　　应交税费——应交增值税(销项税额)　　　　　　　　　5 231

C.注销代销商品款和受托代销商品时：

借:受托代销商品款　　　　　　　　　　　　　　　　36 000
　　贷:受托代销商品　　　　　　　　　　　　　　　　　　　　36 000

D.发出代销清单并收到增值税专用发票时：

借:应交税费　　　　　　　　　　　　　　　　　　　5 231
　　贷:应付账款　　　　　　　　　　　　　　　　　　　　　　5 231

E.按协议收取手续费并支付货款时：

借:应付账款　　　　　　　　　　　　　　　　　　　1 538
　　贷:其他业务收入　　　　　　　　　　　　　　　　　　　　1 538

借:应付账款　　　　　　　　　　　　　　　　　　　34 462
　　贷:银行存款　　　　　　　　　　　　　　　　　　　　　　34 462

F.计算并结转手续费应纳营业税时：

借:其他业务成本　　　　　　　　　　　　　　　　　76.9
　　贷:应交税费——应交营业税　　　　　　　　　　　　　　　76.9

★视同买断方式销售代销商品

由于批发企业一般采用进价法核算，零售企业采用售价法核算，因此，会计处理有所不同。

【例 2-30】承例 2-29，假设受托方是批发企业，不是收取手续费，而是在委托方销售价格的基础上每件加价 10 元，其他条件不变。

受托方的会计处理如下：

A.收到代销商品时：

借:受托代销商品　　　　　　　　　　　　　　　　　36 000
　　贷:受托代销商品款　　　　　　　　　　　　　　　　　　　36 000

B.代销商品全部售出时：

借:银行存款　　　　　　　　　　　　　　　　　　　42 000
　　贷:应付账款　　　　　　　　　　　　　　　　　　　　　　30 769
　　　　主营业务收入　　　　　　　　　　　　　　　　　　　　4 880
　　　　应交税费——应交增值税(销项税额)　　　　　　　　　6 351

C.注销代销商品款和受托代销商品时:

借:受托代销商品款　　　　　　　　　　　　　　　36 000
　　贷:受托代销商品　　　　　　　　　　　　　　　　　　36 000

D.发出代销清单并收到增值税专用发票时:

借:应交税费　　　　　　　　　　　　　　　　　　5 231
　　贷:应付账款　　　　　　　　　　　　　　　　　　　　5 231

E.支付货款时:

借:应付账款　　　　　　　　　　　　　　　　　　36 000
　　贷:银行存款　　　　　　　　　　　　　　　　　　　　36 000

若是零售企业,采用售价法核算步骤如下:

收到受托代销商品时,按受托方含税售价,借记"受托代销商品"账户;按协议价格(不含税),贷记"受托代销商品款",两者差额,贷记"商品进销差价"账户。

出售代销商品时,按含税售价,借记"银行存款"账户,贷记"主营业务收入"账户。同时,按含税售价,借记"主营业务成本"账户,贷记"受托代销商品"账户;按不含税的销售额计算应纳增值税额,借记"主营业务收入"账户,贷记"应交税费——应交增值税(销项税额)"账户。

收到委托方开具的专用发票时,按发票注明价格,借记"受托代销商品款"账户;按注明的税额,借记"应交税费——应交增值税(进项税额)"账户;按应付给委托方的金额,贷记"应付账款"账户。支付代销款项时,借记"应付账款"账户,贷记"银行存款"账户。

月末计算并分摊已销商品进销差价。

【例 2-31】承【例 2-29】,假设受托方是零售企业,其他条件不变。

受托方的会计处理如下:

A.收到代销商品时:

借:受托代销商品　　　　　　　　　　　　　　　42 000
　　贷:受托代销商品款　　　　　　　　　　　　　　　　30 769
　　　　商品进销差价　　　　　　　　　　　　　　　　　11 231

B.代销商品全部售出时:

借:银行存款　　　　　　　　　　　　　　　　　42 000
　　贷:主营业务收入　　　　　　　　　　　　　　　　　35 649
　　　　应交税费——应交增值税(销项税额)　　　　　　　6 351

借:主营业务成本　　　　　　　　　　　　　　　42 000
　　贷:受托代销商品　　　　　　　　　　　　　　　　　42 000

C.计算已销商品的进销差价时:

借:商品进销差价 11 231
　　贷:主营业务成本 11 231

D. 发出代销清单并收到增值税专用发票时:

借:受托代销商品款 30 769
　　应交税费 5 231
　　贷:应付账款 36 000

E. 支付货款时:

借:应付账款 36 000
　　贷:银行存款 36 000

③货物在两个机构之间转移销项税额的会计处理

根据税法规定,设有两个以上机构并实行统一核算的纳税人,将货物从一个机构移送至其他机构用于销售的,应视同销售计算缴纳增值税,但相关机构在同一县市的除外。

【例2-32】某计算机公司在异地设有一销售分公司,10月,该计算机公司向分公司发出100台计算机用于销售,每台成本2 000元,开具增值税专用发票注明不含税价格为每台5 000元。

总、分机构会计处理如下:

A. 总公司移送计算机时:

借:应收账款 585 000
　　贷:主营业务收入 500 000
　　　　应交税费——应交增值税(销项税额) 85 000

同时结转成本:

借:主营业务成本 200 000
　　贷:库存商品 200 000

B. 分公司收到计算机时:

借:库存商品 500 000
　　应交税费——应交增值税(进项税额) 85 000
　　贷:应付账款 585 000

④将自产、委托加工的货物用于非应税项目销项税额的会计处理

将自产、委托加工的货物用于非增值税应税项目,它不是真正的销售业务,并不会引起经济利益流入企业,因此,会计上不作销售处理,但税法规定应视同销售缴纳增值税。纳税人发生此类业务,应按计税价格计算应纳增值税额,贷记"应交税费——应交增值税(销项税额)"账户;不能确认收入,只需按照商品的账面成本结转入相关账户中,即借记"在建工程"等账户,贷记"库存

商品"账户。

【例2-33】某厂将自产的乙产品40件用于本企业第二车间的改建工程,该产品单位不含税售价200元,单位生产成本160元。

会计处理如下:

借:在建工程　　　　　　　　　　　　　　　　　　　7 760
　贷:库存商品　　　　　　　　　　　　　　　　　　　　　6 400
　　应交税费——应交增值税(销项税额)　　　　　　　　1 360

⑤将自产、委托加工的货物用于集体福利和个人消费时销项税额的会计处理

企业将自产、委托加工的货物用于集体福利,不作销售处理;用于个人消费,会计准则规定应作销售处理。因此,纳税人应按货物的公允价值及应缴纳的增值税,借记"应付职工薪酬"账户;按货物的公允价值或货物成本,贷记"主营业务收入"账户或"库存商品"账户;按应纳增值税额,贷记"应交税费——应交增值税(销项税额)"账户;同时结转商品成本,借记"主营业务成本"账户,贷记"库存商品"账户。

【例2-34】A公司有职工200名,其中生产工人170名,管理人员30名,该公司以其生产的液晶电视作为福利发放给职工,该电视机成本10 000元,计税价值14 000元,适用增值税税率17%。

会计处理如下:

A. 决定发放电视机时:

借:生产成本　　　　　　　　　　　　　　　　　　　2 784 600
　　管理费用　　　　　　　　　　　　　　　　　　　　491 400
　贷:应付职工薪酬　　　　　　　　　　　　　　　　　　3 276 000

B. 实际发放电视机时:

借:应付职工薪酬　　　　　　　　　　　　　　　　　3 276 000
　贷:主营业务收入　　　　　　　　　　　　　　　　　　2 800 000
　　应交税费——应交增值税(销项税额)　　　　　　　　476 000

C. 结转成本时:

借:主营业务成本　　　　　　　　　　　　　　　　　2 000 000
　贷:库存商品　　　　　　　　　　　　　　　　　　　　2 000 000

⑥将自产、委托加工或购买的货物作为投资销项税额的会计处理

根据税法的规定,企业将自产、委托加工或购买的货物作为投资、提供给其他单位和个体经营者,应视同销售缴纳增值税。纳税人将货物对外投资时,应按货物的公允价值和相关税费,借记"长期股权投资"账户;贷记"主营业务

收入"、"其他业务收入"、"应交税费——应交增值税（销项税额）"等账户。同时结转成本,借记"主营业务成本"账户、"其他业务成本"账户,贷记"库存商品"、"原材料"账户。

【例2-35】A公司以自产甲产品向B公司投资,占B公司注册资本的10%,并准备长期持有,投资甲产品实际成本180 000元,市场价值200 000元,增值税税率17%。

会计处理如下：

A.对外投资时：

借：长期股权投资　　　　　　　　　　　　　　　　234 000
　　贷：主营业务收入　　　　　　　　　　　　　　　　　200 000
　　　　应交税费——应交增值税（销项税额）　　　　　 34 000

B.结转成本时：

借：主营业务成本　　　　　　　　　　　　　　　　180 000
　　贷：库存商品　　　　　　　　　　　　　　　　　　 180 000

⑦将自产、委托加工或购买的货物分配给股东或投资者销项税额的会计处理

按照规定,企业将自产、委托加工或购买的货物分配给股东或投资者的,应视同销售缴纳增值税。纳税人在向股东或投资者分配货物时,应按货物的公允价值和相关税费,借记"应付股利"、"应付利润"等账户;贷记"主营业务收入"、"其他业务收入"、"应交税费——应交增值税（销项税额）"等账户。同时结转成本,借记"主营业务成本"账户、"其他业务成本"账户,贷记"库存商品"账户、"原材料"账户。

【例2-36】M厂将自产的甲产品和委托加工的乙产品作为应付股利分配给股东。甲产品不含税售价总计50 000元,委托加工乙产品没有同类产品售价,委托加工成本40 000元。

乙产品的组成计税价格＝40 000×(1＋10%)＝44 000(元)

会计处理如下：

借：应付股利　　　　　　　　　　　　　　　　　　109 980
　　贷：主营业务收入　　　　　　　　　　　　　　　　　94 000
　　　　应交税费——应交增值税（销项税额）　　　　　 15 980

⑧将自产、委托加工或购买的货物无偿赠送他人销项税额的会计处理

企业将自产、委托加工或购买的货物无偿赠送他人,按照规定应视同销售缴纳增值税,但从会计的角度,此项业务不引起经济利益流入企业,因此不确

认收入。

企业发生该项业务,可以开具发票给对方,按发出货物的实际成本和承担的增值税额,借记"营业外支出"账户;按发出货物的实际成本,贷记"库存商品"、"原材料"等账户;按应缴纳的增值税额,贷记"应交税费——应交增值税(销项税额)"账户。

【例 2-37】某厂将甲产品无偿赠送他人,生产成本 9 000 元,售价 11 000 元。

会计分录为:

借:营业外支出	10 870
贷:库存商品	9 000
应交税费——应交增值税(销项税额)	1 870

3. 增值税减免与退还的会计处理

根据有关规定,企业收到返还的增值税,或者直接减免的增值税,都应作为企业利润总额的组成部分,在"营业外收入"账户中进行核算,对于直接减免的增值税,还应通过"应交税费——应交增值税(减免税款)"账户核算。

企业按规定享受的直接减免的增值税,应借记"应交税费——应交增值税(减免税款)"账户,贷记"营业外收入"账户。实际收到即征即退、先征后退的增值税时,应借记"银行存款"账户,贷记"营业外收入"账户,不通过"应交税费——应交增值税(减免税款)"账户核算。

【例 2-39】某企业为增值税一般纳税人,某月份购进货物取得增值税专用发票注明价款 300 000 元,增值税额 51 000 元,当月实现销售收入 500 000 元,销项税额 85 000 元,经企业申请,主管税务机关批准,该企业减半征收增值税 1 年,该企业享受免税优惠属于直接减免形式。

会计处理如下:

A. 购进原材料并验收入库时:

借:原材料	300 000
应交税费——应交增值税(进项税额)	51 000
贷:银行存款	351 000

B. 销售产品实现收入时:

借:银行存款	585 000
贷:主营业务收入	500 000
应交税费——应交增值税(销项税额)	85 000

C. 计算、缴纳当月应纳增值税额并享受减免税时:

应纳税额=(85 000−51 000)×50%=17 000(元)

借：应交税费——应交增值税(已交税金)　　　　　　　　17 000
　　贷：银行存款　　　　　　　　　　　　　　　　　　　　　　17 000
借：应交税费——应交增值税(减免税款)　　　　　　　　17 000
　　贷：营业外收入　　　　　　　　　　　　　　　　　　　　　17 000

假设该企业享受先征后退办法进行减免，则会计处理如下：

A. 当月购进材料和销售产品的会计处理同上

B. 计算、缴纳当月应纳增值税时：

应纳税额＝(85 000－51 000)＝34 000(元)

借：应交税费——应交增值税(已交税金)　　　　　　　　34 000
　　贷：银行存款　　　　　　　　　　　　　　　　　　　　　　34 000

C. 收到先征后退增值税款时：

借：银行存款　　　　　　　　　　　　　　　　　　　　　　34 000
　　贷：营业外收入　　　　　　　　　　　　　　　　　　　　　34 000

4. 增值税纳税调整的会计处理

增值税一般纳税人在税务机关对其增值税纳税情况进行检查后，凡涉及增值税账务调整的，应设立"应交税费——增值税检查调整"专门账户。凡检查应调减账面进项税额或调增销项税额和进项税额转出数额的，应借记有关账户，贷记"应交税费——增值税检查调整"账户；凡检查应调增账面进项税额或调减销项税额和进项税额转出数额的，应借记"应交税费——增值税检查调整"账户，贷记有关账户；全部调账事项入账后，应结出本账户余额，并对该余额进行处理。若余额在借方，则全部视同留抵进项税额，按借方余额数，借记"应交税费——应交增值税(进项税额)"账户，贷记"应交税费——增值税检查调整"账户；若余额在贷方，则借记"应交税费——增值税检查调整"账户，贷记"应交税费——应交增值税"账户。上述账务调整应按纳税期逐期进行。

【例2-40】2月，某市国税局对A公司上年度的增值税进行检查时发现：上年12月，公司存货发生非正常损失，全部计入"营业外支出"账户，其中包括增值税进项税额3 400元；将自产产品作为福利发放给职工，未按视同销售进行税务处理，少计算增值税销项税额1 550元，据此，该局做出补交增值税6 100元，加收滞纳金和罚款9 300元的决定，该公司当即缴纳了上述税款、滞纳金和罚款。

会计处理如下：

(1) 转出非正常损失存货的增值税进项税额：

借：以前年度损益调整　　　　　　　　　　　　　　　　　3 400
　　贷：应交税费——增值税检查调整　　　　　　　　　　　　　3 400

(2)补提视同销售的增值税销项税额：

借：应付职工薪酬　　　　　　　　　　　　　　　　　4 250
　　贷：应交税费——增值税检查调整　　　　　　　　　　　　　4 250

(3)入账后,"应交税费——增值税检查调整"明细账户贷方余额 7 650 元：

借：应交税费——增值税检查调整　　　　　　　　　　　7 650
　　贷：应交税费——应交增值税　　　　　　　　　　　　　　　7 650

(4)实际缴纳查补增值税、滞纳金和罚款时：

借：应交税费——应交增值税　　　　　　　　　　　　　6 100
　　营业外支出　　　　　　　　　　　　　　　　　　　9 300
　　贷：银行存款　　　　　　　　　　　　　　　　　　　　　 15 400

5.增值税缴纳和期末结转的会计处理

(1)按月纳税情况下的期末结转

纳税人按月纳税情况下,月末若"应交税费——应交增值税"账户出现借方余额,反映本月尚未抵扣完的进项税额,应继续保留在账面上,不作转出处理,本月无需缴纳税款；若该账户出现贷方余额,表示本月应交未交的增值税,应将其从该账户的借方"应交税费——应交增值税(转出未交增值税)"栏目转入"应交税费——未交增值税"的贷方。

(2)分期预缴、按月结算情况的期末结转

纳税人按天预缴税款的,应自期满之日起 5 日内预缴税款。预缴税款时,借记"应交税费——应交增值税(已交税金)"账户,贷记"银行存款"账户。月末,若"应交税费——应交增值税"账户出现贷方余额,表明本月应交未交的增值税,应将其转入"应交税费——未交增值税"账户的贷方；若"应交税费——应交增值税"账户出现借方余额,表明本月尚未抵扣完的进项税额或者本月多交的增值税额。具体会计处理如下：

①若"应交税费——应交增值税"账户的借方余额大于该账户"应交税费——应交增值税(已交税金)"专栏合计数,则表明销项税额小于准予抵扣的进项税额,本月无需缴税,"应交税费——应交增值税(已交税金)"专栏合计数即为本月多交税金,应将其从该账户的贷方"应交税费——应交增值税(转出多交增值税)"专栏转入"应交税费——未交增值税"账户的借方,结转后,"应交税费——应交增值税"账户借方余额即为尚未抵扣完的进项税额,仍保留在此账户。

【例 2-41】M 公司某年度会计期末,"应交税费——应交增值税"明细账的情况如表 2-1 所示。

表 2-1　"应交税费——应交增值税"明细账情况

借方						贷方					借或贷	余额
合计	进项税额	已交税金	减免税款	出口抵减内销产品应纳税额	转出未交增值税	合计	销项税额	出口退税	进项税额转出	转出多交增值税		
7 000	3 000	4 000				2 500	2 000		500		借	4 500

该账户余额为 4 500 元,包括多交的 4 000 元,还有 500 元属于尚未抵扣完的进项税额,留到下期继续抵扣。月末,企业结转时:

　　借:应交税费——未交增值税　　　　　　　　　　　　　　4 000
　　　贷:应交税费——应交增值税(转出多交增值税)　　　　　4 000

结转后,"应交税费——应交增值税"明细账借方还有 500 元的进项税额保留在此账户,可在下期抵扣。

②若"应交税费——应交增值税"账户的借方余额等于该账户"应交税费——应交增值税(已交税金)"专栏合计数,则表明销项税额等于准予抵扣的进项税额,本月无需缴纳,也无留抵税额,"应交税费——应交增值税(已交税金)"专栏合计数即为本月多交税金,应将其从该账户的贷方"应交税费——应交增值税(转出多交增值税)"专栏转入"应交税费——未交增值税"账户的借方,结转后,"应交税费——应交增值税"账户无余额。

【例 2-42】M 公司某年度会计期末,"应交税费——应交增值税"明细账的情况如表 2-2 所示。

表 2-2　"应交税费——应交增值税"明细账情况

借方						贷方					借或贷	余额
合计	进项税额	已交税金	减免税款	出口抵减内销产品应纳税额	转出未交增值税	合计	销项税额	出口退税	进项税额转出	转出多交增值税		
7 000	3 000	4 000				3 000	2 000		1 000		借	4 000

该账户余额 4 000 元为多交的税款,应将其结转入"应交税费——未交增值税"账户的借方,结转后,"应交税费——应交增值税"账户无余额。

月末,企业结转时:

　　借:应交税费——未交增值税　　　　　　　　　　　　　　4 000
　　　贷:应交税费——应交增值税(转出多交增值税)　　　　　4 000

③若"应交税费——应交增值税"账户的借方余额小于该账户"应交税

费——应交增值税(已交税金)"专栏合计数,则表明本月已交税金中,部分为应交税费,部分为多交税金,"应交税费——应交增值税(已交税金)"专栏合计数即为本月多交税金,应将其从该账户的贷方"应交税费——应交增值税(转出多交增值税)"专栏转入"应交税费——未交增值税"账户的借方,结转后,"应交税费——应交增值税"账户无余额。

【例2-43】M公司某年度会计期末,"应交税费——应交增值税"明细账的情况如表2-3所示。

表2-3 "应交税费——应交增值税"明细账情况

借方						贷方					借或贷	余额
合计	进项税额	已交税金	减免税款	出口抵减内销产品应纳税额	转出未交增值税	合计	销项税额	出口退税	进项税额转出	转出多交增值税		
7 000	3 000	4 000				3 500	3 000		500		借	3 500

本月应交增值税为500元(3 500－3 000),已交税金4 000元,多交税金3 500元(4 000－500),月末结转后,该账户无余额。

月末,企业结转时:

借:应交税费——未交增值税　　　　　　　　　　　　3 500
　　贷:应交税费——应交增值税(转出多交增值税)　　　　3 500

(3)企业在次月初结清上月税款时,按"应交税费——未交增值税"账户贷方余额,借记"应交税费——未交增值税"账户,贷记"银行存款"账户。

3.3.3　小规模纳税人增值税的会计核算

小规模纳税人采取简易办法征收增值税,主要设置"应交税费——应交增值税"账户来核算企业应缴、已缴及欠缴增值税的情况。

小规模纳税人购进货物或接受应税劳务时,进项税额不得抵扣,直接计入货物或劳务成本中,会计处理方法为借记"原材料"、"库存商品"等账户;贷记"银行存款"、"应付账款"等账户。

小规模纳税人销售货物或提供应税劳务时,采取简易征收办法,按3%的征收率计算增值税。实际收到款项时,借记"应收账款"、"银行存款"等账户;按实现的销售额,贷记"主营业务收入"、"其他业务收入"账户;按销售额和适用的征收率计算增值税额,贷记"应交税费——应交增值税"账户。

小规模纳税人将自产、委托加工的货物用于非增值税项目、免税项目及其他方面,比照一般纳税人进行会计处理。

小规模纳税人按期缴纳增值税时,借记"应交税费——应交增值税"账户,贷记"银行存款"账户。

【例 2-44】某商店(小规模纳税人)10 月销售图书 100 册,合计销售额 3 090 元。

会计处理如下:

借:银行存款　　　　　　　　　　　　　　　　　　　3 090
　　贷:主营业务收入　　　　　　　　　　　　　　　　　3 000
　　　　应交税费——应交增值税　　　　　　　　　　　　　90

练习题

1.甲企业为增值税一般纳税人,适用的增值税税率为 17%,原材料采用实际成本法进行日常核算,2012 年 3 月发生如下涉及增值税的经济业务或事项:

(1)购入原材料一批,增值税专用发票上注明价款为 80 000 元,增值税额 13 600 元,该批材料已验收入库,货款已用银行存款支付。

(2)销售商品一批,增值税专用发票上注明价款 200 000 元,增值税额 34 000 元,提货单和增值税专用发票已交购货方,并收到购货方开出并承兑的商业汇票。

(3)在建工程领用生产用库存材料 10 000 元,应由该批原材料负担的增值税额为 1 700 元。

(4)盘亏原材料 4 000 元,应由该批材料负担的增值税额 680 元。

(5)用银行存款 30 000 元缴纳增值税,其中包括上月未交的 5 000 元。

(6)月末将本月应交未交或多交的增值税转"未交增值税"明细账户。

要求:编制上述业务的会计分录,"应交税费"账户要求写出明细账户及专栏名称。

2.某工业企业(一般纳税人)主要生产、销售各种发电机组,2012 年 2 月发生如下业务:

(1)本月发出 1 月份以预收货款方式销售给某机电设备销售公司的发电机组 3 台,每台不含税售价 30 000 元,另向购买方收取装卸费 3 510 元。

(2)企业采取分期收款方式销售给某单位大型发电机组 1 台,金额为 245 700 元,合同规定 2 月、3 月、4 月每月付款 81 900 元。

（3）委托某商场代销10台小型发电机组，协议规定，商场按每台含税售价25 000元对外销售，并按该价格与企业结算。手续费按每台500元计算，在结算货款时抵扣，产品已发给商场，商场本月无销售。

（4）为本企业专门自制发电机组1台，本月移送并开始安装。该设备账面成本35 000元，无同类产品销售价。

（5）外购原材料1批，增值税专用发票注明的进项税额6 800元，货款已经支付，材料尚未到达。

（6）进口原材料1批，关税完税价格折合人民币120 000元，假设进口关税税率50%，另从报关地运往企业，支付运费5 000元、建设基金100元、装卸费500元，取得运费发票，材料已验收入库。

要求：假设该企业上期无留抵税额，请根据资料，计算本月应纳增值税额，并作出相应会计处理。

3.资料：某企业（一般纳税人）3月份发生如下业务：

（1）购买原资料100吨，每吨120元，增值税专用发票注明价款12 000元，增值税额为2 040元，支付给运输单位运费200元。

（2）用银行存款购买不需安装设备一台，价值40 000元，增值税额为6 800元，另支付运费3 000元。

（3）领用车间建造材料10吨，每吨100元，增值税专用发票注明价款1 000元，增值税额为170元，已入库并付款。

（4）本月企业销售A商品2 000件，每件100元，增值税专用发票注明价款200 000元，增值税额为34 000元，用现金支付代垫运杂费1 000元，货款尚未收到。

（5）企业决定将A产品100件用于发放职工福利，其中生产工人80件，管理人员20件。每件成本80元。

（6）该企业按月纳税，上月尚未抵扣的增值税进项税额10 000元。

要求：（1）计算该企业本月应缴增值税。
　　　（2）作出相应的会计分录。

第4章
消费税会计

学习目标

1. 了解消费税的概念、特点。
2. 熟悉消费税的基本要素。
3. 掌握消费税应纳税额的计算方法。
4. 掌握消费税的会计处理方法。
5. 能填制消费税纳税申报表。

4.1 消费税税制概述

4.1.1 消费税的概念与特征

1. 消费税的概念

根据《中华人民共和国消费税暂行条例》(下称《消费税暂行条例》)的规定,消费税是对在我国境内从事生产、委托加工和进口应税消费品的单位和个人,就其销售额或销售数量,在特定环节征收的一种税。简单地说,消费税是对特定的消费品和消费行为征收的一种税。

2. 消费税的特征

一般来说,消费税的征税对象主要是与居民消费相关的最终消费品和消费行为。与其他税种相比,消费税具有如下几个特点:

(1)征税项目具有选择性

各国目前征收的消费税实际上都属于对特定消费品或消费行为征收的税种。尽管各国的征税范围宽窄有别,但都是在人们普遍消费的大量消费品或消费行为中有选择地确定若干个征税项目,在税法中列举征税。目前,消费税税目共计14个。

（2）征税环节具有单一性

消费税是在生产（进口）、流通或消费的某一环节一次征收（卷烟除外），而不是在消费品生产、流通或消费的每个环节多次征收，即通常所说的一次课征制。

（3）征收方法具有多样性

为了适应不同应税消费品的情况，消费税在征收方法上有些产品采取从价定率的方式征收，有些产品则采取从量定额的方式征收。在具体操作上，对一部分价格差异较大，且便于按价格核算的应税消费品，依消费品或消费行为的价格实行从价定率征收；对一部分价格差异较小，品种、规格比较单一的大宗应税消费品，依消费品的数量实行从量定额征收；对一部分产品在实行从价定率征收的同时，还对其实行从量定额征收。

（4）税收调节具有特殊性

消费税属于国家运用征收杠杆对某些消费品或消费行为进行特殊调节的税种。这一特殊性表现在两个方面：一是不同的征税项目税负差异较大，对需要限制或控制消费的消费品规定较高的税率，体现特殊的调节目的；二是消费税往往同有关税种配合实行加重或双重调节，通常采取增值税与消费税双重调节的办法，对某些需要特殊调节的消费品或消费行为在征收增值税的同时，再征收一道消费税，形成一种特殊的对消费品双层次调节的税收调节体系。

（5）消费税具有转嫁性

凡列入消费税征税范围的消费品，一般都是高价高税产品。因此，消费税无论采取价内税形式还是价外税形式，也无论在哪个环节征收，消费品中所含的消费税税款最终都要转嫁到消费者身上，由消费者负担，税负具有转嫁性。

4.1.2 消费税的征税范围

消费税的征税范围主要根据我国的经济发展现状和消费政策，人们的消费水平和消费结构，以及财政需要，并借鉴国外的成功经验和通行做法确定。目前的征税范围分布于以下四个环节：

1. 生产应税消费品

生产应税消费品销售是消费税征收的主要环节，因消费税具有单一环节征税的特点，在生产销售环节征税以后，货物在流通环节无论再转销多少次，都不用再缴纳消费税。生产应税消费品除了直接对外销售应征收消费税外，纳税人将生产的应税消费品用于换取生产资料、消费资料、投资入股、偿还债务，以及用于继续生产应税消费品以外的其他方面都应缴纳消费税。

2.委托加工应税消费品

委托加工应税消费品是指委托方提供原料和主要材料,受托方只收取加工费和代垫部分辅助材料加工的应税消费品。由受托方提供原材料或其他情形的一律不能视同加工应税消费品。委托加工的应税消费品收回后,再继续用于生产应税消费品销售的,其加工环节缴纳的消费税款可以扣除。

3.进口应税消费品

单位和个人进口货物属于消费税征税范围的,在进口环节也要缴纳消费税。为了减少征税成本,进口环节缴纳的消费税由海关代征。

4.零售环节应税消费品

纳税人在销售金银首饰、钻石及钻石饰品等消费品时需缴纳消费税。

应税消费品具体包括:①烟;②酒及酒精;③化妆品;④贵重首饰及珠宝玉石;⑤鞭炮、焰火;⑥成品油;⑦汽车轮胎;⑧摩托车;⑨小汽车;⑩高尔夫球及球具;⑪游艇;⑫高档手表;⑬木制一次性筷子;⑭实木地板。

4.1.3 消费税的纳税人

消费税纳税人是指在我国境内生产、委托加工和进口应税消费品的单位和个人,以及国务院确定的销售规定应税消费品的其他单位和个人。具体来说包括以下几种情况:

1.生产应税消费品的单位和个人

生产应税产品用于销售的,于销售成立时缴纳消费税。生产应税消费品自己使用而没有对外销售的,按其不同的用途区别处理:将生产的应税消费品用于连续生产应税消费品的,不征收消费税;将生产的应税消费品用于非生产应税消费品和在建工程、管理部门、非生产机构、提供劳务,以及用于馈赠、赞助、集资、广告、样品、职工福利、奖励等方面的,于消费品移送使用时缴纳消费税。

2.进口应税消费品的单位和个人

进口应税消费品,由货物进口人或代理人在报关进口时缴纳消费税。

3.委托加工应税消费品的单位和个人

委托加工的应税消费品,除受托方为个人外,由受托方在向委托方交货时代收代缴税款;委托加工的应税消费品直接出售的,不再缴纳消费税;委托加工的应税消费品,委托方用于连续生产应税消费品的,所纳税款准予按规定抵扣;委托个人加工的应税消费品,由委托方收回后缴纳消费税。

4.从事卷烟批发业务的单位和个人

从事卷烟批发业务的单位和个人,批发销售的所有牌号规格的卷烟,按批发卷烟的销售额(不含增值税)和适用税率计算缴纳消费税；纳税人销售给纳税人以外的单位和个人的卷烟于销售时纳税。纳税人之间销售的卷烟不缴纳消费税。

5. 从事金银首饰、钻石及钻石饰品等商业零售的单位和个人

在我国境内从事金银首饰、钻石及钻石饰品商业零售业务的单位和个人，为金银首饰、钻石及钻石饰品消费税的纳税人。

4.1.4 消费税税目、税率表

按照《消费税暂行条例》的规定，消费税的征收范围为：在中华人民共和国境内生产、委托加工和进口条例规定的消费品。

确定征收消费税的有烟、酒、化妆品等 14 个税目，有的税目还进一步划分了若干子目。消费税属于价内税，并实行单一环节征收，一般在应税消费品的生产、委托加工和进口环节缴纳，在以后的批发、零售等环节中，由于价款中已包含消费税，因此不必再缴纳消费税。

消费税税率经过不断调整，到 2008 年年底，比例税率为 12 档，最低为 1%，最高为 45%；定额税率为 8 档。

14 类消费税税目、税率(税额)见表 4-1。

表 4-1 消费税税目、税率表

税　　目	税率(税额)
一、烟	
1. 卷烟	
(1)甲类卷烟	56%加 0.003 元/支
(2)乙类卷烟	36%加 0.003 元/支
(3)批发环节	5%
2. 雪茄烟	36%
3. 烟丝	30%
二、酒及酒精	
1. 白酒	20%加 0.5 元/500 克
2. 黄酒	240 元/吨
3. 啤酒	
(1)甲类啤酒	250 元/吨

续表

税　目	税率(税额)
(2)乙类啤酒	220元/吨
4.其他酒	10%
5.酒精	5%
三、化妆品	30%
四、贵重首饰及珠宝玉石	
1.金银首饰、铂金首饰、钻石及钻石饰品	5%
2.其他贵重首饰	10%
五、鞭炮、焰火	15%
六、成品油	0.8元/升～1.4元/升
七、汽车轮胎	3%
八、摩托车	
1.气缸容量在250毫升以下的	3%
2.气缸容量在250毫升以上的	10%
九、小汽车	1%～40%
十、高尔夫球及球具	10%
十一、高档手表	20%
十二、游艇	10%
十三、木制一次性筷子	5%
十四、实木地板	5%

4.2 消费税的计算

4.2.1 自产应税消费品应纳税额的计算

1.纳税人自产自销应税消费品应纳税额的计算
(1)计税依据的确定
纳税人自产自销应税消费品从价定率征税的,计税依据为应税消费品的销售额。这里的销售额是指纳税人销售应税消费品向购买方收取的全部价款和价外费用。所称"价外费用",是指价外向购买方收取的手续费、补贴、返还利润、奖励费、违约金、滞纳金、延期付款利息、赔偿金、代收款项、包装费、包装物押金、运输装卸费以及其他各种性质的价外收费。但下列项目不包括在内:

①同时符合以下条件的代垫运输费用:一是承运部门的运输费用发票开具给购买方的,二是纳税人将该项发票转交给购买方的。

②同时符合以下条件代为收取的政府性基金或者行政事业性收费:一是由国务院或者财政部批准设立的政府性基金,由国务院或省级人民政府及其财政、价格主管部门批准设立的行政事业性收费;二是收取时开具省级以上财政部门印制的财政票据;三是所收款项全额上缴财政。

对于应税消费品连同包装物销售的,无论包装物是否单独计价以及在会计上如何核算,均应并入应税消费品的销售额中缴纳消费税。如果包装物不作价随同产品销售,而是收取押金,则此项押金不应并入应税消费品的销售额中征税。但对因逾期未收回的包装物不再退还的或者已收取的时间超过12个月的押金,应并入应税消费品的销售额,按照应税消费品的适用税率缴纳消费税。

对既作价随同应税消费品销售,又另外收取押金的包装物的押金,凡纳税人在规定的期限内没有退还的,均应并入应税消费品的销售额,按照应税消费品的适用税率缴纳消费税。

纳税人自产自销应税消费品从量定额征税的,计税依据为应税消费品的实际销售量。

(2)应纳税额的计算

实行从价定率计税办法的消费品,其应纳消费税额的计算公式为:

应纳税额＝销售额×比例税率

实行从量定额计税办法的消费品,其应纳消费税额的计算公式为:

应纳税额＝销售数量×单位税额

实行复合计税办法的消费品,其应纳消费税额的计算公式为:

应纳税额＝销售数量×单位税额＋销售额×比例税率

【例 4-1】某化妆品生产企业为增值税一般纳税人,某月向某大型商场销售化妆品一批,开具增值税专用发票,取得不含税销售额 40 万元;向某单位销售化妆品,开具普通发票,取得含税销售额 4.68 万元。则该化妆品厂本月应纳消费税税额计算如下:

化妆品应税销售额＝40＋4.68÷(1＋17%)＝44(万元)
应纳税额＝44×30%＝13.2(万元)

【例 4-2】 某酒厂某月销售白酒 70 吨,取得不含税销售额 1 200 000 元,另开收据收取包装物押金 15 000 元,约定包装物 2 个月退回。

根据消费税的规定,白酒的消费税实行复合计征的办法,同时白酒的包装物押金无论是否逾期均应计征消费税。则该酒厂应纳消费税税额计算如下：

应纳税额＝[1 200 000＋15 000÷(1＋17%)]×20%＋70×2 000×0.5
　　　　＝312 564.1(元)

2.纳税人自产自用应税消费品应纳税额的计算

(1)自产自用应税消费品的界定

自产自用是指纳税人生产出应税消费品后,不是用于直接对外销售,而是用于连续生产应税消费品或用于其他方面。

这种自产应税消费品形式,在实际经济活动中是很常见的,但也最容易在是否纳税或如何纳税上出现问题。例如,有的企业把自己生产的应税消费品,以福利和奖励等形式发给本企业职工,以为不是对外销售,不必计入销售额,无须纳税。这样就出现了漏缴税款的现象。因此,有必要透彻理解税法对自产自用应税消费品的有关规定。

所谓"用于连续生产应税消费品",是指纳税人将自己生产的应税消费品用于本企业连续生产应税消费品。自产自用的应税消费品不纳税,只就最终应税消费品纳税。例如,卷烟厂生产的烟丝,如果直接对外销售,应缴纳消费税;但如果把烟丝用于本厂连续生产卷烟,用于连续生产卷烟的烟丝就不缴纳消费税,只对生产的最终产品——卷烟征收消费税。

所谓"用于其他方面",是指用于生产非应税消费品、在建工程、管理部门、非生产机构、提供劳务以及用于馈赠、赞助、广告、样品、职工福利、奖励等方面。对于这种用于其他方面的自产自用的应税消费品,均视同对外销售,于移送时纳税。

(2)自产自用应税消费品税额的计算

①有同类消费品销售价格的,按照纳税人生产的同类消费品的销售价格计算纳税。

计算公式为：

应纳税额＝同类消费品销售单价×自产自用数量×适用税率

②没有同类消费品价格的,以组成计税价格作为计税销售额。组成计税

价格的计算公式为：

$$组成计税价格=（成本＋利润）÷（1－消费税税率）$$
$$=成本×（1＋成本利润率）÷（1－消费税税率）$$

若消费品是实行复合计税办法计算纳税的，则：

$$组成计税价格=（成本＋利润＋自产自用数量×定额税率）÷（1－比例税率）$$
$$应纳税额=组成计税价格×适用税率$$

式中，"成本"是指应税消费品的生产成本；"利润"是指根据应税消费品的全国平均成本利润率计算的利润。应税消费品的全国平均成本利润率由国家税务总局确定。

应税消费品的全国平均成本利润率规定如下：

甲类卷烟为10%；乙类卷烟为5%；雪茄烟为5%；烟丝为5%；粮食白酒为10%；薯类白酒为5%；其他酒为5%；酒精为5%；化妆品为5%；鞭炮、焰火为5%；贵重首饰及珠宝玉石为6%；汽车轮胎为5%；摩托车为6%；高尔夫球及球具为10%；高档手表为20%；游艇为10%；木制一次性筷子为5%；实木地板为5%；乘用车为8%；中轻型商用客车为5%。

【例4-3】某企业将一批自产的化妆品用作职工福利，化妆品的成本为150 000元，该化妆品无同类产品市场销售价格，但已知其成本利润率为5%，消费税税率为30%。试计算该批自产的化妆品应缴纳的消费税。

$$该批化妆品组成计税价格=（150\ 000＋150\ 000×5\%）÷（1－30\%）$$
$$=225\ 000（元）$$
$$应纳税额=22\ 500×30\%=67\ 500（元）$$

(3) 已纳消费税扣除的计算

为了避免重复征税，现行消费税规定，将外购应税消费品继续生产应税消费品销售的，可以将外购应税消费品已缴纳的消费税给予扣除。由于某些应税消费品是用外购已缴纳消费品的应税消费品连续生产出来的，在对这些连续生产出来的应税消费品计算征税时，税法规定应按当期生产领用数量计算准予扣除外购的应税消费品已纳的消费税税款。扣除范围包括：

①外购已税烟丝生产的卷烟；
②外购已税化妆品生产的化妆品；
③外购已税珠宝玉石生产的贵重首饰及珠宝玉石；
④外购已税鞭炮、焰火生产的鞭炮、焰火；

⑤外购已税摩托车生产的摩托车;
⑥外购已税汽车轮胎(内胎和外胎)生产的汽车轮胎;
⑦外购已税杆头、杆身和握把为原料生产的高尔夫球杆;
⑧外购已税木制一次性筷子为原料生产的木制一次性筷子;
⑨外购已税实木地板为原料生产的实木地板;
⑩外购已税石脑油为原料生产的应税消费品;
⑪外购已税润滑油为原料生产的润滑油。

上述当期准予扣除外购应税消费品已纳消费税税款的计算公式为:

$$当期准予扣除的外购应税消费品已纳税款 = 当期准予扣除的外购应税消费品买价 \times 适用税率$$

$$当期准予扣除的外购应税消费品买价 = 期初库存的外购应税消费品的买价 + 当期购进的应税消费品的买价 - 期末库存的外购应税消费品的买价$$

【例 4-4】某卷烟生产企业,某月外购烟丝价款 200 000 元,月初库存外购已税烟丝 50 000 元,月末库存外购已税烟丝 66 000 元。本月用外购烟丝生产甲类卷烟 20 标准箱,取得不含税销售额 270 000 元,款项已收。则该企业应纳消费税税额计算如下:

当月准许扣除的外购烟丝买价=50 000+200 000-66 000=184 000(元)
当月准许扣除的外购烟丝已缴纳的消费税额=184 000×30%=55 200(元)
销售卷烟应纳消费税税额=270 000×56%+20×150=154 200(元)
实际应缴纳消费税税额=154 200-55 200=99 000(元)

4.2.2 委托加工应税消费品应纳税额的计算

1. 委托加工应税消费品的界定

委托加工应税消费品是指由委托方提供原料或主要材料,受托方只收取加工费和代垫部分辅助材料加工的应税消费品。

对于由受托方提供原材料生产的应税消费品,或者受托方先将原材料卖给委托方,然后再接受加工的应税消费品,以及由受托方以委托方名义购进原材料生产的应税消费品,不论纳税人在财务上是否作销售处理,都不得作为委托加工应税消费品,而应当按照受托方销售自制应税消费品缴纳消费税。

2. 委托加工应税消费品税额的计算

(1)从价定率征税

委托加工的应税消费品按照受托方的同类消费品的销售价格计算纳税;

没有同类消费品销售价格的,按照组成计税价格计算纳税。

①有同类消费品销售价格的,其应纳税额的计算公式为:

应纳税额＝同类消费品销售价格×适用税率

②没有同类消费品销售价格的,按组成计税价格计税,计算公式为:

组成计税价格＝(材料成本＋加工费)÷(1－消费税税率)

自2009年1月1日起,增加了实行复合计税办法计算纳税的组成计税价格计算公式:

组成计税价格＝(材料成本＋加工费＋委托加工数量×定额税率)÷(1－比例税率)

应纳税额＝组成计税价格×适用税率

式中的"材料成本"是指委托方提供加工材料的实际成本。委托加工应税消费品的纳税人,必须在委托加工合同上如实注明(或以其他方式提供)材料成本,凡未提供材料成本的,受托方所在地主管税务机关有权核定其材料成本。

式中的"加工费"是指受托方加工应税消费品向委托方收取的全部费用(包括代垫辅助材料的实际成本)。

【例4-5】甲企业委托乙企业加工一批应税消费品,甲企业为乙企业提供原材料等,实际成本为8 000元,支付乙企业加工费2 000元,其中包括乙企业代垫的辅助材料费500元。已知适用的消费税税率为10%。同时,该应税消费品受托方无同类消费品销售价格。则乙企业代扣代缴应税消费品的消费税税款是多少?

组成计税价格＝(材料成本＋加工费)÷(1－消费税税率)
　　　　　　＝(8 000＋2 000)÷(1－10%)
　　　　　　＝11 111(元)

代扣代缴消费税税款＝11 111×10%＝1 111(元)

(2)从量定额征税

从量定额征税的委托加工应税消费品应纳税额的计算公式如下:

应纳税额＝收回的委托加工应税消费品的数量×单位税额

3.委托加工收回的应税消费品已纳税款的扣除

委托加工的应税消费品因为已由受托方代收代缴消费税,因此,委托方收回货物后用于连续生产应税消费品的,其已纳税款准予按照规定从连续生产的应税消费品应纳消费税税额中抵扣。按照规定,从1995年6月1日起,下列连续生产的应税消费品准予从应纳消费税税额中按当期生产领用数量计算扣除委托加工收回的应税消费品已纳消费税税款：

①以委托加工收回的已税烟丝为原料生产的卷烟；
②以委托加工收回的已税化妆品为原料生产的化妆品；
③以委托加工收回的已税珠宝玉石为原料生产的贵重首饰及珠宝玉石；
④以委托加工收回的已税鞭炮、焰火为原料生产的鞭炮、焰火；
⑤以委托加工收回的已税摩托车生产的摩托车；
⑥以委托加工收回的已税汽车轮胎生产的汽车轮胎；
⑦以委托加工收回的已税杆头、杆身和握把为原料生产的高尔夫球杆；
⑧以委托加工收回的已税木制一次性筷子为原料生产的木制一次性筷子；
⑨以委托加工收回的已税实木地板为原料生产的实木地板；
⑩以委托加工收回的已税石脑油为原料生产的应税消费品；
⑪以委托加工收回的已税润滑油为原料生产的润滑油。

上述当期准予扣除委托加工收回的应税消费品已纳消费税税款的计算公式为：

$$当期准予扣除的委托加工应税消费品已纳税款 = 期初库存的委托加工应税消费品已纳税款 + 当期收回的委托加工应税消费品的已纳税款 - 期末库存的委托加工应税消费品已纳税款$$

【例4-6】某汽车制造厂发出材料委托A轮胎厂加工汽车轮胎200套，加工费每套60元（不含增值税），A厂同类轮胎不含税售价每套450元。加工的轮胎本月全部收回，支付加工费并取得增值税专用发票，其消费税已由A厂代收代缴。收回轮胎，其中100套当月全部对外销售，每套不含税售价为500元；另100套用于本厂汽车生产，本月生产25辆汽车全部对外销售，每辆不含税售价为10万元。则该汽车制造厂销售汽车应纳消费税税额为：

根据消费税的规定，委托加工应税消费品受托方有同类产品销售价格的，应按其同类产品的销售价格代收代缴消费税。

A轮胎厂代收代缴消费税税额=200×450×3%=2 700(元)
销售汽车应纳消费税税额=25×100 000×9%=225 000(元)
允许抵扣的消费税税额=100×450×3%=1 350(元)
实际应纳消费税税额=225 000－1 350=223 650(元)

4.2.3 进口应税消费品应纳税额的计算

进口的应税消费品,在报关进口时缴纳消费税;进口的应税消费品的消费税由海关代征;进口的应税消费品,由进口人或者其代理人向报关地海关申报纳税;纳税人进口应税消费品,按照关税征收管理的相关规定,应当自海关填发海关进口消费税专用缴款书之日起15日内缴纳税款。

纳税人进口应税消费品,按照组成计税价格和规定的税率计算应纳税额。

1. 从价定率计征应纳税额的计算

组成计税价格=(关税完税价格+关税)÷(1-消费税比例税率)

应纳税额=组成计税价格×消费税比例税率

【例4-7】某企业于2012年5月从国外进口一批应税消费品,已知该批应税消费品的关税完税价格是90万元,按规定应缴纳关税18万元,假定进口的应税消费品的消费税税率为10%。则该批消费品在进口环节应缴纳的消费税为:

组成计税价格=(90+18)÷(1-10%)=120(万元)

应纳消费税额=120×10%=12(万元)

2. 实行从量定额计征应纳税额的计算

应纳税额=应纳税消费品数量×消费税定额税率

【例4-8】某公司从境外进口一批化妆品,经海关核定,关税的完税价格为50 000元,进口关税为25%,则该公司应纳消费税税额为:

应纳消费税税额=[50 000+50 000×25%÷(1-30%)]×30%=20 357.14(元)

3. 实行从价定率和从量定额复合计税办法应纳税额的计算

组成计税价格=(关税完税价格+关税+进口数量×消费税定额税率)÷
(1-消费税比例税率)

应纳税额=进口卷烟消费税组成计税价格×进口卷烟消费税适用比例税率+
消费税定额税

其中,消费税定额税=海关核定的进口卷烟数量×消费税定额税率,消费税定额税率为每标准箱(50 000支)150元。

4.3 消费税的会计核算

4.3.1 自产自销应税消费品应纳税额的会计核算

1.基本销售业务应纳税额的会计核算

消费税是在对货物普遍征收增值税的基础上征收的一种税,因此,纳税人生产销售的需要缴纳消费税的消费品,同样需要缴纳增值税。

在销售实现时,应按产品全部价款借记"应收账款"、"银行存款"等科目,贷记"主营业务收入"、"应交税费——应交增值税(销项税额)"等科目;企业以生产的应税消费品换取生产资料、消费资料或抵偿债务,支付代购手续费等应按全部价款借记"材料采购"、"应收账款"等科目,贷记"主营业务收入"、"应交税费——应交增值税(销项税额)"等科目。在销售时,应当按照应缴消费税额,借记"营业税金及附加"科目,贷记"应交税费——应交消费税"科目。结转销售成本时,借记"主营业务成本"科目,贷记"库存商品"科目。

【例4-9】某汽车制造厂本月销售小轿车30辆,气缸容量为2 200毫升,出厂每辆不含税售价120 000元,款项已到,存入银行,实际生产成本为80 000元。则相关会计处理为:

(1)销售实现,确认收入时:

借:银行存款 4 212 000
 贷:主营业务收入 3 600 000
  应交税费——应交增值税(销项税额) 612 000

(2)结转已销产品成本时:

借:主营业务成本 240 000
 贷:库存商品 240 000

(3)计算应交纳的消费税时:

应纳消费税税额=30×120 000×9%=324 000(元)

借:营业税金及附加 324 000
 贷:应交税费——应交消费税 324 000

【例4-10】某公司采取直接收款方式销售化妆品3 000套,不含税出厂价为200元/套,增值税专用发票上注明价款为600 000元,增值税为102 000元,实际生产成本为140元/套,款项均已通过银行收讫。则相关会计处理为:

(1)销售实现,确认收入时:

借:银行存款　　　　　　　　　　　　　　702 000
　　贷:主营业务收入　　　　　　　　　　　　　　　600 000
　　　　应交税费——应交增值税(销项税额)　　　　102 000

(2)结转已销产品成本时:

借:主营业务成本　　　　　　　　　　　　420 000
　　贷:库存商品　　　　　　　　　　　　　　　　　420 000

(3)计算应交纳的消费税时:

应纳消费税税额＝600 000×30%＝180 000(元)

借:营业税金及附加　　　　　　　　　　　180 000
　　贷:应交税费——应交消费税　　　　　　　　　　180 000

2.随同产品出售包装物应纳税额的会计核算

(1)随同产品出售不单独计价包装物

随同产品出售不单独计价的包装物,因其收入已包含在产品销售收入中,所以,包装物应交的消费税与产品销售应交的消费税一并计入"营业税金及附加"账户,无需单独计算。

(2)随同产品出售单独计价的包装物

随同产品出售单独计价的包装物,按应纳消费税和包装物成本,借记"其他业务成本"账户;按规定计算出应纳消费税税额,贷记"应交税费——应交消费税"账户;按所出售包装物的成本,贷记"周转材料"账户。

【例4-11】某公司销售散装粮食白酒10吨,不含税售价为2 500元/吨,生产成本为1 600元/吨。随同白酒出售单独计价的包装桶400只,每只不含税售价为20元,成本价为12元/只。货款已通过银行收讫。相关会计处理为:

①销售实现,确认收入时:

应纳增值税税额＝2 500×10×17%＋20×400×17%＝5 610(元)

借:银行存款　　　　　　　　　　　　　　38 610
　　贷:主营业务收入　　　　　　　　　　　　　　　25 000
　　　　其他业务收入　　　　　　　　　　　　　　　8 000
　　　　应交税费——应交增值税(销项税额)　　　　5 610

②计算应交纳的消费税时:

应纳消费税税额＝10×2 000×0.5＋2 500×10×20%＋20×400×20%
　　　　　　　＝16 600(元)

借:营业税金及附加 15 000
　　其他业务成本 1 600
　贷:应交税费——应交消费税 16 600
③结转产品和包装物销售成本时:
借:主营业务成本 16 000
　贷:库存商品 16 000
借:其他业务成本 4 800
　贷:周转材料——包装物 4 800

(3) 出租、出借的包装物收取的押金

出租、出借包装物收取押金时,借记"银行存款"账户,贷记"其他应付款"账户;收回包装物返还押金时,做相反的会计分录;逾期未收回包装物没收押金时,并入应税消费品的销售额,按规定计算缴纳增值税和消费税,借记"其他应付款"账户,贷记"其他业务收入"(出租包装物)或"销售费用"(出借包装物)、"应交税费——应交增值税(销项税额)"等账户;没收押金应交的消费税应随同包装物成本计入"其他业务成本"或"销售费用"账户。

【例 4-12】某公司销售化妆品取得不含税收入 60 000 元,随同产品销售出借包装物 30 只,每只成本价为 3 元,每只收取押金 50 元。包装物摊销采用一次摊销核算,款项均已通过银行收讫。当月因包装物损坏而无法收回。则相关会计处理如下:

①随同化妆品销售出借包装物时:
借:销售费用 900
　贷:周转材料——包装物 900
②确认销售收入、收取押金时:
借:银行存款 71 700
　贷:主营业务收入 60 000
　　　其他应付款 1 500
　　　应交税费——应交增值税(销项税额) 10 200
③计算销售化妆品应缴纳的消费税时:
借:营业税金及附加 18 000
　贷:应交税费——应交消费税 18 000
④无法收回包装物,没收押金时:
　　应纳增值税税额 = 1 500/(1+17%)×17% = 217.95(元)
　　应纳消费税税额 = 1 500/(1+17%)×30% = 384.62(元)

借:其他应付款——存入保证金	1 500	
贷:销售费用		897.43
应交税费——应交增值税(销项税额)		217.95
——应交消费税		384.62

4.3.2 自产自用应税消费品应纳税额的会计核算

1. 自产自用应税消费品用于投资的会计核算

企业以生产的应税消费品用于投资,按税法规定视同销售,应缴纳增值税、消费税。按规定计算的应缴增值税和消费税之和计入长期股权投资的账面成本,借记"长期股权投资"账户,贷记"应交税费——应交增值税(销项税额)"和"应交税费——应交消费税"账户。投资作价与用于投资的应税消费品账面成本之间的差额,记"资本公积"账户。

【例 4-13】某公司将自产的小汽车用于对 A 企业投资,该厂这种型号的小汽车不含税售价为 150 000 元,单位成本为 100 000 元,双方协议投资作价 145 000 元。消费税税率 5%。则相关会计处理如下:

应纳增值税税额=150 000×17%=25 500(元)

应纳消费税税额=150 000×5%=7 500(元)

长期股权投资初始成本=145 000+25 500+7 500=178 000(元)

借:长期股权投资	178 000
贷:库存商品	100 000
应交税费——应交增值税(销项税额)	25 500
——应交消费税	7 500
资本公积	45 000

2. 自产自用应税消费品用于职工福利的会计核算

纳税人将自产的应税消费品用于职工福利、劳动保护等方面,应于货物移交使用时,借记"应付职工薪酬"、"制造费用"等账户;按货物的账面成本,贷记"库存商品"账户;按账户计算的应纳增值税、消费税税额,贷记"应交税费——应交增值税(销项税额)"和"应交税费——应交消费税"账户。

【例 4-14】某公司将自产化妆品(不含税售价为 6 000 元,单位成本为 3 000元)作为福利发给本厂职工,则相关会计处理如下:

应纳增值税税额=6 000×17%=1 020(元)

应纳消费税税额=6 000×30%=1 800(元)

发放商品时,会计处理:

借:应付职工薪酬 5 820
　　贷:库存商品 3 000
　　　　应交税费——应交增值税(销项税额) 1 020
　　　　　　——应交消费税 1 800

3.自产自用应税消费品用于捐赠的会计核算

纳税人将自产的应税消费品用于捐赠,应于捐赠货物移交时,借记"营业外支出"账户;按捐赠货物的账面成本,贷记"库存商品"账户;按规定计算的应纳增值税、消费税税额,贷记"应交税费——应交增值税(销项税额)"和"应交税费——应交消费税"账户。

【例4-15】某公司将一辆自产小轿车赠给希望小学,该种型号汽车的不含税售价为9 000元,单位成本为7 000元,消费税税率为5%。相关会计处理如下:

应纳增值税税额=9 000×17%=1 530(元)
应纳消费税税额=9 000×5%=450(元)

借:营业外支出 8 980
　　贷:库存商品 7 000
　　　　应交税费——应交增值税(销项税额) 1 530
　　　　　　——应交消费税 450

4.自产自用应税消费品用于在建工程等非应税项目的会计核算

纳税人将自产的应税消费品用于在建工程或直接转为固定资产,应于货物移交使用时,借记"在建工程"、"固定资产"等账户;按货物的账面成本,贷记"库存商品"账户;按规定计算的应纳增值税、消费税税额,贷记"应交税费——应交增值税(销项税额)"和"应交税费——应交消费税"账户。

【例4-16】某公司将一辆自产的小轿车移交厂部使用,该种型号汽车的不含税售价为150 000元,单位成本为130 000元,消费税税率为9%。则相关会计处理如下:

应纳增值税税额=150 000×17%=25 500(元)
应纳消费税税额=150 000×9%=13 500(元)

借:固定资产 169 000
　　贷:库存商品 130 000
　　　　应交税费——应交增值税(销项税额) 25 500
　　　　　　——应交消费税 13 500

4.3.3 委托加工应税消费品应纳税额的会计核算

1. 委托方的会计核算

按照消费税的有关规定,如果委托加工的物资属于应纳消费税的应税消费品,应由受托方在向委托方交货时代收代交税款。委托加工的应税消费品,用于连续生产的,所纳税款按规定准予抵扣;委托加工的应税消费品直接对外销售的,不再征收消费税。在会计处理上,也要区分上述不同情况:委托方加工的物资收回后用于连续生产应税消费品的,委托方应按对方代收代缴的消费税额,借记"应交税金——应交消费税"账户,贷记"应付账款"、"银行存款"等账户;委托加工的物资收回后直接出售的,委托方应将对方代收代缴的消费税计入委托加工物资的成本,借记"委托加工物资"账户,贷记"应付账款"、"银行存款"等账户。委托加工物资加工完成验收入库后,应按加工收回物资的实际成本和剩余物资的实际成本,借记"原材料"、"库存商品"等账户,贷记"委托加工物资"账户。

【例4-17】A企业委托B企业加工一批甲材料(属于应税消费品),成本为100 000元,支付加工费26 000元(不含增值税),消费税税率为10%,加工完毕验收入库,加工费用等尚未支付。双方适用的增值税税率均为17%。A企业的有关会计处理如下:

(1)发出委托加工材料

借:委托加工物资　　　　　　　　　　　　　　　　　　　100 000
　　贷:原材料——甲材料　　　　　　　　　　　　　　　　　　　100 000

(2)支付加工费用

消费税的组成计税价格=(100 000+26 000)÷(1-10%)=140 000(元)

(受托方)代收代缴的消费税=140 000×10%=14 000(元)

应纳增值税=26 000×17%=4 420(元)

根据计算结果,A企业编制会计分录如下:

①若A企业收回加工后的材料用于继续生产应税消费品

借:委托加工物资　　　　　　　　　　　　　　　　　　　26 000
　　应交税费——应交增值税(进项税额)　　　　　　　　　4 420
　　　　　　——应交消费税　　　　　　　　　　　　　　14 000
　　贷:应付账款——B企业　　　　　　　　　　　　　　　　　　44 420

②若A企业收回加工后的材料直接用于销售

借:委托加工物资　　　　　　　　　　　　40 000　(26 000＋14 000)
　　应交税费——应交增值税(进项税额)　　　　　　　4 420
　　贷:应付账款——B企业　　　　　　　　　　　　　　　44 420

(3)加工完成收回委托加工原材料甲
①若A企业收回加工的材料后用于继续生产应税消费品
借:原材料——甲材料　　　　　　　　　　126 000
　　贷:委托加工物资　　　　　　　　　　　　　　　126 000
②若A企业收回加工后的材料直接用于销售
借:原材料——甲材料　　　　　　　　　　140 000
　　贷:委托加工物资　　　　　　　　　　　　　　　140 000

2.受托方的会计核算

委托加工应税消费品应纳消费税,在委托方提货时,由受托方代收代缴消费税。受托方按应收取的加工费和应代收代缴的消费税,借记"应收账款"、"银行存款"等账户;按应收取的加工费和增值税税额,贷记"主营业务收入"、"其他业务收入"、"应交税费——应交增值税(销项税额)"等账户;按应代收代缴的消费税,贷记"应交税费——代收代缴消费税"账户。

【例4-18】某公司发出库存外购烟叶,委托A厂加工烟丝,不含税成本价530 000元。加工完毕后全部收回,支付不含税加工费30 000元,增值税专用发票上注明增值税为5 100元,其消费税已由A厂代收代缴(A厂无同类烟丝的销售价格)。受托方A厂相关会计处理如下:

(1)收取加工费、确认收入时:
借:银行存款　　　　　　　　　　　　　　35 100
　　贷:其他业务收入(或主营业务收入)　　　　30 000
　　　　应交税费——应交增值税(销项税额)　　5 100
(2)代收代缴消费税时:
借:银行存款　　　　　　　　　　　　　　240 000
　　贷:应交税费——代收代缴消费税　　　　　240 000

4.3.4 进口应税消费品应纳税额的会计核算

进口应税消费品,应在进口时,由进口者缴纳消费税,其缴纳的消费税应计入该项消费品的成本,借记"固定资产"、"材料采购"等科目,按实际支付的允许抵扣的增值税,借记"应交税费——应交增值税(进项税额)"等科目,按采购成本、缴纳的增值税、消费税合计数,贷记"银行存款'等科目。

【例4-19】某企业进口一批轮胎,其关税完税价格为90 000美元,海关征收关税税率为50%，款项已经开出支票支付。按照税法的规定，应税消费品依从价定率计算应纳税额，按组成计算价格计算纳税。假设该轮胎的消费税税率为10%，当期1日美元汇率1∶8.2，则相关会计处理如下：

消费税组成计税价格＝(90 000×8.2＋90 000×8.2×50%)÷(1－10%)
　　　　　　　　　＝1 230 000(元)

应纳消费税税额＝1 230 000×10%＝123 000(元)

应纳增值税税额＝(90 000×8.2＋90 000×8.2×50%＋123 000)×17%
　　　　　　　＝359 652(元)

(1)支付货款时：

借:材料采购	1 107 000	
贷:银行存款		1 107 000

(2)计算消费税时：

借:材料采购	123 000	
贷:应交税费——应交消费税		123 000

(3)上缴给海关进口消费税时：

借:应交税费——应交消费税	123 000	
贷:银行存款		123 000

(4)上缴给海关进口增值税时：

借:应交税费——应交增值税(进项税额)	359 652	
贷:银行存款		359 652

练习题

1．某汽车制造厂对外销售10辆小轿车，出厂价为60 000元/辆(含增值税)，汽车消费税税率3%，增值税税率17%，货款尚未收到，请作出相关的会计处理。

2．某企业以自产的小轿车20辆投资于某出租汽车公司，按双方协议，每辆不含税价为85 000元，成本价为60 000元。假设消费税税率为8%。请作出相关的会计处理。

3．某化妆品公司向某商业企业销售洗发水一批，所用包装物单独计价，按规定应交纳消费税税额2 000元。请作出相关会计处理。

4．某企业将自产的乘用车留厂自用，该车销售价80 000元，规定税率9%；同时该企业还将自产的汽车轮胎20个用于企业更新工程，轮胎每个售价

1 800 元,适用税率 10%。两次应纳消费税分别为 7 200 元和 3 600 元。请作出相关的会计处理。

5.某汽车制造公司委托上述橡胶厂加工汽车轮胎一批,共应交纳消费税 100 000 元。假定上述汽车制造公司收回轮胎后直接用于小汽车的制造。请分别就该橡胶厂应代扣代缴应纳税款和汽车制造公司对橡胶厂代扣代缴的消费税额作出相关会计处理。

6.某公司发出库存外购烟叶,委托 A 厂加工烟丝,不含税成本价 530 000 元。加工完毕后全部收回,支付不含税加工费 30 000 元,增值税专用发票上注明增值税为 5 100 元,其消费税已由 A 厂代收代缴(A 厂无同类烟丝的销售价格)。烟丝收回后,将其中的 40%直接出售给 B 卷烟厂,取得不含税销售额 560 000 元;其余烟丝用于连续生产 40 个标准箱卷烟,当月全部销售,取得不含税销售额 850 000 元,生产成本为 700 000 元。款项均已通过银行收付。请编制委托方相关会计分录。

第 5 章 出口货物退(免)税会计

> **学习目标**
>
> 1. 理解出口货物退(免)税的概念与特点。
> 2. 掌握出口货物退(免)税的税收政策及主要涉及的税种。
> 3. 掌握出口货物增值税退(免)税的政策、计算方法和会计处理。
> 4. 了解出口货物消费税退(免)税政策、计算方法和会计处理。

5.1 出口货物退(免)税概述

5.1.1 出口货物退(免)税的概念与特点

1. 出口货物退(免)税的概念

出口货物退(免)税,是指对报关出口的货物免征或退还其在国内各生产环节和流通环节按规定缴纳的增值税和消费税的税收政策,即对增值税出口货物实行零税率,对消费税的出口货物免税。

对出口货物实行退(免)税是国际通行惯例,也是符合世贸组织规则的一项税收制度。出口货物退(免)税政策作为各国普遍实施的出口产品零税率政策的表现形式,旨在鼓励出口货物公平竞争,有效避免国际双重征税和价格扭曲。

2. 出口货物退(免)税的特点

目前出口货物退(免)税具有以下特点:

(1)符合世界贸易组织规则

世界各国为了鼓励本国货物的出口,在遵循 WTO 基本规则的前提下,一般都采取优惠的税收政策。我国根据本国实际,对出口货物,在遵循"征多少、退多少"、"未征不退和彻底退税"基本原则的基础上,实行免税和退税相结合的政策,这既是国际通行惯例,也是符合 WTO 规则的一项税收政策。

(2)适用范围相对狭窄

目前,我国出口货物退税政策只适用于贸易性的出口货物,对于非贸易性的出口货物,如捐赠品、不作销售的样品、展品以及个人在国内购买自带离境的货物等,不能办理出口退税。

(3)计算相对复杂

目前,出口货物享受退(免)税政策的主要涉及增值税、消费税。在出口货物增值税实行"免、抵、退"办法的情况下,需要确认免税、抵税、退税等,计算过程较为复杂。

5.1.2 出口货物退(免)税的三种税收政策

鉴于目前我国拥有出口经营权的企业只限于少部分经国家批准的企业,并且我国出产的某些货物还不能满足国内的需要,因此,对某些非生产性企业和国家紧缺的货物采取限制从事出口业务或限制该货物的出口,不予出口退(免)税。我国的出口货物税收政策主要有以下三种形式:

1. 出口不免税也不退税

出口不免税也不退税,是指对某些出口的货物,按照内销货物的征收办法照章征税,不免税也不退税。适用这一政策的主要是我国限制或禁止出口的货物。

2. 出口免税但不退税

适用出口免税但不退税这一政策的,主要有以下两种情况:一种是因为货物在出口前的各个环节是免税的,因此,出口时该货物的价格中本身就不含税,在出口环节也无需退税;另一种情况是,纳税人因不具备法定退税条件,只能享受免税政策,不能获得退还以前环节已经承担的税款。

3. 出口免税并退税

出口免税,是指对出口货物在出口环节免税;出口退税,是指对出口货物在出口前实际承担的税款,按规定退还给出口企业。本章主要就出口免税并退税的情况进行讨论。

5.1.3 出口货物退(免)税的适用范围

1. 出口货物享受退(免)税的条件

按照规定,对出口的凡属于已征或应征增值税、消费税的货物,除国家明确规定不予退(免)税的货物和出口企业从小规模纳税人购进并持有普通发票的部分货物外,都在出口货物退(免)税的货物范围,均应予以退还已征增值税和消费税或免征应征的增值税和消费税。

可以退(免)税的出口货物必须同时具备以下四个条件:
(1)必须是属于增值税、消费税征税范围的货物;
(2)必须是报关离境的货物;
(3)必须是在财务上作为销售处理的货物;
(4)必须是出口收汇并已核销的货物。

2.增值税退(免)税的范围
(1)不免税也不退税的货物:
①国家计划外出口的原油。
②援外出口货物。
③国家禁止出口的货物。如天然牛黄、麝香、铜及铜基合金、白金等。
(2)企业出口下列货物,除另有规定外,给予免税但不退税:
①属于生产企业的小规模自营出口或委托外贸企业代理出口的自产货物。
②外贸企业从小规模纳税人购进并持普通发票的货物出口,但对出口的抽纱、工艺品、香料油、山货等,特准予退税。
③外贸企业直接购进国家的免税货物出口的。

此外,下列货物出口,免税但不退税:
①来料加工复出口的货物。
②避孕药品和工具、古旧图书,内销免税,出口也免税。
③出口卷烟:有出口经营权的企业出口国家卷烟计划内的卷烟,在生产环节免征增值税、消费税,出口环节不办理退税;其他非计划内出口的卷烟照章征税,出口一律不退税。
④军品以及军队系统出口军需工厂或军需部门调拨的货物。
⑤国家规定的其他免税货物。

(3)企业出口下列货物,除另有规定外,给予免税并退税:
①生产企业自营或委托外贸企业代理出口的自产货物。
②有出口经营权的外贸企业收购后直接出口或委托其他外贸企业代理出口的货物。
③特定出口货物,有些出口货物虽然不同时具备出口货物的四个条件,但由于销售方式、消费方式、结算办法的特殊性,国家准予退还或免征其增值税和消费税。这些货物主要有:

对外承包工程公司运出境外用于对外承包项目的货物；

对外承接修理修配业务的企业用于对外修理修配的货物；

外轮供应公司、远洋运输供应公司销售给外轮、远洋国轮而收取外汇的货物；

有利于国际金融组织或外国政府贷款，采取国际投标方式，由国内企业中标销售的机电产品、建筑材料，企业采购并运往境外作为在国外投资的货物；

对外补偿贸易以及易货贸易、小额贸易出口的货物；

对我国港、澳、台地区贸易的货物等。

3.消费税退（免）税的范围

出口应税消费品退（免）消费税在政策上也分为以下三种情况：

（1）出口不免税也不退税

除生产企业、外贸企业外的其他企业。

（2）出口免税但不退税

有出口经营权的生产性企业自营出口或生产企业委托外贸企业代理出口自产的应税消费品，依据其实际出口数量免征消费税，不予办理退还消费税。

（3）出口免税并退税

有出口经营权的外贸企业购进应税消费品直接出口，以及外贸企业受其他外贸企业的委托代理出口应税消费品。

（4）有关退货的规定

纳税人销售的应税消费品，如因质量等原因由购买者退回时，经所在地主管税务机关审核批准后，可退还已征收的消费税。

出口的应税消费品办理退税后，发生退关或者国外退货，进口是已予以免税的，报关出口者必须及时向其所在地主管税务机关申请补缴已退的消费税。

纳税人直接出口的应税消费品办理免税后，发生退关或者国外退货，进口是已予以免税的，经所在地主管税务机关批准，可暂不办理补税，待其转为国内销售时，再向税务机关申报补缴消费税。

5.1.4 出口货物退税率

出口货物的退税率是出口货物的实际退税额与退税计税依据的比例。

1.增值税退税率的规定

我国1994年实行新税制时，对出口货物实行了零税率，货物出口时，按其征税率退税。从1995年7月1日起，连续多次调低出口货物的退税率。

1998年1月1日、2004年1月1日、2007年7月1日都分别进行了调整。我国增值税出口退税原有以下几档：17%、13%、11%、9%、8%、6%、5%，但根据2008年《财政部、国家税务总局关于提高劳动密集型产品等商品增值税出口退税率的通知》，明确了3 700项提高退税率的商品的范围，具体如下：

(1)将部分橡胶制品、林产品的退税率由5%提高到9%。

(2)将部分模具、玻璃器皿的退税率由5%提高到11%。

(3)将部分水产品的退税率由5%提高到13%。

(4)将箱包、鞋、帽、伞、寝具、灯具、钟表等商品的退税率由11%提高到13%。

(5)将部分化工产品、石材、有色金属加工材料等商品的退税率分别由5%、9%提高到11%、13%。

(6)将部分机电产品的退税率分别由9%提高到11%，从11%提高到13%，从13%提高到14%。

经国务院批准，从2009年2月1日起，将纺织品、服装的出口退税率提高到15%。为了应对全球金融危机对我国外贸行业造成的影响，提高外贸企业出口产品的竞争能力，我国分别于2008年8月、11月、12月和2009年1月、2月、4月、6月，先后7次上调增值税出口退税，涉及商品数量超过8 000种，占出口商品总数的58%，从而使出口商品综合退税率提高至13.5%。

2. 消费税的出口退税率

出口应税消费品应退消费税的税率或单位税额的确定，是依据《消费税暂行条例》所附《消费税税目税率(税额)表》来执行的。因此，消费税的征税率与退税率是一致的，执行的是零税率。

出口企业应将不同税率的货物分开核算和申报，凡划分不清适用退税率的，一律从低适用退税率计算退(免)税。

5.2 出口货物退(免)税的计算

5.2.1 出口货物退(免)税办法

目前，世界各国根据本国国情及其税收制度，对出口货物退(免)税主要采取"先征后退"、"免、抵、退"或"免税采购"三种办法。

根据我国《出口货物退(免)税管理办法》的规定,现行出口货物退(免)税计算办法主要采用两种:一种是"先征后退"办法,主要适用于收购货物出口的外(工)贸企业;另一种是"免、抵、退"税办法,主要适用于自营和委托出口自产货物的生产企业。对卷烟出口试行"免税采购"办法。

1."先征后退"办法

"先征后退"是出口退税的一种主要的计算办法,主要适用于收购货物出口的外(工)贸企业。具体做法是一律先按出口货物离岸价及增值税法定税率计算征税,然后,按出口货物离岸价及规定的退税率计算退税。

2."免、抵、退"税办法

"免、抵、退"税办法是指对生产企业的出口货物在生产销售环节实行免税,其进项税额先抵顶内销货物的销项税额,不足抵扣部分给予退税。具体为:

"免"税,是指对生产企业出口自产货物,免征本企业生产销售环节的增值税。

"抵"税,是指生产企业出口所耗用的原材料、零部件、燃料、动力等所含应予退还的进项税,抵顶内销货物的应纳税额。

"退"税,是指生产企业出口的自产货物在当月内应抵顶的进项税额大于应纳税额时,对未抵顶的部分予以退税。

3."免税采购"办法

"免税采购"办法是一种新型的出口货物退(免)税管理办法,正在被一些国家所采用。

4.出口货物退消费税

出口货物退消费税,主要有两种方法:一是免税,适用于生产企业的出口自产货物;二是退税,适用于外贸企业的出口货物。

5.2.2 "先征后退"的计算方法

外(工)贸企业收购货物出口,采用"先征后退"办法,分不同情况进行计算,计算方法如下:

1.外贸企业收购货物出口

外贸企业以及实行外贸企业财务制度的工贸企业收购货物出口的,免征其出口销售环节的增值税,其收购货物的成本部分,因外贸企业在支付收购货款的同时也支付了增值税进项税额,因此,在货物出口时按收购成本与退税率计算退税,征税、退税之差计入企业成本。

外贸企业出口货物增值税的计算应依据购进出口货物增值税专用发票上注明的进项税额和退税率进行计算。

应退税额＝外贸收购金额(不含增值税)×退税率

2.外贸企业收购小规模纳税人货物出口

外贸企业收购小规模纳税人出口货物的,其增值税退税按如下规定处理:

(1)凡小规模纳税人购进税务机关代开的增值税专用发票的出口货物,按下列公式计算退税:

应退税额＝增值税专用发票注明的金额×退税率

(2)凡小规模纳税人购进普通发票特准退税出口货物,实行免税并退税办法的,按下列公式计算退税:

应退税额＝普通发票所列销售额(含增值税)÷(1+征收率)×退税率

3.外贸企业委托生产企业加工收回后报关出口货物

外贸企业委托生产企业加工收回后报关出口的货物,按购进国内原辅材料的增值税专用发票上注明的进项税额,依据原辅材料的退税税率计算应退税额;支付的加工费,依据受托方开具的货物适用的退税率,计算加工费的应退税额。

【例 5-1】某进出口公司 2012 年 6 月购进牛仔布委托加工成服装出口,取得增值税专用发票一张,注明的增值税金额为 100 000 元,取得服装加工费计税金额 20 000 元。已知牛仔布的退税率为 13%,服装加工的退税率为 17%,计算该公司的应退税额。

应退税额＝100 000×13%＋20 000×17%＝16 400(元)

5.2.3 "免、抵、退"税的计算办法

生产企业自营或委托外贸企业代理出口(以下简称"生产企业出口")自产货物,除另有规定外,增值税实行"免、抵、退"税管理办法。生产企业是指独立核算,具有实际生产能力的增值税一般纳税人。小规模纳税人自产货物仍实行免征增值税的办法。可采用两种计算过程:

第一种:一般计算过程

实行"免、抵、退"税管理办法的一般计算过程如下:

1.当期应纳税额的计算

当期应纳税额 ＝ 当期内销货物的销项税额 － [当期进项税额 － 当期免抵退税不得免征和抵扣税额] － 上期留抵税额

其中：

$$\begin{matrix}当期免抵退税不得\\免征和抵扣税额\end{matrix} = \begin{matrix}出口货物\\离岸价\end{matrix} \times \left[\begin{matrix}出口货物\\征税率\end{matrix} - \begin{matrix}出口货物\\退税率\end{matrix}\right] - \begin{matrix}免抵退税不得免征\\和抵扣税额抵减额\end{matrix}$$

$$\begin{matrix}免抵退税不得免征\\和抵扣税额抵减额\end{matrix} = \begin{matrix}免税购进\\原材料价格\end{matrix} \times \left[\begin{matrix}出口货物\\征税率\end{matrix} - \begin{matrix}出口货物\\退税率\end{matrix}\right]$$

免税购进原材料包括从国内购进免税原材料和进料加工免税进口料件，其中，进料加工免税进口料件的价格为组成计税价格。

进料加工免税进口料件的组成计税价格＝货物到岸价＋海关实征关税和消费税

如果当期内有免税购进原材料的价格，前述公式中的免抵退税不得免征和抵扣税额抵减额以及后面公式中的免抵退税额抵减额，就不用计算了。

2. 免抵退税额的计算

$$\begin{matrix}免抵\\退税额\end{matrix} = \begin{matrix}出口货物\\离岸价\end{matrix} \times \begin{matrix}外汇人民\\币牌价\end{matrix} \times \begin{matrix}出口货物\\退税率\end{matrix} - \begin{matrix}免抵退税额\\抵\quad 减\quad 额\end{matrix}$$

其中：

免抵退税额抵减额＝免税购进原材料×出口货物退税率

3. 当期应退税额和免抵税额的计算

(1) 如果当期期末留抵税额≤当期免抵退税额，则：

当期应退税额＝当期期末留抵税额

当期免抵税额＝当期免抵退税额－当期应退税额

(2) 如果当期期末留抵税额＞当期免抵退税额，则：

当期应退税额＝当期免抵退税额

当期免抵税额＝0

当期期末留抵税额根据当期《增值税纳税申报表》中的"期末留抵税额"确定。

第二种：简化计算过程

实行"免、抵、退"税管理办法的简化计算过程如下，简称五步法：

第一步：

$$\begin{matrix}免抵退税不得\\免征和抵扣税额\end{matrix} = \begin{matrix}离岸\\价格\end{matrix} \times \begin{matrix}外汇\\牌价\end{matrix} \times \left[\begin{matrix}增值税\\税\quad 率\end{matrix} - \begin{matrix}出\quad 口\\退税率\end{matrix}\right]$$

第二步：通过计算当期应纳增值税，确定有无退税资格

$$\text{当期应纳税额} = \text{当期内销货物的销项税额} - \left[\text{当期进项税额} - \text{当期免抵退税不得免征和抵扣税额}\right] = -A$$

当应纳税额<0(-A)时,有资格申请退税;

当应纳税额>0(A)时,无资格申请退税,为本期应上交增值税。

第三步:计算免抵退税额

$$\text{免抵退税额} = \text{出口货物离岸价格} \times \text{外汇牌价} \times \text{退税率} = B$$

第四步:确定退税额

比较 A 的绝对值与 B 的大小,取较小者退税。

第五步:确定免抵税额

项 目	A≤B	A>B
当期应退税额	A	B
当期免抵税额	B-A	0

【例 5-2】某自营出口企业是增值税一般纳税人,出口货物的增值税率为17%,退税率为13%。2012 年 9 月有关经济业务如下:购入原材料一批,取得的增值税专用发票上注明的价款为 200 万元,外购货物准予抵扣的进项税额为 34 万元已通过认证,货已验收入库,上期末留抵税款为 3 万元,本月内销货物不含税销售额为 100 万元,收款 117 万元。本月出口货物销售额折合人民币 200 万元。

试计算该企业当期的"免、抵、退"税额。

第一步:计算免抵退税不得免征和抵扣税额

$$\text{当期免抵退税不得免征和抵扣税额} = \text{出口货物离岸价} \times \text{外汇人民币牌价} \times (\text{出口货物征税率} - \text{出口货物退税率})$$
$$= 200 \times (17\% - 13\%)$$
$$= 8(万元)$$

第二步:计算当期应纳增值税

$$\text{当期应纳税额} = \text{当期内销货物的销项税额} - (\text{当期进项税额} - \text{当期免抵退税不得免征抵扣税额}) - \text{上期留抵税额}$$
$$= 100 \times 17\% - (34 - 8) - 3$$
$$= -12(万元)$$

当期应纳税额 A 为-12 万元,有退税资格。

第三步:计算免抵退税额

免抵退税额＝出口货物离岸价×外汇人民币牌价×出口货物退税率
　　　　　＝200×13％
　　　　　＝26(万元)

免抵退税额 B 为 26 万元。

第四步:确定退税额

当期期末留抵税额≤当期免抵退税额,则:当期应退税额＝当期期末留抵税额,该企业应收退税额为 12 万元。

比较 A 的绝对值与 B 的大小,取较小者退税为 12 万元。

第五步:确定当期免抵税额

当期免抵税额＝当期免抵退税额－当期应退税额
　　　　　　＝26－12
　　　　　　＝14(万元)

因为 A＜B,当期免抵税额为 14 万元。

5.2.4 出口货物退(免)消费税的计算

外贸企业从生产企业购进货物直接出口或受其他外贸企业委托代理出口应税消费品的消费税税款,分以下情况计算:

1. 属于从价定率计征消费税的应税消费品

属于从价定率计征消费税的应税消费品,应依照外贸企业从工厂购进货物时征收的消费税的价格计算应退消费税税款。其计算公式为:

应退消费税税款＝出口货物的工厂销售额×税率

公式中的"出口货物的工厂销售额"不包含增值税。

【例 5-3】某外贸企业从某化妆品公司购进 3 000 套化妆品出口,购进时增值税专用发票和消费税专用缴款书注明的购进单价为 60 元,增值税进项税额为 30 600 元,消费税税额为 54 000 元。本月出口购进该批化妆品 2 500 套。计算其应退税消费额。化妆品的消费税税率为 30％。

应退消费税额＝2 500×60×30％＝45 000(元)

2. 属于从量定额计征消费税的应税消费品

属于从量定额计征消费税的应税消费品,应按照货物购进和报关出口的数量计算应退消费税税款。其计算公式为:

应退消费税税款＝出口数量×单位税额

第5章 出口货物退(免)税会计

5.3 出口货物退(免)税的会计核算

5.3.1 外贸企业出口货物退(免)增值税的会计处理

按照我国的出口货物税收政策,主要有以下三种情况:

1. 外贸企业出口货物适用"出口不免税也不退税"政策的会计处理

外贸企业出口货物适用"出口不免税也不退税"政策的会计处理与内销的会计处理一致,其内容见第二章。

2. 外贸企业出口货物适用"出口免税但不退税"政策的会计处理

外贸企业出口货物适用"出口免税但不退税"政策的,在货物出口时,不计算反映增值税税额,只确认会计收入。其购进环节如未取得增值税专用发票的,则只需将采购金额计入成本;如其在购进时取得增值税专用发票,将其进项税额从"应交税费——应交增值税(进项税额转出)"账户转入"主营业务成本"账户。

3. 外贸企业出口货物适用"出口免税并退税"政策的会计处理

外贸企业出口货物适用"出口免税并退税"政策的,除另有规定外,一律实行"先征后退"税管理办法。其会计处理程序如下:

(1) 外贸企业购进货物的会计处理

企业购进货物时,根据取得的增值税专用发票等,按专用发票上注明的价款,借记"应交税费——应交增值税(进项税额)"账户;按应付或实付款项,贷记"应付账款"或"银行存款"账户。

企业从小规模纳税人处购进货物,取得由税务机关代开的增值税专用发票,也按上述会计处理方法;但如果取得普通发票,则按普通发票上注明的金额,借记"库存商品"账户,贷记"应付账款"或"银行存款"账户。

(2) 外贸企业出口货物的会计处理

外贸企业出口货物时,应按实收或应收的款项,借记"银行存款"或"应收账款"账户,贷记"主营业务收入"账户。同时结转已销商品成本,按账面成本,借记"主营业务成本"账户,贷记"库存商品"账户。

(3) 外贸企业出口退税的会计处理

① 根据计算出的不予退税或不予抵扣的税额,借记"主营业务成本"账户,贷记"应交税费——应交增值税(进项税额转出)"账户。

②根据计算出的退税额,借记"其他应收款——应收出口退税"账户,贷记"应交税费——应交增值税(出口退税)"账户;实际收到时,借记"银行存款"账户,贷记"其他应收款"账户。

4.外贸企业适用"出口免税并退税"政策的会计核算一般步骤

(1)国内购进货物(采购出口货物)

借:库存商品等
  应交税费——应交增值税(进项税额)
 贷:银行存款

(2)出口货物(货物出口销售)

①出口销售时:不反映增值税税额

借:银行存款
 贷:主营业务收入

②结转主营业务成本

借:主营业务成本
 贷:库存商品

(3)出口退税

①按退税率计算应收的出口退税

借:其他应收款——应收出口退税款
 贷:应交税费——应交增值税(出口退税)

②收到出口退税款时

借:银行存款
 贷:其他应收款——应收出口退税

③出口货物不予抵扣部分

不予抵扣部分=(购进税率－出口退税率)×进价

借:主营业务成本
 贷:应交税费——应交增值税(进项税额转出)

【例5-4】某外贸企业国内收购货物一批,得到的增值税专用发票上注明的价款为100万元,税额为17万元,直接报关出口,出口销售额为20万美元(汇率为1∶6.5),该批货物的增值税税率为17%,退税率为11%。

1.采购货物

借:在途物资   1 000 000
  应交税费——应交增值税(进项税额)   170 000
 贷:银行存款   1 170 000

验收入库

借:库存商品	1 000 000	
贷:在途物资		1 000 000

2. 报关出口:销售收入 130 万元(20 ×6.5)

(1)出口销售时

借:银行存款	1 300 000	
贷:主营业务收入		1 300 000

(2)结转主营业务成本

借:主营业务成本	1 000 000	
贷:库存商品		1 000 000

3. 出口退税

(1)按退税率的 11% 计算应收的出口退税

借:其他应收款——应收出口退税款	110 000	
贷:应交税费——应交增值税(出口退税)		110 000

(2)收到出口退税时

借:银行存款	110 000	
贷:其他应收款——应收出口退税		110 000

(3)出口货物不予抵扣部分

$1\,000\,000 \times (17\% - 11\%) = 60\,000$

借:主营业务成本	60 000	
贷:应交税费——应交增值税(进项税额转出)		60 000

【例 5-5】某进口公司 2012 年 3 月购进某小规模纳税人抽纱、工艺品全部出口,取得普通发票,金额为 8 240 元;购进另一小规模纳税人西服 10 套全部出口,取得税务机关代开的增值税专用发票,发票上注明货款为 40 000 元。其中,抽纱、工艺品出口取得销售收入折合人民币 14 000 元,西服出口取得收入折合人民币 6 500 元,假定上述商品适用的税率为 3%,退税税率为 2%。

该公司的会计处理如下:

(1)根据购进抽纱、工艺品的普通发票

借:库存商品	8 240	
贷:银行存款		8 240

根据购进西服取得的增值税专用发票

借:库存商品	4 000	
应交税费——应交增值税(进项税额)	120	
贷:银行存款		4 120

(2)出口货物时

借:银行存款　　　　　　　　　　　　　　　　　　　20 500
　　贷:主营业务收入　　　　　　　　　　　　　　　　　　20 500
　同时结转成本:
借:主营业务成本　　　　　　　　　　　　　　　　　12 240
　　贷:库存商品　　　　　　　　　　　　　　　　　　　　12 240
（3）计算出口退税

$$出口退税 = 8\,240 \div (1+3\%) \times 2\% + 4\,000 \times 2\%$$
$$= 160 + 80$$
$$= 240（元）$$

借:其他应收款——应收出口退税　　　　　　　　　　240
　　贷:应交税费——应交增值税(出口退税)　　　　　　　　80
　　　　主营业务成本　　　　　　　　　　　　　　　　　160
　对不予免或不予抵扣的税额进行结转,其中取得普通发票的部分不需要结转,在结转销售成本时已经进入主营业务成本。
借:主营业务成本　　　　　　　　　　　　　　　　　　40
　　贷:应交税费——应交增值税(进项税额)　　　　　　　　40

5.3.2 生产企业出口货物退(免)增值税的会计处理

1. 生产企业出口货物适用"出口不免税也不退税"的会计处理

生产企业出口货物适用"出口不免税也不退税"政策的会计处理与内销的会计处理一致,其内容见第二章。

2. 生产企业出口货物适用"出口免税但不退税"的会计处理

生产企业出口货物适用"出口免税但不退税"政策的,不计算反映增值税税额,只确认会计收入。

若其在购进时取得增值税专用发票,则将进项税额从"应交税费——应交增值税(进项税额)"账户转入"主营业务成本"账户。

其购进环节如取得普通发票,则只需将发票金额计入成本。

3. 生产企业出口货物适用"出口免税并退税"的会计处理

生产企业出口货物适用"出口免税并退税"政策的,除另有规定外,一律实行"免、抵、退"税管理办法。其会计处理程序如下:

（1）出口货物免税的会计处理

其会计处理是,按应收款项或实际收取款项,借记"应收账款"或"银行存款"账户,贷记"主营业务收入"账户。

(2)当期免抵退税不得免征和抵扣税额的会计处理

当出口货物征税率与退税率不一致时,先按规定计算出当期不予退税和不予抵扣的税额,将这部分税额计入出口货物成本,借记"主营业务成本"账户,贷记"应交税费——应交增值税(进项税额转出)"账户。

(3)当期应纳税额、免抵税额的会计处理

①如果计算出的当期应纳税额为正数,表明当期内销货物应纳税额大于当期应退税额,当期实际退税额为0,应按当期应纳税额,借记"应交税费——应交增值税(转出未交增值税)"账户,贷记"应交税费——未交增值税"账户。同时,按当期免抵税额,借记"应交税费——应交增值税(出口抵减内销产品应纳税额)"账户,贷记"应交税费——应交增值税(出口退税)"账户。

经过上述会计处理后,"应交税费——应交增值税"账户无余额。

②如果当期应纳税额计算出来为负数,表明当期不需要缴纳增值税,但其应退税额和免抵税额的确定应按下列方法:

第一种情况:如果当期期末留抵税额≤当期免抵退税额,则:当期应退税额=当期期末留抵税额。

当期免抵税额=当期免抵退税额－当期应退税额

企业按当期应退税额,借记"其他应收款"账户;按当期免抵税额,借记"应交税费——应交增值税(出口抵减内销产品应纳税额)"账户;按当期免抵退税额,贷记"应交税费——应交增值税(出口退税)"账户。

经过上述处理后,"应交税费——应交增值税"账户无余额。

第二种情况:如果当期期末留抵税额＞当期免抵退税额,则:当期应退税额=当期免抵税额。

当期免抵税额=0

企业应当按当期应退税额,借记"其他应收款"账户,贷记"应交税费——应交增值税(出口退税)"账户。

经过上述会计处理后,"应交税费——应交增值税"账户的借方余额反映留待下期抵扣的进项税额。

【例 5-6】某生产企业为增值税一般纳税人,兼营出口及内销。2012 年 3 月发生以下业务:

购进原材料增值税专用发票注明价款 100 万元,内销收入 50 万元,出口货物离岸价格 180 万元,支付销售运费 2 万元,取得运输企业开具的普通发票。(增值税率 17%,出口退税率 13%)

要求:(1)按"五步法"计算3月应退增值税

(2)作会计处理

(1)按"五步法"计算3月应退增值税

①不得免征或抵扣税额=$180×(17\%-13\%)=7.2$(万元)

②当期应纳税额=$50×17\%-(100×17\%+2×7\%-7.2)$

$\qquad\qquad =-1.44$(万元)(有申请退税资格)

③当期免抵退税额=$180×13\%=23.4$(万元)

因为1.44<23.4,取较小者退税。

④应退税额=1.44(万元)

⑤免抵税=当期免抵退税额-当期应退税额

$\qquad\quad =23.4-1.44$

$\qquad\quad =21.96$(万元)

(2)会计处理

①国内购货环节

借:原材料　　　　　　　　　　　　　　　　　　1 000 000

　　应交税费——应交增值税(进项税额)　　　　 170 000

　贷:银行存款　　　　　　　　　　　　　　　　1 170 000

②国内销售环节

　A.销售货物

借:银行存款　　　　　　　　　　　　　　　　　　585 000

　贷:主营业务收入　　　　　　　　　　　　　　　500 000

　　应交税费——应交增值税(销项税额)　　　　 85 000

　B.销货运费的处理

借:销售费用　　　　　　　　　　　　　　　　　　 18 600

　　应交税费——应交增值税(进项税额)　　　　　 1 400

　贷:银行存款　　　　　　　　　　　　　　　　　 20 000

③出口环节

　C.报关出口

借:银行存款　　　　　　　　　　　　　　　　　1 800 000

　贷:主营业务收入　　　　　　　　　　　　　　1 800 000

　D.出口货物不予抵扣

借:主营业务成本　　　　　　　　　　　　　　　　72 000

　贷:应交税费——应交增值税(进项税额转出)　　　72 000

不得免征或抵扣税额=$180万×(17\%-13\%)=72 000$

④应退税额处理

借:其他应收款——应收出口退税　　　　　　　　　　14 400
　　应交税费——应交增值税(出口抵减内销产品应纳税额)　219 600
　　　贷:应交税费——应交增值税(出口退税)　　　　　　　　234 000

⑤实际收到退税额

借:银行存款　　　　　　　　　　　　　　　　　　14 400
　　贷:其他应收款——应收出口退税款　　　　　　　　　　14 400

5.3.3 出口货物退(免)消费税的会计处理

1.外贸企业出口应税消费品的会计处理

通过外贸企业出口应税消费品时,如按规定实行先征后退办法,应按通过外贸企业出口的不同方式进行会计处理。

(1)生产企业委托外贸企业代理出口的应税消费品,应由生产企业先计算缴纳消费税,待外贸企业办理报关出口后再向税务机关申请退税,税款应由外贸企业退还给生产企业。生产企业将应税消费品移交给外贸企业时,计算消费税,按应交消费税额,借记"其他应收款——应收出口退税"账户,贷记"应交税费——应交消费税"账户;实际向税务机关缴纳消费税时,借记"应交税费——应交消费税"账户,贷记"银行存款"账户;应税消费品出口后收到外贸企业退回的消费税金时,借记"银行存款"账户,贷记"其他应收款——应收出口退税"账户;已出口的应税消费品发生退关、退货而补交已退的消费税时,借记"其他应收款——应收出口退税"账户,贷记"银行存款"账户。

代理出口应税消费品的外贸企业将应税消费品出口后,收到税务机关退回生产企业已缴纳的消费税时,借记"银行存款"账户,贷记"其他应付款"账户;将此项税款退回生产企业时,借记"其他应付款"账户,贷记"银行存款"账户;已出口的应税消费品发生退关、退货而补交已退的消费税时,借记"其他应收款——应收出口退税"账户,贷记"银行存款"账户;收到企业退款时,做相反的会计分录。

(2)外贸企业自营出口应税消费品,在应税消费品报关出口后申请出口退税时,按所应退的消费税税额,借记"其他应收款——应收出口退税"账户,贷记"主营业务成本"账户;实际收到退回的消费税时,借记"银行存款"账户,贷记"其他应收款——应收出口退税"账户。已出口的应税消费品发生退关、退货而补交已退的消费税时借记"其他应收款——应收出口退税"账户,贷记"银行存款"账户;同时,借记"主营业务成本"账户,贷记"其他应收款——应收出口退税"账户。

【例 5-7】某企业通过外贸企业出口一批产品,该批产品的售价为 500 000 元,消费税税率为 10%。产品出口后,收到外贸企业退回的消费税 50 000 元并收到货款,存入银行。

(1)按规定计算并缴纳消费税时

借:应收账款——某外贸企业	500 000
其他应收款——应收出口退税	50 000
贷:主营业务收入	500 000
应交税费——应交消费税	50 000
借:应交税费——应交消费税	50 000
贷:银行存款	50 000

(2)收到外贸企业退回的消费税时

借:银行存款	50 000
贷:其他应收款——应收出口退税	50 000

【例 5-8】某外贸企业 2012 年 9 月份从某卷烟厂购进一批烟丝,支付价款 400 000 元,增值税额 68 000 元,已取得卷烟厂开具的增值税专用发票。9 月 28 日,该公司将该批烟丝全部出口,取得销售额折合人民币 480 000 元。假设该烟丝的增值税退税率为 13%,消费税退税率为 30%。

该公司的计算及会计处理如下:

①购入烟丝时

借:库存商品	400 000
应交税费——应交增值税(进项税额)	68 000
贷:银行存款	468 000

②报关出口烟丝时

借:应收账款	480 000
贷:主营业务收入	480 000

③结转成本时

借:主营业务成本	400 000
贷:库存商品	400 000

④申报办理出口退税时

应退增值税额=400 000×13%=52 000(元)

应退消费税额=400 000×30%=120 000(元)

借:其他应收款——应收出口退税	172 000
贷:应交税费——应交增值税(出口退税)	52 000
主营业务成本	120 000

不予免或抵扣的增值税额＝68 000－52 000＝16 000(元)

借:主营业务成本　　　　　　　　　　　　　　　16 000
　　贷:应交税费——应交增值税(进项税额转出)　　　　　16 000

⑤实际收到退税款时

借:银行存款　　　　　　　　　　　　　　　　　172 000
　　贷:其他应收款——应收出口退税　　　　　　　　　　172 000

2. 生产企业出口应税消费品退(免)税的会计处理

有出口经营权的生产企业自营出口应税消费品,按规定可以直接免征出口环节的消费税,不计算应交消费税,在会计上也就不核算消费税。

练习题

1. 某出口生产企业是增值税一般纳税人,出口货物的征税率为17%,退税率为13%。2012年8月有关经济业务如下:购入原材料一批,取得的增值税专用发票上注明的价款为200万元,外购货物准予抵扣的进项税34万元通过认证,当月进料加工免税进口料件的组成计税价格为100万元,上期末留抵税款为6万元,本月内销货物不含税销售额为100万元,收款117万元。本月出口货物销售额折合人民币200万元。

试计算该企业当期的免抵退税额。

2. 根据上题的计算结果,进行会计处理。

3. 某生产企业为增值税一般纳税人,兼营出口及内销。该企业2012年3月发生以下业务:

购进原材料等货物价款500万元,允许抵扣的进项税额85万元,内销取得收入300万元(不含税),出口货物离岸价格2 400万元人民币,设上期留抵税款5万元。(增值税率17%,出口退税率15%)

试作出相关税务处理。

第6章 营业税会计

> 学习目标
>
> 1. 了解营业税的概念与特征。
> 2. 熟悉营业税的征税范围、纳税人、税目和税率。
> 3. 掌握营业税的应纳所得额确定和应纳税额的计算。
> 4. 掌握并灵活运用营业税相关的账户和会计核算。

6.1 营业税税制概述

营业税是一个征税面比较广的税种。在我国,除商品流通企业外的第三产业都是营业税的纳税人。我国现行营业税法是1993年颁布的《中华人民共和国营业税暂行条例》(简称《营业税暂行条例》)。2008年11月5日经国务院第34次会议常务会议修订后的《营业税暂行条例》,自2009年1月1日起施行。

2011年11月16日,财政部和国家税务总局发布经国务院批准的《营业税改征增值税试点方案》,并决定于2012年1月1日起在上海市交通运输业和部分现代服务业开展试点。国务院总理温家宝2012年7月25日主持召开国务院常务会议,决定扩大营业税改征增值税试点范围,自2012年8月1日起至年底,将交通运输业和部分现代服务业营业税改征增值税试点范围,由上海市分批扩大至北京、天津、江苏、浙江、安徽、福建、湖北、广东和厦门、深圳10个省(直辖市、计划单列市)。2013年继续扩大试点地区,并选择部分行业在全国范围试点。虽然从长期来看,营业税将逐步被增值税取代,但营业税在当前仍然是我国的主体税种之一。

6.1.1 营业税的概念与特点

1. 营业税的概念

营业税是对在我国境内提供应税劳务、转让无形资产和销售不动产的单位和个人,就其营业收入额征收的一种流转税。

2. 营业税的特点

(1)征税范围广,实行低税率征收。我国现行营业税主要以第三产业为征税对象,而且不论是城市还是乡村,不论是内资企业还是外资企业,或是个人,只要发生应税行为,并取得营业额,就要缴纳营业税。作为一种价内税,为了保证物价的基本稳定,使比价合理,营业税坚持了低税率政策。在营业税征税范围内,除娱乐业采用5%～20%税率外,其他行业税率最高为5%,最低为3%。

(2)按行业设计税目、税率。现行营业税的征税范围主要以服务业为主,税率设计的总体水平一般较低。但由于各种经营业务盈利水平高低不同,为了使各种经营业务能够得到均衡发展,并体现国家的产业政策,在税负设计上,一般实行同一行业同一税率、不同行业不同税率,以体现公平税负、鼓励平等竞争的政策。

(3)计算简便,便于征管。营业税应税项目界限清楚,易于征纳双方掌握和控制,同时,由于营业税一般以营业收入全额作为计税依据,并且实行比例税率,税款由营业收入的收取者在取得营业收入之后缴纳,因此,与流转税的其他税种相比,营业税更便于计算和征收管理。

(4)营业税是价内税。

6.1.2 营业税的征税范围

营业税的征税范围是在我国境内提供应税劳务、转让无形资产或销售不动产的行为。理解征税范围应注意以下几点:

(1)我国境内,是指税收行政管辖权的区域。具体情况为:①提供或接受劳务的单位或个人在境内;②所转让的无形资产(不含土地使用权)的接受单位或个人在境内;③所转让或出租土地使用权的土地在境内;④所销售的不动产在境内。

特殊情况,如单位或个人出租境外的属于不动产的电信网络资源取得的收入,境外单位或个人在境外向境内单位或个人提供的国际通信服务,不属于征收营业税的范围。境内单位或个人在境外提供建筑业、文化体育业(播映除外)劳务,免征营业税。境外单位或个人在境外向境内单位或个人提供的完全发生在境外的劳务,不征收营业税。

(2)应税劳务,是指属于交通运输业、建筑业、金融保险业、邮电通信业、文化体育业、娱乐业、服务业税目征收范围的劳务。加工和修理修配劳务属于增值税的征税范围,因此,不属于营业税的应税劳务。单位或个体营业者聘用的员工为本单位或雇主提供的劳务,也不属于营业税的应税劳务。

(3)提供应税劳务、转让无形资产或者销售不动产,是指有偿提供应税劳务、有偿转让无形资产或者有偿销售不动产的行为。有偿,是指通过提供、转让或销售行为取得货币、货物或其他经济利益。

特殊情况,以无形资产、不动产投资入股,参与接受被投资方的利润分配、共担风险的行为,不征收营业税。单位或个人将不动产或土地使用权无偿赠送给其他单位和个人,单位或个人自建建筑物后销售,其发生的自建行为,均视同销售不动产,要征收营业税。金融机构买卖基金的差价收入属于营业税的征税范围,个人和非金融机构买卖基金的差价收入不属于营业税的征税范围。

(4)混合销售和兼营行为。一项销售行为既涉及营业税应税劳务又涉及增值税应税行为的,为混合销售行为。混合销售行为,按照企业的主营业务应纳税种征收。纳税人兼营营业税应税劳务和增值税应税行为的,应对两项业务分别核算,分别纳税。没有分别核算的,由税务机关核定营业税应税所得额。

6.1.3 营业税的纳税人

1. 基本规定

《营业税暂行条例》规定,在中华人民共和国境内提供应税劳务、转让无形资产或者销售不动产的单位或个人,为营业税的纳税人。

单位,是指企业、行政单位、事业单位、军事单位、社会团体及其他单位。个人,是指个体工商户和其他个人。

2. 特殊规定

(1)单位以承包、承租、挂靠方式经营的,承包人、承租人、挂靠人(以下统称承包人)发生应税行为,承包人以发包人、出租人、被挂靠人(以下统称发包人)名义对外经营并由发包人承担相关法律责任的,以发包人为纳税人;否则,以承包人为纳税人。

(2)中央铁路营运业务的纳税人为铁道部,合资铁路运营业务的纳税人为合资铁路公司,地方铁路营运业务的纳税人为地方铁路管理机构,基建临管线运营业务的纳税人为基建临管线管理机构。

(3)除上述纳税人单位以外,负有营业税纳税义务的单位为发生应税行为并收取货币、货物或者其他经济利益的单位,但不包括单位依法不需要办理税务登记的内设机构。

3.扣缴义务人

境外单位或个人在境内提供应税劳务、转让无形资产或者销售不动产,在境内未设有经营机构的,以其境内代理人为扣缴义务人;在境内没有代理人的,以受让方或购买方为扣缴义务人。

6.1.4 营业税税目和税率

1.营业税税目

我国营业税的税目按照行业、类别的不同分别设置,现行营业税共设置了9个税目。主要内容如下:

(1)交通运输业:航空运输、水路运输、铁路运输、公路运输、管道运输、索道运输、缆车运输、装卸搬运等。

(2)建筑业:建筑、安装、修缮、装饰、其他工程作业。

(3)金融保险业:贷款、融资租赁、金融商品转让、金融经纪业、其他金融业、保险业。

(4)邮电通信业:邮政、电信。

(5)文化体育业:文化业、体育业、培训业务、游览场所门票。

(6)娱乐业:歌舞厅、音乐茶座(包括酒吧)、台球、保龄球、高尔夫球、游艺场所等。

(7)服务业:旅店业、饮食业、旅游业、租赁业、广告业、仓储业、代理业、其他服务业。

(8)转让无形资产:转让土地使用权、商标权、专利权、非专利技术、商誉、著作权。

(9)销售不动产:建筑物、构筑物、土地附着物。

2.营业税税率

营业税按照行业类别的不同分别采用不同的比例税率,具体规定为:

(1)交通运输业、建筑业、邮电通信业、文化体育业,税率为3%。

(2)金融保险业、服务业、转让无形资产和销售不动产,税率为5%。

(3)娱乐业采用5%~20%的幅度税率,具体适用税率由各省、自治区、直辖市人民政府根据当地实际情况,在规定的幅度内决定。

6.2 营业税的计算

6.2.1 营业税计税依据的确定

1. 营业税计税依据的一般规定

营业税的计税依据是营业额,营业额为纳税人提供应税劳务、转让无形资产或者销售不动产向对方收取的全部价款和价外费用。

其中,价外费用包括收取的手续费、补贴、基金、劳资费、返还利润、奖励费、违约金、滞纳金、延期付款利息、赔偿金、代收款项、代垫款项、罚息及其他各种性质的价外收费,但不包括同时符合以下条件代为收取的政府性基金或者行政事业性收费:

(1)由国务院或者财政部批准设立的政府性基金,由国务院或者省级人民政府及其财政、价格主管部门批准设立的行政事业性收费;

(2)收取时开具省级以上财政部门印制的财政票据;

(3)所收款项全额上缴财政。

2. 计税依据的具体规定

(1)纳税人的营业额为纳税人提供应税劳务、转让无形资产或者销售不动产收取的全部价款和价外费用。但是,以下情形除外:

①纳税人将承揽的交通业务分给其他单位或者个人的,以其取得的全部价款和价外费用扣除其支付给其他单位或者个人的运输费用后的余额为营业额;

②纳税人从事旅行业务的,以其取得的全部价款和价外费用扣除替旅游者支付给其他单位或者个人的住宿费、餐费、交通费、旅游景点门票和支付给其他接团旅游企业的旅游费后的余额为营业额;

③纳税人将建筑工程分包给其他单位的,以其取得全部价款和价外费用扣除其支付给其他单位的分包款后的余额为营业额;

④外汇、有价证券、期货等金融商品买卖业务,以卖出价减去买入价后的余额为营业额;

⑤国务院财政、税务主管部门规定的其他情形。

(2)纳税人发生应税行为,如果将价款与折扣在同一张发票上注明,以折扣后的价款为营业额;如果将折扣额另开发票,不论其在财务上如何处理,均不得从营业额中扣除。

(3)提供建筑业劳务的同时销售自产货物的行为以及财政部、国家税务总局规定的其他混合销售行为,应当分别核算应税劳务的营业额和货物的销售额,其应税劳务的营业额缴纳营业税;未分别核算的,由主管税务机关核定其应税劳务的营业额。

(4)除上述第3项外,其他从事货物的生产、批发或者零售的企业、企业性单位和个体工商户的混合销售行为,视为销售货物,不缴纳营业税;其他单位和个人的混合销售行为,视为提供应税劳务,缴纳营业税。

(5)除上述第3项另有规定外,纳税人提供建筑业劳务(不含装饰劳务)的,其营业额应当包括工程所用原材料、设备及其他物资和动力价款在内,但不包括建设方提供设备的价款。

(6)娱乐业的营业额为经营娱乐业收取的全部价款和价外费用,包括门票收费、台位费、点歌费、烟酒、饮料、茶水、鲜花、小吃等收费及经营娱乐业的其他各项收费。

(7)对于纳税人提供劳务、转让无形资产或销售不动产价格明显偏低而无正当理由的,税务机关按下列顺序核定其营业额:

①按纳税人当月提供的同类应税劳务或者销售的同类不动产的平均价格核定。

②按纳税人最近时期提供的同类应税劳务或者销售的同类不动产的平均价格核定。

③按组成计税价格确定营业额。

组成计税价格=计税营业成本或工程成本×(1+成本利润率)÷(1−营业税税率)

6.2.2 营业税应纳税额的计算

营业税应纳税额的计算比较简单。纳税人提供应税劳务、转让无形资产或者销售不动产,应按照营业额和规定的适用税率计算应纳税额。计算公式为:

应纳税额=应税营业额×适用税率

【例6-1】某运输公司某月营运售票收入总额为700万元,从中支付联运业务的金额为200万元。计算该运输公司应缴纳的营业税税额。

应纳税额=(售票收入总额−联运业务支出)×适用税率
　　　　=(700−200)×3%
　　　　=15(万元)

【例 6-2】某卡拉 OK 歌舞厅某月门票收入为 80 万元,台位费收入为 10 万元,相关的烟酒和饮料费收入为 30 万元,适用的税率为 10%。计算该歌舞厅应缴纳的营业税税额。

$$应纳税额 = 营业额 \times 适用税率$$
$$= (80+10+30) \times 10\%$$
$$= 12(万元)$$

6.2.3 营业税的征收管理

1. 营业税的纳税义务发生时间

营业税的纳税义务发生时间为纳税人提供应税劳务、转让无形资产或者销售不动产并收讫营业收入款项或者取得索取营业收入款项凭据的当天。国务院财政、税务主管部门另有规定的,从其规定。

营业税的扣缴义务发生时间为纳税人营业税纳税义务发生的当天。

2. 营业税的纳税地点

(1)纳税人提供应税劳务,应当向其机构所在地或者居住地的主管税务机关申报纳税。但是,纳税人提供的建筑劳务以及国务院财政、税务主管部门规定的其他应税劳务,应当向应税劳务发生地的主管税务机关申报纳税。

(2)纳税人转让无形资产,应当向其机构所在地或者居住地的主管税务机关申报纳税。但是,纳税人转让、出租土地使用权,应当向土地所在地的主管税务机关申报纳税。

(3)纳税人销售、出租不动产,应当向不动产所在地的主管税务机关申报纳税。

扣缴义务人应当向其机构所在地或者居住地的主管税务机关申报缴纳其扣缴的税款。

3. 营业税的纳税期限

营业税的纳税期限分别为 5 日、10 日、15 日、1 个月或者 1 个季度。纳税人的具体纳税期限,由主管税务机关根据纳税人应纳税额的大小分别核定;不能按照固定期限纳税的,可以依次纳税。

纳税人以 1 个月或 1 个季度为一个纳税期的,自期满之日起 15 日内申报纳税;以 5 日、10 日或者 15 日为一个纳税期的,自期满之日起 5 日内预缴税款,于次月 1 日起 15 日内申报纳税并结清上月应纳税款。

银行、财务公司、信托投资公司、信用社、外国企业常驻代表机构的纳税期限为1个季度。

4.营业税纳税申报表的编制

纳税人不论当期有无营业额,均应按期填写《营业税纳税申请表》,并于次月1日起至15日内向主管纳税机关进行纳税申报。见第13章《营业税纳税申请表》。

6.3 营业税的会计核算

营业税的会计核算包括会计科目的设置以及各行业营业税的会计处理等内容。

6.3.1 营业税会计核算的账户设置

企业缴纳的营业税,应通过"应交税费——应交营业税"账户进行核算。该账户借方登记企业实际缴纳的营业税,贷方登记按规定应交而未交的营业税。如果期末余额在贷方,表示尚未缴纳的营业税;如果期末余额在借方,反映多交的营业税。

企业在进行营业税会计核算时,还应设置"营业税金及附加"账户。该账户用于核算企业经营活动(包括主营业务活动和其他业务)发生的营业税、消费税、城建税、资源税和教育费附加等流转环节的税金。该账户借方反映企业按规定计算确定的与经营活动有关的流转环节价内税费,贷方发生额反映期末转入"本年利润"账户的税费,结转后,该账户余额为零。

6.3.2 营业税具体业务的会计核算

1.营业税一般业务的会计核算

(1)交通运输业缴纳营业税的核算

交通运输业,是指使用运输工具或人力、畜力将货物或旅客送达目的地,使其空间位置得到转移的业务活动。交通运输业的营业税税率为3%,其应纳税额的计算公式为:

$$应纳营业税额 = 交通运输营业额 \times 3\%$$

交通运输业营业税的计税营业额,是纳税人提供陆路运输、水路运输、航空运输、管道运输、装卸搬运劳务而取得的全部营业收入,即全部价款和价外费用。交通运输业计税营业额的确定应注意以下几点：

①运输业的营业额中应包括保险费收入和随同票价、货运价向客户收取的各种建设基金。

②运输企业自我国境内运送旅客或货物出境，在境外改由其他运输企业承运的，以全程运费减去付给该承运企业的运费后的余额为营业额。

③从事联运业务的运输企业，其营业额应为实际取得的营业额。

④运输企业在境外运送货物或旅客入境，不属于在境内提供应税劳务，不征收营业税。

【例6-3】宏运运输公司当年3月国内运输业务取得货运收入与装卸费收入300 000元，另有一批货物从我国运往缅甸，全程运费为280 000元，出境后改由该国某运输公司承运抵达目的地，宏远运输公司支付给该运输公司运费折合人民币80 000元。

应纳营业税额=[300 000+(280 000-80 000)]×3%=15 000(元)

宏远运输公司当月营业税的会计处理如下：

借：营业税金及附加　　　　　　　　　　　　　15 000
　　贷：应交税费——应交营业税　　　　　　　　　　15 000

（2）建筑业缴纳营业税的核算

建筑业是指建筑安装工程的作业。建筑业的营业税税率为3%，其应纳税额的计算公式为：

应纳营业税额=建筑业计税营业额×3%

建筑业营业税的计税营业额为承包建筑、修缮、安装、装饰和其他工程作业取得的营业收入额，即建筑安装企业向建筑单位收取的工程价款（即工程造价）及工程价款之外收取的各种费用。如果纳税人从事安装工程作业，所安装的设备价值作为安装工程产值的，其设备价款也应并入营业税计税。但是，建筑业的总承包人将工程分包或转包给他人的，则应以全部价款减去付给分包人或转包人的价款后的余额作为营业额。

【例6-4】某建筑公司承包一项建筑安装工程，主体工程由本公司自行完成，附属工程转包给另一公司完成。公司全部竣工后，取得工程造价总收入为4 750 000元，应付给分包商转包费750 000元。

建筑安装公司应纳营业税额=(4 750 000-750 000)×3%=120 000(元)
建筑安装公司为分包商代扣代缴的营业税额=750 000×3%=22 500(元)

建筑安装公司的会计处理如下：

借：营业税金及附加　　　　　　　　　　　　　　120 000
　　贷：应交税费——应交营业税　　　　　　　　　　　　120 000

公司作为承包人代扣营业税的会计处理如下：

借：应付账款　　　　　　　　　　　　　　　　　22 500
　　贷：应交税费——应交营业税　　　　　　　　　　　　22 500

缴纳本月自己应承担的营业税和代缴营业税的会计处理如下：

借：应交税费——应交营业税　　　　　　　　　　142 500
　　贷：银行存款　　　　　　　　　　　　　　　　　　142 500

(3) 金融保险业缴纳营业税的核算

金融保险业的营业税税率为5%，其应纳税额的计算公式为：

应纳营业税额＝营业额×5%

① 贷款业务

金融业的贷款业务包括自有资金贷款业务、外汇转贷业务、受托发放贷款业务等。

A. 自有资金贷款业务

自有资金贷款是指将自有资本金或吸收的单位、个人的存款贷给他人使用。典当业的抵押贷款业务，无论其资金来源如何，均按自有资金贷款征税。人民银行的贷款业务不征收营业税。

自有资金贷款业务的营业额为贷款利息收入（包括按基准利率计算的利息及加息），即按应税应收利息的全额计税。应收已收利息自收讫之日起计征，对应收未收利息的纳税义务发生时间确认需视不同情况而定。纳税人发放贷款后，其贷款利息自结息日起，逾期未满90天（含90天）的应收未收利息，应以取得利息收入权利的当天为其纳税义务发生时间；原有的应收未收贷款利息逾期90天（不含90天）以上的，该笔贷款新发生的应收未收利息，无论该贷款本金是否逾期，其纳税义务发生时间均为实际收到利息的当天；已缴纳营业税的应收未收利息，若在90天（不含90天）以后仍未收回的，可从以后的营业额中减除。

【例6-5】某银行分理处2012年第二季度结息时，本季度贷款利息收入资料如下：

前期已交营业税的应收未收利息65 000元，90天后仍未收回；本期按时收到的贷款利息收入为280 000元；逾期未满90天（含）的应收未收利息为220 000元；逾期90天以上的应收未收利息为130 000元；本期实际收到逾期

90 天以上的贷款利息为 88 000 元。

  贷款业务应税利息收入额＝280 000＋220 000＋88 000－65 000＝523 000(元)
  利息收入应交营业税＝523 000×5‰＝26 150(元)

本期贷款业务应交营业税的会计处理如下：
借：营业税金及附加   26 150
  贷：应交税费——应交营业税   26 150

B.外汇转贷业务

外汇转贷业务是指将直接从境外借来的外汇资金借给境内的单位或个人使用。包括金融企业直接向境外借入外汇资金，然后再贷给国内企业或单位和个人使用，以及各银行总行向境外借入外汇资金后，通过下属分支机构贷给境内单位或个人使用两类。

外汇转贷业务的特殊规定如下：中国银行系统从事的外汇转贷业务，如上级行借入外汇资金后转给下级行带给国内客户，下级行以其向借贷方收取的全部利息收入金额为营业额(利息及加息)；借入外汇的上级行以贷款利息收入和其他应纳营业税的收入减去支付给境外的借款利息后的余额为营业额；其他银行从事的外汇转贷业务，如上级行借入外汇资金后转给下级行带给国内客户，在下级行以其向借款方收取的全部利息收入减去上级行核定的借款利息支出额后的金额为营业额计算纳税，上级行核定的借款利息支出额与实际金额不符的，由上级行从其应纳营业税中抵补。

【例 6-6】工商银行某分理处 2012 年第二季度发生外汇转贷收入 550 000元，转贷款利息支出 150 000 元。

  转贷款业务应纳税营业额＝(550 000－150 000)×5‰＝20 000(元)

会计处理如下：
借：营业税金及附加   20 000
  贷：应交税费——应交营业税   20 000

②融资租赁业务

融资租赁是指具有融资性质和所有权转移特点的设备租赁业务。即：出租人根据承租人所要求的规格、型号、性能等条件购入设备租赁给承租人，合同期内设备所有权属于出租人，承租人只拥有使用权，合同期满付清租金后，承租人有权按设备残值购入设备，以拥有设备的所有权。凡融资租赁，无论出租人是否将设备残值销售给承租人，均按融资租赁业务征税。

金融机构开展融资租赁业务时，以其向承租人收取的全部价款和价外费用（含残值）减去出租人承担的出租货物的实际成本后的金额，以直线法计算出本期营业额。计算如下：

本期营业额＝（应收取的全部价款和价外费用－实际成本）×本期天数÷总天数
实际成本＝货物购入原价＋关税＋增值税＋消费税＋运杂费＋安装费＋保险费＋支付给境外的外汇借款利息支出

纳税人从收到融资租赁款项或取得相关款项凭据之日起承担纳税义务，其会计处理为借记"营业税金及附加"账户，贷记"应交税费——应交营业税"账户。

【例 6-7】 某商业银行开办融资租赁业务（经人民银行批准），租期 5 年，租赁费收入 140 万元，购买租赁资产价款 100 万元，支付增值税 17 万元，支付运输及保险费 3 万元。

每季度末，计提营业税时：

应纳营业税＝（140－100－17－3）×3÷60×5％＝0.05（万元）

会计分录如下：

借：营业税金及附加　　　　　　　　　　　　　500
　　贷：应交税费——应交营业税　　　　　　　　　　　500

③金融商品转让业务

金融商品转让是指转让外汇、有价证券或非货物期货的所有权的行为。非货物期货是指除商品期货、贵金属期货以外的期货，如外汇期货等。非金融机构和个人购买外汇、有价证券或期货，不征收营业税。金融机构的金融商品转让业务征收营业税，从金融商品所有权转让之日起承担纳税义务。

金融商品转让，以卖出价减去买入价后的差额为营业额。卖出价不得扣除任何费用，买入价不含各种费用和税金，并扣除持有期间的利息和股利收入。金融商品转让业务，按股票、债券、外汇、其他四大类来划分。同一大类的不同品种金融商品买卖的正负差，在一个纳税期内可以相抵；相抵后仍出现负差的，可以结转下一个纳税期相抵；但年末时仍出现负差的，不得转入下一个会计年度。不属同一类的金融商品的正负差不得相抵。

【例 6-8】 某银行当年第二季度买卖企业债券出现负差 60 万元；第三季度购买企业债券共支付 560 万元，其中包括各种税费 0.7 万元；第三季度转让各种债券取得收入 700 万元，在转让企业债券过程中，支付各种税费 1.1 万元。

第三季度转让价差＝700－（560－0.7）＝140.7（万元）
第三季度营业税计税营业额＝140.7－60＝80.7（万元）

第三季度应纳营业税额＝80.7×5％＝4.035(万元)

第二季度计提营业税时,应编制会计分录如下:
借:营业税金及附加　　　　　　　　　　　　　　40 350
　　贷:应交税费——应交营业税　　　　　　　　　　　40 350

④保险业务

保险业务是指将通过契约形式集中起来的资金用于补偿被保险人的经济利益的业务。保险业务的纳税义务发生时间为取得保险收入或取得索取保费收入价款凭据的当天。

保险业务的营业额确定原则主要有:

A.办理初保业务,其营业额为保险公司向被保险人收取的全部价款,即向被保险人收取的全部保险费。

B.储金业务,如采取收取储金方式取得经济利益的(即以被保险人所交保险资金的利息收入作为保费收入,保险期满后将保险资金本金返还给被保险人),其储金业务的营业额,为保险公司在纳税期内的储金平均余额乘以中国人民银行公布的1年期存款的月利率。储金平均余额为纳税期期初储金余额与期末余额之和乘以50％。

C.保险企业已征收过营业税的应收未收保费,凡在财务会计制度规定的核算期限内未收回的,允许从营业额中减除。在会计核算期限以后收回的已冲减的应收未收保费,再并入当期营业额中。

D.保险企业开展无赔偿奖励业务的,以向投保人实际收取的保费为营业额。

E.我国境内保险人将其承保的以境内标的物为保险标的的保险业务向境外再保险人办理分保的,以全部保费收入减去分保保费后的余额为营业额。

境外再保险人应就其分保收入承担营业税纳税义务,并由境内保险人扣缴境外再保险人应缴纳的营业税税款。

【例6-9】某保险公司当月业务收入情况如下:保费收入账户记载的保费收入共计3 000万元,其中储金业务收入50万元。该公司月初储金余额为7 000万元,月末储金余额为9 000万元(中国人民银行公布的1年期存款利率为3％)。另外,该公司因发生无赔款奖励支出,红字冲销保费收入50万元(上述3 000万元的保费收入为红字冲销后的收入净额)。

　　　　纳税期储金平均余额＝(期初储金余额＋期末储金余额)×50％
　　　　　　　　　　　　＝(7 000＋9 000)×50％
　　　　　　　　　　　　＝8 000(万元)

储金业务的营业额=8 000×3%÷12=20(万元)

储金业务应纳营业税=20×5%=1(万元)

当月应纳营业税=(3 000−50+50)×5%+1=151(万元)

会计处理如下:

借:营业税金及附加　　　　　　　　　　　　　　　151

　　贷:应交税费——应交营业税　　　　　　　　　　　　151

(4)邮电通信业缴纳营业税的核算

邮电通信业的营业税税率为3%,其应纳税额的计算公式为:

应纳营业税额=邮电通信业营业额×3%

邮电通信业的营业额是邮电通信业的纳税人在提供邮电通信劳务时向对方收取的全部价款以及价外费用,如手续费、服务费、基金等。

按取得收入的方式,邮电通信业的营业额有两种形式:一是以取得收入的全额确定为营业税,如传递函件或包件、邮汇等业务的营业额;二是以实际取得的收入额,亦即差额或收益额确定为营业额,如报刊发行、邮政储蓄等业务的营业额。

【例6-10】某邮政局当年3月发生以下经济业务:传递函件、包件取得收入17万元,报刊发行收入18万元,邮务物品销售和其他邮政业务收入10万元,发生工资等支出6万元。邮政储蓄业务实现贷款利息收入20万元,支付利息支出10万元。

3月应纳营业税额=(16+19+10+20)×3%=1.95(万元)

该邮政局3月营业税的会计处理如下:

借:营业税金及附加　　　　　　　　　　　　　　19 500

　　贷:应交税费——应交营业税　　　　　　　　　　　19 500

电信业务的营业额是指提供电报、电话、电传、电话机安装、电信物品销售、其他电信业务的收入。

【例6-11】某电信局当年8月取得话费收入40万元,出售移动电话收入20万元,电话机安装收入15万元,代办电信工程收入40万元,发生相关成本费用30万元。

8月应纳营业税额=(40+20+15+40)×3%=3.45(万元)

该电信局8月营业税的会计处理如下:

借:营业税金及附加　　　　　　　　　　　　　　34 500

　　贷:应交税费——应交营业税　　　　　　　　　　　34 500

(5)文化体育业缴纳营业税的核算

文化体育业的营业税税率为3%,其应纳税额的计算公式为:

$$应纳营业税额=文化体育业营业额\times 3\%$$

文化体育业的营业额是指纳税人经营文化业、体育业取得的全部收入,其中包括演出收入、播映收入、其他文化收入、经营游乐场所收入和体育收入。同时存在一些特殊情况:

①单位或个人进行演出,以全部票价收入或者包场收入减去付给提供演出场所的单位、演出公司或者经纪人的费用后的余额为营业额。

②经营游览场所的营业额为取得的门票收入。

③广告的播映、文化体育场所的出租按服务业征税。

【例6-12】某歌舞团经与某演出公司(具有文化经纪人资格)联系,在某剧院连续演出,共取得门票收入50万元。根据协议规定,付给该演出公司中介费15万元,付给剧院场租费17万元。

$$歌舞团应纳营业税额=(50-15-17)\times 3\%=0.54(万元)$$

该歌舞团营业税的会计处理如下:

借:营业税金及附加　　　　　　　　　　　　　　5 400
　　贷:应交税费——应交营业税　　　　　　　　　　　　　5 400

(6)服务业缴纳营业税的核算

服务业是指利用设备、工具、场所、信息或技能为社会提供服务的业务,包括代理业、旅店业、饮食业、旅游业、仓储业、租赁业、广告业、其他服务业。服务业的营业税税率为5%,其应纳税额的计算公式为:

$$应纳营业税额=服务业营业额\times 5\%$$

服务业的营业额,是指纳税人提供代理业、旅店业、饮食业、旅游业、仓储业、租赁业、广告业、其他服务业的应税劳务向对方收取的全部价款和价外费用。

①代理业的营业税会计核算

代理业是指委托人办理受托事项的业务,包括:

A.代购代销货物,是指受托购买货物或销售货物,按实购或实销额进行结算并收取手续费的业务。

B.代办进出口,是指受托办理商品或劳务进出口的业务。

C.介绍服务,是指中介人介绍双方商谈交易或其他事项的业务。

D.其他代理业务,是指受托办理上列事项以外的其他事项的业务。

代理业营业税的计税营业额为纳税人从事代理业务向委托方实际收取的报酬。允许其扣除应由委托方承担,而由纳税人代收代付费用后并开具发票等合法有效凭证的费用项目后的余额作为实际收取的报酬计算征收营业税。

【例6-13】某远洋运输企业主营远洋运输、货物装卸搬运、仓储保管,兼营船舶修理、租赁、货运代理等业务,当年2月取得货运代理收入70万元,验箱代理费、提箱代理费10万元。以上收入款项中已收取46万元,其余款项尚未收到。

应纳营业税额=(70+10)×5%=4(万元)

收到部分款项时,会计处理如下:

借:银行存款　　　　　　　　　　　　　　　　460 000
　　应收账款　　　　　　　　　　　　　　　　340 000
　贷:其他业务收入　　　　　　　　　　　　　　　　　800 000

计提营业税时,会计分录为:

借:营业税金及附加　　　　　　　　　　　　　40 000
　贷:应交税费——应交营业税　　　　　　　　　　　40 000

②旅店业的营业税会计核算

旅店业是指提供住宿服务的业务,如旅店、饭店(不包括单一从事餐饮服务的企业)、宾馆、招待所等。

旅店业营业税的计税营业额是纳税人提供旅店业应税业务向对方收取的全部价款和价外费用。

【例6-14】某旅馆当年4月取得客房收入40万元,发生相关成本费用10万元。

客房收入应纳营业税额=40×5%=2(万元)

会计分录为:

借:营业税金及附加　　　　　　　　　　　　　20 000
　贷:应交税费——应交营业税　　　　　　　　　　　20 000

③餐饮业的营业税会计核算

餐饮业营业税的计税营业额是指纳税人提供饮食服务向对方收取的全部价款和价外费用,包括同时提供烟酒、饮料、副食品和其他货物所收取的价款。

【例6-15】某餐馆9月取得餐饮收入25万元,烟酒饮料销售收入15万元;发生相关成本费用7万元。

应纳营业税额=(25+15)×5%=2(万元)

会计分录为:

```
借:营业税金及附加                                    20 000
    贷:应交税费——应交营业税                              20 000
```

④旅游业的营业税会计核算

旅游业是为旅游者安排食宿、交通工具和提供导游等旅游服务的业务。旅游业的计税营业额为向旅游者收取的旅游费减去代旅游者支付的房费、餐费、交通费、门票和其他代付费用后的金额。旅游业纳税人组织旅游者在境内或出境旅游,由其他旅游单位或个人接团的,以全程旅游费减去付给该接团单位或个人的旅游费后的余额为营业额。

【例6-16】某旅行社2012年8月组团境内旅游,收取旅游费用20万元,替旅游者支付给其他单位餐费、住宿费、交通费、门票共计8万元;组团境外旅游,收取旅游费用18万元,其中支付给境外接团企业费用10万元。

本月应纳营业税额=[(20-8)+(18-10)]×5%=1(万元)

会计分录为:
```
借:营业税金及附加                                    10 000
    贷:应交税费——应交营业税                              10 000
```

⑤租赁业的营业税会计核算

租赁业是指在约定的时间内将场地、房屋、物品、设备或设施等转让他人使用的业务。

租赁业的营业税以租赁收入总额作为计税营业额,不得扣除任何费用。经人民银行批准的机构从事融资租赁业务,不按"租赁业"征税。其他企业从事的任何租赁业务一律按照"租赁业"纳税。

【例6-17】某远洋运输企业主营远洋运输、货物装卸搬运、仓储保管,监管船舶修理、租赁、货运代理等业务,当年1月1日至12月31日将一船舶出租给某公司使用1年,不配备操作人员,也不承担运输过程中发生的各种费用,共收取租金240万元,分次于每月1日收取。

每月应纳营业税额=240÷12×5%=1(万元)

当年每月确认收入时,应编制会计分录如下:
```
借:银行存款                                         200 000
    贷:其他业务收入                                      200 000
```
每月计提营业税时,会计分录如下:
```
借:营业税金及附加                                    10 000
    贷:应交税费——应交营业税                              10 000
```

⑥广告业的营业税会计核算

广告业是指利用图书、报纸、杂志、广播、电视、路牌、电影、招贴、橱窗、霓虹灯、灯箱等形式为介绍商品、经营服务项目、文体节目或通告、声明等事项所做的宣传和提供劳务服务的业务。

广告业以广告业务收入作为计税营业额征税。广告业务收入是指广告的设计、制作、刊登、播映、广告性赞助收入等。广告公司自营广告业务取得的收入,按全额征税;代理广告业务取得的收入,可以将委托方收取的全部价款和价外费用减去支付给其他广告公司或广告发布者(包括媒体、载体)的广告发布费后的余额作为营业额。

【例6-18】某广告经营公司某月取得自营广告收入28万元,收取广告赞助费30万元,支付给其他单位广告制作费6万元。办理代理业务收入10万元,其中支付给广告发布者发布费5万元。

该公司当月应纳营业税额=(28+30+10−5)×5%=3.15(万元)

营业税的会计处理如下:

借:营业税金及附加　　　　　　　　　　　　　　3 150
　　贷:应交税费——应交营业税　　　　　　　　　　　　3 150

(7)娱乐业缴纳营业税的核算

娱乐业是指为娱乐活动提供场所和服务的业务,包括经营歌厅、舞厅、卡拉OK、歌舞团、音乐茶座、台球、高尔夫球、保龄球场、游艺场等娱乐场所,以及娱乐场所为顾客进行娱乐活动提供服务的业务。

娱乐业营业税的计税营业额为经营娱乐业向顾客收取的各项费用,包括门票收费、台位费、点歌费、烟酒和饮料收费及经营娱乐业的其他各项收费。

娱乐业执行5%～20%的幅度税率,具体适用税率由各省、自治区、直辖市人民政府根据当地实际情况,在税法规定的幅度内决定。

【例6-19】某保龄球馆当年3月发生以下业务:保龄球门票收入70万元,销售饮料取得收入20 000元,销售香烟取得收入1 000元;支付工作人员工资3万元,场租费20万元,设备维修费5 000元,其他费用3 000元。当地的保龄球项目依照5%的税率征收营业税。

当月应纳营业税额=(700 000+20 000+8 000)×5%=36 400

计提本月营业税时,会计处理如下:

借:营业税金及附加　　　　　　　　　　　　　　36 400
　　贷:应交税费——应交营业税　　　　　　　　　　　　36 400

(8)转让无形资产缴纳营业税的核算

转让无形资产是指转让无形资产的所有权或使用权的行为,包括转让土地使用权、转让商标权、转让专利权、转让非专利技术、出租电影拷贝、转让著作权和转让商誉。

自2003年1月1日起,以无形资产投资入股,参与接受投资方利润分配、共同承担投资风险的行为,不征收营业税。

纳税人转让无形资产,以向对方收取的全部价款和价外费用为计税营业额。但是,单位和个人转让其受让的土地使用权,以全部收入减去土地使用权受让原价后的余额为营业额征收营业税;单位和个人转让其抵债所得的土地使用权,以全部收入减去抵债时该土地使用权作价后的余额为营业额征收营业税。

【例6-20】某公司10月将一项专利权对外出租,每年获得租金收入180 000元。该专利权原值为240 000元,出租前累计摊销了120 000元,出租时剩余摊销年限为5年。

该业务本月应纳营业税额=180 000×5%÷12=750(元)

每月收取租金时,会计分录为:

借:银行存款	15 000
贷:其他业务收入	15 000

每月摊销无形资产成本时:

借:其他业务成本	2 000
贷:累计摊销——专利权	2 000

每月计提应交的营业税时:

借:营业税金及附加	750
贷:应交税费——应交营业税	750

【例6-21】某公司本月将某一土地使用权以120万元转让,该土地使用权原本是因为该公司拥有H企业110万元债权,后因H企业破产获得抵债受让的国有土地使用权,抵债时作价60万元。转让款项已收讫。

该项业务应纳营业税额=(120-60)×5%=3(万元)

会计处理如下:

借:银行存款	1 200 000
贷:无形资产	600 000
应交税费——应交营业税	30 000
营业外收入——处置非流动资产利得	570 000

(9)销售不动产缴纳营业税的核算

销售不动产是指有偿转让不动产所有权的行为,包括销售建筑物或构筑物和销售其他土地附着物。在销售不动产时,连同不动产所占土地的使用权一并转让的行为,比照销售不动产征收营业税。

自2003年1月1日起,以不动产投资入股,参与接受投资方利润分配、共同承担投资风险的行为,不征收营业税。投资后转让其股权的,也不征收营业税。

单位将不动产无偿赠送他人,视同销售不动产,征收营业税;对个人无偿赠送不动产的行为,不征收营业税。

纳税人自建住房销售给本单位职工,属于销售不动产行为,应照章征收营业税。

纳税人销售其自行开发的不动产,以向对方收取的全部价款和价外费用为销售额。纳税人销售其购置的不动产,以全部收入减去不动产购置原价后的余额为营业额。纳税人销售抵债所得的不动产,以全部收入减去抵债时该项不动产作价后的余额为营业额。

【例6-22】某公司将一栋闲置的办公用房转让,取得转让收入1 000万元,原购置成本800万元,已经计提累计折旧200万元,发生清理费用5 000元。

转让办公用房应缴纳营业税额=(1 000-800)×5%=10(万元)

将固定资产转入固定资产清理,会计分录为:
借:固定资产清理　　　　　　　　　　　　　　　　6 000 000
　　累计折旧　　　　　　　　　　　　　　　　　　2 000 000
　　贷:固定资产　　　　　　　　　　　　　　　　　　　　　8 000 000
发生清理费用时:
借:固定资产清理　　　　　　　　　　　　　　　　5 000
　　贷:银行存款　　　　　　　　　　　　　　　　　　　　　5 000
获得出售收入时:
借:银行存款　　　　　　　　　　　　　　　　　　10 000 000
　　贷:固定资产清理　　　　　　　　　　　　　　　　　　10 000 000
计提应缴纳的营业税时:
借:固定资产清理　　　　　　　　　　　　　　　　100 000
　　贷:应交税费——应交营业税　　　　　　　　　　　　　100 000
清理完毕结转收益时:
借:固定资产清理　　　　　　　　　　　　　　　　3 895 000
　　贷:营业外收入　　　　　　　　　　　　　　　　　　　3 895 000

【例6-23】宏大房地产开发公司委托达华建筑公司建设一商品房,支付工程价款100万元。商品房建成后出售,取得销售收入800万元。

应纳营业税额=800×5%=40(万元)

会计处理如下:

借:营业税金及附加　　　　　　　　　　　　　　400 000
　　贷:应交税费——应交营业税　　　　　　　　　　　　400 000

【例6-24】宏远房地产开发公司本月销售自建商品房100 000平方米,将2 000平方米自建商品房无偿赠送给某单位,将6 000平方米自建商品房向达华公司投资。工程成本970元/平方米,售价3 600元/平方米。当地税务部门确定成本利润率为10%。

本月应纳营业税额计算如下:

(100 000+2 000)×3 600×5%=1 836(万元)

(100 000+2 000)×[970×(1+10%)÷(1−3%)]×3%=336.6(万元)

会计处理如下:

借:营业税金及附加　　　　　　　　　　　　　21 726 000
　　贷:应交税费——应交营业税　　　　　　　　　　　21 726 000

2. 几种特殊业务缴纳营业税的核算

(1)兼营不同税目业务营业税的核算

按照规定,纳税人兼有不同税目的应当缴纳营业税的劳务、转让无形资产或者销售不动产,应当分别核算不同税目的营业额、转让额、销售额(以下统称营业额);未分别核算营业额的,从高适用税率。

【例6-25】某饭店本月营业收入情况如下:客房营业收入20万元;饭店下属餐厅营业收入76万元;饭店下属卡拉OK歌舞厅收入50万元,其中门票收入28万元,点歌费8万元,食品饮料柜台收入14万元(当地政府规定娱乐业营业税税率为10%)。

客房、餐厅营业收入属于"服务业"税目,应按5%税率征税。其应纳税额为:

应纳税额=(20+76)×5%=96×5%=4.8(万元)

饭店下属卡拉OK歌舞厅营业收入属于"娱乐业"税目。按照规定,经营娱乐业的营业额为经营娱乐业向顾客收取的各种费用,包括门票收费、点歌费、台位费、烟酒和饮料费以及经营娱乐业的其他各项收费。其应纳税额为:

应纳税额＝50×10％＝5(万元)

会计分录为：
借：营业税金及附加　　　　　　　　　　　　　　　　98 000
　　贷：应交税费——应交营业税　　　　　　　　　　　　　98 000
假定该饭店未分开核算，则：

应纳营业税额＝(20＋76＋50)×10％＝14.6(万元)

(2)混合销售行为缴纳营业税的核算

一项销售行为如果既涉及应税劳务又涉及货物，为混合销售行为。从事货物的生产、批发或者零售的企业、企业型单位和个体工商户的混合销售行为，视为销售货物，不缴纳营业税；其他单位和个人的混合销售行为，视为提供应税劳务，缴纳营业税。

特殊情况：纳税人提供建筑业劳务的同时销售自产货物的行为，应当分别核算应税劳务的营业额和货物的销售额，其应税劳务的营业额缴纳营业税，货物销售额不缴纳营业税；未分别核算的，由主管税务机关核定其应税劳务的营业额。

【例6-26】某建筑安装企业既提供安装业务，又销售自产建筑装修材料。本月实现营业收入900万元，其中，销售建筑材料收入(不含税)400万元，建筑安装劳务收入500万元。

应缴纳的营业税额＝500×3％＝15(万元)
应计提销项税额＝400×17％＝68(万元)

计提营业税的会计分录为：
借：营业税金及附加　　　　　　　　　　　　　　　　150 000
　　贷：应交税费——应交营业税　　　　　　　　　　　　150 000

如果企业未分别核算材料销售收入和建筑安装劳务，则应由税务机关核定建筑安装劳务的应税收入，缴纳营业税。

(3)兼营非应税项目缴纳营业税的核算

纳税人兼营应税行为和货物或者非应税劳务的，应当分别核算应税行为的营业额和货物或者非应税劳务的销售额，其应税行为营业额缴纳营业税，货物或者非应税劳务销售额不缴纳营业税；未分别核算的，由主管税务机关核定其应税行为营业额。

【例6-27】某超市为增值税一般纳税人，本月共实现销售收入90万元(含税)；同时又经营风味小吃，实现营业收入20万元。

当期增值税销项税额＝90÷(1＋17％)×17％＝13.08(万元)

当期应纳营业税额＝20×5％＝1(万元)

计提营业税的会计分录为：

借：营业税金及附加　　　　　　　　　　　　　　10 000

　　贷：应交税费——应交营业税　　　　　　　　　　　　10 000

练习题

1.某旅游公司组织100人去桂林旅游，每人收取旅游费1 500元，旅游中由公司支付每人住宿费300元，交通费700元，餐费200元，门票等费用150元。计算该旅游公司应纳的营业税，并编制会计分录。

2.某建筑装饰材料商店(一般纳税人)兼营家庭装修，并实行分别核算。3月份，该店销售建筑装饰材料，含税收入702 000元，提供家庭装修劳务收入210 000元。计算该商店应交的营业税，并编制相关会计分录。

3.某公司对外转让一项专利权的所有权，取得转让收入100万元，该项专利权账面价值为60万元。该公司适用的营业税税率为5％，城建税、教育费附加分别为7％、3％，已按规定缴纳了税费。计算应交的税金，并编制会计分录。

4.某房地产开发公司本月实现销售商品房收入280万元，预售商品房定金收入40万元。计算应纳的营业税，并编制会计分录。

第7章 关税会计

> **学习目标**
> 1. 了解关税的纳税人、征税对象、税则、税率等基本内容。
> 2. 理解并掌握进出口关税完税价格的确定及应纳税额的计算。
> 3. 掌握关税的会计处理方法。

7.1 关税税制概述

7.1.1 关税的概念与特征

1.关税的概念

关税是海关依法对进出境货物、物品征收的一种流转税。所谓"境"是指关境,是国家《海关法》全面实施的领域。在通常情况下,关境和国境是一致的,但当某一国家在国境内设立自由港、自由贸易区等,这些区域就进出口关税而言处于关境之外,此时关境小于国境(如中国);当几个国家结成关税同盟,组成一个共同关境,实施统一关税法和对外税则,这些国家彼此之间货物进出国境不征收关税,只对来自或运往其他国家的货物进出共同关境时征税,此时关境大于国境(如欧盟)。

2.关税的特征

(1)征税对象是进出国境或关境的货物和物品

关税不同于因商品交换或提供劳务取得收入而课征的流转税,也不同于因取得所得或拥有财产而课征的所得税或财产税,而是对特定货物和物品途经海关通道进出口征收。

(2)纳税上的统一性和一次性

按照全国统一的进出口关税条例和税则征收关税,在征收一次性关税后,货物就可以在整个境内流通,不再另行征收,这是它与其他流转税不同的地方。

(3)实行复式税则

关税税则是关税课税范围及其税率的法则。复式税则又称多栏税则,是指一个税目有两个以上税率,对不同国家进口的商品,适用不同的税率。各国复式税则不同,有二、三、四、五栏不等,设有普通税率、最惠国税率、协定税率、特惠税率等,一般是普通税率最高,特惠税率最低。目前,除个别国家外,各国关税普遍实行复式税则。

(4)关税具有涉外性

关税是一个国家的重要税种,国家征收关税不仅为了满足财政上的需要,更重要的是利用关税来贯彻执行统一的对外经济政策,实现国家的政治经济目的。关税这种涉外性通过制定高低不同的税率、关税减免及征收反倾销税、反补贴税等特种关税来实现。

(5)关税由海关代表国家征收

《中华人民共和国海关法》规定:"中华人民共和国海关是国家进出关境的监督管理机关,海关依照本法和其他有关法律、法规监督进出境的运输工具、货物、行李物品,征收关税和其他税费,查缉走私,并编制海关统计和其他海关业务。"

7.1.2 关税的征税对象

关税的征税对象是准许进出境的货物或物品。

1. 货物

货物是指贸易性商品。

2. 物品

物品是指入境旅客随身携带的行李物品、个人邮寄物品、各种运输工具上的服务人员携带进口的自用物品、馈赠物品以及其他方式进境的个人物品。

7.1.3 关税的纳税人

1. 货物的纳税人

货物的纳税人是指进口货物的收货人、出口货物的发货人。进出口货物的收、发货人是依法取得对外贸易经营权,并进口或者出口货物的法人或者其他社会团体。如外贸进出口公司、工贸或农贸结合的进出口公司和其他经批准经营进出口商品的企业。

2.物品的纳税人

物品的纳税人是指进出境物品的所有人。进出境物品的所有人包括该物品的所有人和推定为所有人的人。一般情况下,对于携带进境的物品,推定其携带人为所有人;对分离运输的行李,推定相应的进出境旅客为所有人;对以邮寄方式进境的物品,推定其收件人为所有人;以邮递或其他运输方式出境的物品,推定其寄件人或托运人为所有人。

7.1.4 关税税则和税率

1.关税税则

关税税则亦称海关税则,是一国政府根据国家关税政策和经济政策,通过一定的立法程序制定公布实施的进出口货物和物品应税的关税税率表。关税税则一般包括两部分:一是海关征收关税的规章、条例和说明;二是关税税率表,关税税率表由税则号、商品名称、税率等栏目组成。

《中华人民共和国进出口税则》是我国海关凭以征收关税的法令依据,也是我国关税政策的具体体现。我国现行税则包括《中华人民共和国进出口关税条例》、《税率适用说明》、《中华人民共和国进口税则》、《中华人民共和国出口税则》以及《进口商品从量税、复合税、滑准税税目税率表》、《进口商品关税配额税目税率表》、《进口商品税则暂定税率表》、《出口商品税则暂定税率表》、《非全税目信息技术产品税率表》等附录。

2.关税税率及运用

(1)关税税率

我国进口关税税率设有最惠国税率、协定税率、特惠税率、普通税率、关税配额税率等,对进口货物,在一定期限内可以实行暂定税率。

我国进口商品多数实行从价税,即以进口货物的完税价格为计税依据,以应征税额占货物完税价格的百分比作为税率。从1997年7月1日开始,我国对部分产品实行从量税、复合税、滑准税。

从量税以进口商品的重量、长度、容量、面积等计量单位为计税依据。其特点是:税额计算简便,通关手续快捷,并能起到抑制质次价廉商品或故意低瞒价格商品的进口。复合税是对某种进口商品同时使用从价和从量计征的一种计征关税的方法。其特点是:既可以发挥从量税抑制低价商品进口的特点,又可以发挥从价税税负合理、稳定的特点。滑准税是一种关税税率随进口商品价格由高到低而由低到高设置计征关税的方法。其特点是:可保持滑准税商品的国内市场价格的相对稳定,尽可能减少国际市场价格波动的影响。

出口关税则为一栏税率,国家仅对少数资源性产品及易于竞相杀价、盲目进口、需要规范出口秩序的半制成品征收出口关税。对出口货物,在一定期限内可以实行暂定税率。

特别关税主要包括报复性关税、反倾销关税、反补贴关税和保障性关税,是针对相关国家的进口货物或针对任何来源的相关进口货物在征收关税的同时附加征收的。征收特别关税主要是为了应付国际收支危机,维持进出口平衡或防止外国产品低价倾销或对某国实行歧视或报复等。

(2)税率的运用

《中华人民共和国进出口关税条例》规定,进出口货物,应当依照税则规定的归类原则归入适当的税号,并按适用的税率征税。其中:

①进出口货物,应当按照纳税义务人申报进口或者出口之日实施的税率征税。

②进口货物到达前,经海关核准先行申报的,应当按照装载此货物的运输工具申报进境之日实施的税率征税。

③进出口货物补税和退税的,适用该进出口货物原申报进口或出口之日实施的税率征税,特定情形除外。

7.2 关税的计算

7.2.1 关税计税依据的确定

关税的计税依据是进出口货物的完税价格或进出口货物的数量。

关税完税价格是海关计征关税所依据的价格,也可理解为应税价格,是海关以进出口货物的成交价格为基础审查确定的价格。成交价格不能确定时,完税价格由海关依法估定。

1.进口货物完税价格的有关规定

进口货物的完税价格,由海关以该货物的成交价格以及该货物运抵中华人民共和国境内输入地点起卸前的运输及相关费用、保险费为基础审查确定,并对实付或应付价格进行调整。

(1)进口货物的成交价格应当符合以下条件

①对买方处置或使用该货物不予限制,但法律和行政法规规定实施的限制、对货物销售地域的限制和对货物价格无实质性影响的限制除外;

②该货物的成交价格没有因搭售或者其他因素的影响而无法确定;

③卖方不得从买方直接或者间接获得因该货物进口后转售、处置或者使用而产生的任何收益,或者虽有收益但能够按照《完税价格办法》的规定进行调整;

④买卖双方没有特殊关系,或者虽有特殊关系但未对成交价格产生影响。

(2)进口货物的下列费用,应当计入完税价格

①由买方负担的除购货佣金以外的佣金和经纪费;

②由买方负担的与该货物视为一体的容器费用;

③由买方负担的包装材料和包装劳务费用;

④与该货物的生产和向中华人民共和国境内销售有关的,由买方以免费或者以低于成本方式提供并可以按适当比例分摊的料件、工具、模具、消耗材料及类似货物的价款,以及在境外开发、设计等相关服务费用;

⑤与该货物有关并作为卖方向我国销售该货物的一项条件,应当由卖方直接或间接支付的特许权使用费;

⑥卖方直接或间接从买方对该货物进口后转售、处置或使用所得中获得的收益。

(3)进口货物的下列费用,不得计入完税价格

①厂房、机械、设备等货物进口后的基建、安装、装配、维修和技术服务的费用;

②货物运抵境内输入地点之后的运输费用;

③进口关税及其他国内税。

(4)进口货物海关估价方法

进口货物的价格不符合成交价格或者成交价格不能确定的,海关应当依次以相同货物成交价格方法、类似货物成交价格方法、倒扣价格估价方法、计算价格方法及其他合理方法确定的价格为基础,估定完税价格。如果进口货物的收货人提出要求,并提供相关资料,经海关同意,可以选择倒扣价格方法和计算价格方法的适用次序。

(5)进口货物完税价格的认定

我国进口货物完税价格是以货物到达我国口岸的价格(CIF)为计算基础的,根据进口货物不同的成交方式,海关对最终进口货物完税价格的认定方法有以下几种:

①CIF 价格条件

完税价格=成交价格=在我国口岸的成交价格(CIF)

②FOB 价格条件

完税价格＝成交价格＋运费及相关费用＋保险费
　　　　＝国外口岸离岸价格(FOB)＋运费及相关费用＋保险费
　　　　＝$\dfrac{\text{FOB 价格}+\text{运费及相关费用}}{1-\text{保险费率}}$

③CFR 价格条件

完税价格＝国外口岸成交价格＋运费及相关费用＋保险费
　　　　＝CFR＋保险费
　　　　＝$\dfrac{\text{CFR 价格}}{1-\text{保险费率}}$

【例 7-1】某进出口公司从日本进口甲醛,进口价格为 CIF 天津 USD 600 000,当日外汇牌价 USD 1＝RMB 6.813。

甲醛的完税价格＝600 000×6.813＝4 087 800(元)

【例 7-2】某进出口公司从美国进口铝 3 000 吨,进口申报价格 FOB 旧金山 USD 400 000,运费每吨 USD 50,保险费率 3‰,当日外汇牌价 USD 1＝RMB 6.82。

运费＝3 000×50×6.82＝818 400(元)

进口申报价格由美元折合人民币＝400 000×6.82＝2 728 000(元)

完税价格＝(818 400＋2 728 000)÷(1－3‰)＝3 557 071.21(元)

【例 7-3】某进出口公司从日本进口甲醛 20 吨,进口价格为 CFR 天津 USD 600 000,保险费率 3‰,当日外汇牌价 USD 1＝RMB 6.82。

进口申报价格由美元折合人民币＝600 000×6.82＝4 092 000(元)

完税价格＝4 092 000÷(1－3‰)＝4 104 312.94(元)

2.出口货物完税价格的有关规定

出口货物的完税价格,由海关以该货物向境外销售的成交价格以及该货物运至中华人民共和国境内输出地点装载前的运输及相关费用、保险费为基础审查确定,但不包括出口关税额。

(1)出口货物的成交价格不能确定时,完税价格由海关依次使用下列方法估定

①同时或大约同时向同一国家或地区出口的相同货物的成交价格;

②同时或大约同时向同一国家或地区出口的类似货物的成交价格;

③根据境内生产相同或类似货物的成本、利润和一般费用、境内发生的运输及相关费用、保险费计算所得的价格;

④按照合理方法估定的价格。

(2)出口货物完税价格的认定

我国出口货物完税价格是以离岸价格(FOB)为计算基础的,根据出口货物不同的成交方式,海关对最终出口货物完税价格的认定方法有以下几种:

①FOB 价格条件

$$完税价格 = \frac{FOB}{1+出口关税税率}$$

②CIF 价格条件

$$完税价格 = \frac{CIF-保险费-运费}{1+出口关税税率}$$

③CFR 价格条件

$$完税价格 = \frac{CFR-运费}{1+出口关税税率}$$

7.2.2 关税应纳税额的计算

1. 进口关税应纳税额的计算

我国目前对进口货物征收关税采用从价标准、从量标准、复合标准和滑准标准四种不同的征收标准。

(1)从价标准

应纳税额=进口货物完税价格(CIF)×适用税率

(2)从量标准

应纳税额=进口货物数量×单位税额

(3)复合标准

应纳税额=进口货物完税价格×适用税率+进口货物数量×单位税额

(4)滑准标准

应纳税额=进口货物数量×单位完税价格×滑准税率

【例7-4】某企业2012年5月1日报关进口货物一批,离岸价格为500 000美元,支付国外运费10 000美元,保险费15 000美元,该货物适用的进口关税税率为20%,增值税税率为17%,进口当天汇价为1美元=6.14元,计算该企业进口货物报关时应缴纳的税额。

进口关税完税价格=(500 000+10 000+15 000)×6.14=3 223 500(元)
应纳进口关税=3 223 500×20%=644 700(元)
应纳增值税=(3 223 500+644 700)×17%=657 594(元)

2.出口关税应纳税额的计算

我国目前仅对一小部分出口商品征收关税,分别采用从价和从量征收两种计征标准。

(1)从价标准

应纳税额=出口货物完税价格×适用税率

(2)从量标准

应纳税额=出口货物数量×单位税额

7.3 关税的会计核算

7.3.1 外贸企业进出口关税的会计核算

有进出口经营权的外贸企业按其经营方式的不同,其进出口业务可以分为自营和代理两大类。不同经营方式下进出口业务,有关关税核算方法和内容也不一样。

1.自营进出口业务关税的会计核算

外贸企业自营进出口是指有进出口自营权的企业办理对外洽谈和签订进出口合同,执行合同并办理运输、开证、付汇全过程,并自负进出口盈亏。

外贸企业自营进口业务所计算缴纳的关税,在会计核算上是通过"应交税费——应交进口关税"和"在途物资"账户加以反映的。应缴纳的进口关税,借记"在途物资"账户,贷记"应交税费——应交进口关税"账户;实际缴纳时,借记"应交税费——应交进口关税",贷记"银行存款"账户。也可以不通过"应交税费——应交进口关税"账户核算,而是直接借记"在途物资"账户,贷记"银行存款"、"应付账款"等账户。

外贸企业自营出口业务所计算缴纳的关税,在核算上是通过设置"应交税费——应交出口关税"和"营业税金及附加"账户加以反映的,应缴纳的出口关税,借记"营业税金及附加"账户,贷记"应交税费——应交出口关税"账户;实际缴纳时,借记"应交税费——应交出口关税"账户,贷记"银行存款"等账户。

【例7-5】某外贸企业从国外自营进口排气量小于1升的小汽车一批,CIF价格折合人民币400 000元,进口关税税率25%,代征增值税税率17%,消费税税率5%,根据海关开出的税款缴纳凭证,以银行存款付款。

有关税款和商品采购成本计算如下:

  应交关税＝400 000×25%＝100 000(元)
  应交消费税＝(400 000＋100 000)÷(1－5%)×5%＝26 316(元)
  应交增值税＝(400 000＋100 000)÷(1－5%)×17%＝89 474(元)
  商品采购成本＝400 000＋100 000＋26 316＝526 316(元)

会计分录如下:
(1)计提关税、消费税和增值税时:

借:在途物资	526 316
贷:应交税费——应交进口关税	100 000
——应交消费税	26 316
应付账款	400 000

(2)支付关税、消费税和增值税时:

借:应交税费——应交进口关税	100 000
——应交消费税	26 316
——应交增值税(进项税额)	89 474
贷:银行存款	215 790

(3)商品验收入库时:

借:库存商品	526 316
贷:在途物资	526 316

【例7-6】某进出口公司自营出口商品一批,我国口岸FOB价折合人民币720 000元,出口税率为20%,根据海关开出的税款缴纳证,以银行存款付款。

出口关税计算如下:

  应交关税＝720 000÷(1＋20%)×20%＝120 000(元)

会计分录如下:

借:营业税金及附加	120 000
贷:应交税费——应交出口关税	120 000
借:应交税费——应交出口关税	120 000
贷:银行存款	120 000

2.代理进出口业务关税的会计核算

代理进出口是外贸企业接受国内委托方的委托,办理对外洽谈和签订进出口合同,执行合同并办理运输、开证、付汇全过程的进出口业务。外贸企业不负责进出口盈亏,一般不垫付货款,只按规定收取一定比例的手续费。因此,由于进出口而计算缴纳的关税均由委托单位负担,外贸企业即使向海关缴纳了关税,也只是代征代付,日后仍要从委托方收回。

外贸企业进口商品计算应纳关税时,借记"应收账款"等账户,贷记"应交税费——应交进口关税"账户;代缴进口关税时,借记"应交税费——应交进口关税"账户,贷记"银行存款"账户;收到委托单位的税款时,借记"银行存款"账户,贷记"应收账款"账户。

外贸企业代理出口业务会计核算与进口业务会计核算相同。

【例7-7】某单位委托某进出口公司进口商品一批,进口货款250 000元已汇入进出口公司的存款账户。该进口商品我国口岸CIF价格为UDS 20 000元,进口关税税率为20%,当日外汇牌价为USD 1=RMB 6.82,代理手续费按货价2%收取,该批商品已运达指定口岸,向委托单位办理有关结算。

计算该批商品的人民币价格:

20 000×6.82=136 400(元)

计算进口关税:

136 400×20%=27 280(元)

计算代理手续费:

136 400×2%=2 728(元)

根据上述计算资料,该进口公司接受委托单位货款及向委托单位收取关税和手续费等,会计分录如下:

(1)收到委托单位划进来进口货款时:

借:银行存款　　　　　　　　　　　　　　250 000
　　贷:应付账款　　　　　　　　　　　　　　　　250 000

(2)对外付汇进口货款时:

借:应收账款　　　　　　　　　　　　　　136 400
　　贷:银行存款　　　　　　　　　　　　　　　　136 400

(3)进口关税结算时:

借:应付账款　　　　　　　　　　　　　　27 280
　　贷:应交税费——应交进口关税　　　　　　　　27 280

借:应交税费——应交进口关税　　　　　　　　　27 280
　　贷:银行存款　　　　　　　　　　　　　　　　　　27 280
(4)将进口商品交付委托单位并收取手续费时:
借:应付账款　　　　　　　　　　　　　　　　139 128
　　贷:其他业务收入　　　　　　　　　　　　　　　　2 728
　　　应收账款　　　　　　　　　　　　　　　　　136 400
(5)计提营业税时:
借:营业税金及附加　　　　　　　　　　　　　　136.4
　　贷:应交税费——应交营业税　　　　　　　　　　　136.4
(6)将委托单位剩余进口货款退回时:
借:应付账款　　　　　　　　　　　　　　　　 83 592
　　贷:银行存款　　　　　　　　　　　　　　　　　 83 592

【例 7-8】某进出口单位代理某工厂出口一批商品,我国口岸 FOB 价格折合人民币 360 000 元,出口关税税率 20%,手续费 9 000 元。

计算应交出口关税如下:

360 000÷(1+20%)×20%=60 000(元)

会计分录如下:
(1)计算应交出口关税时:
借:应收账款　　　　　　　　　　　　　　　　 60 000
　　贷:应交税费——应交出口关税　　　　　　　　　 60 000
(2)缴纳出口关税时:
借:应交税费　　　　　　　　　　　　　　　　 60 000
　　贷:银行存款　　　　　　　　　　　　　　　　　 60 000
(3)应收手续费时:
借:应收账款　　　　　　　　　　　　　　　　　9 000
　　贷:其他业务收入　　　　　　　　　　　　　　　　9 000
(4)收到委托单位付来的税款及手续费时:
借:银行存款　　　　　　　　　　　　　　　　 69 000
　　贷:应收账款　　　　　　　　　　　　　　　　　 69 000

7.3.2　生产企业进出口关税的会计核算

1.生产企业进口关税的会计核算

生产企业通过外贸企业代理或直接进口原材料,应支付的进口关税在入境时征收,一般可以不通过"应交税费"账户核算,而是将其与进口原材料的价款、国外运费和保费、国内运费一并直接计入进口原材料的采购成本,借记"原材料"、"在途物资"等账户,贷记"银行存款"、"应付账款"等账户。

企业根据同外商签订的加工装配和补偿贸易合同而引进国外设备,应支付的进口关税按规定以企业专用拨款等支付,支付时,借记"在建工程——引进设备工程"等账户,贷记"银行存款"等账户。

【例 7-9】某生产企业进口甲材料 USD 100 000,当日人民币市场汇价为 USD 1=RMB 6.82,该企业以对外付汇方式进口该材料,应付进口关税人民币 40 000 元,材料已验收入库,该企业对原材料采用实际成本法核算。应征增值税税率为 17%。

会计处理如下:

(1) 购入现汇时:

借:银行存款——美元户　　　　　　　　　　　　682 000
　　贷:银行存款——人民币户　　　　　　　　　　　　682 000

(2) 对外付汇,支付进口关税、增值税,计算进口甲材料的成本时:

　　甲材料成本=682 000+40 000=722 000(元)
　　应支付的增值税税额=722 000×17%=122 740(元)

借:在途物资——甲材料　　　　　　　　　　　　722 000
　　应交税费——应交增值税(进项税额)　　　　　122 740
　　贷:银行存款——美元户　　　　　　　　　　　　682 000
　　　　银行存款——人民币户　　　　　　　　　　　162 740

(3) 材料验收入库时:

借:原材料——甲材料　　　　　　　　　　　　　722 000
　　贷:在途物资——甲材料　　　　　　　　　　　　722 000

【例 7-10】某生产企业从中国香港进口原产地为韩国的某设备 2 台,该设备价格 CFR 天津港 HKD 120 000,保险费率 3‰,该设备的关税税率为 10%,应征增值税税率 17%,当日外汇牌价 HKD 1=RMB 0.8755。

　　港币折合人民币=120 000×0.8755=105 060(元)
　　CFR 价格=105 060÷(1-3‰)=105 376(元)
　　计算关税税额=105 376×10%=10 537.6(元)
　　计算应交增值税=(105 376+10 537.6)×17%=19 705(元)
　　固定资产的入账价值=105 376+10 537.6+19 705=135 619(元)

会计分录如下：

借：固定资产　　　　　　　　　　　　　　　　　　　　115 914
　　应交税费——应交增值税（进项税额）　　　　　　　19 705
　　贷：银行存款　　　　　　　　　　　　　　　　　　　　　135 619

2.生产企业出口关税的会计核算

生产企业出口关税应缴纳的出口关税，支付时直接借记"营业税金及附加"账户，贷记"银行存款"、"应付账款"等账户。

【例 7-11】某铁合金厂向美国出口一批商品，国内港口 FOB 价格折合人民币 5 600 000 元，关税税率 40%，关税以支票支付。

$$出口关税税额 = \frac{5\ 600\ 000}{1+40\%} = 1\ 600\ 000(元)$$

会计分录如下：

借：营业税金及附加　　　　　　　　　　　　　　　　1 600 000
　　贷：银行存款　　　　　　　　　　　　　　　　　　　　1 600 000

练习题

1.某进出口公司从 A 国进口货物一批，成交价（FOB 价）折合人民币 1 000万元（包括单独计价并经海关审查属实的货物进口后装配调试费用 50 万元，向境外采购代理人支付的买方佣金 50 万元）；另支付运费 140 万元，保险费 70 万元。假设该货物适用的关税税率为 10%，增值税税率为 17%，消费税税率为 5%。要求：分别计算该公司应缴纳的关税、消费税和增值税并编制会计分录。

2.根据下列经济业务，计算应纳关税税额并编制相应的会计分录。

（1）某公司进口原材料，CIF 价格为 20 万美元，关税税率 10%，当日外汇牌价 USD 1=RMB 6.9。

（2）某公司进口原材料，进口申报 FOB 价格 20 万美元，运费 2 万美元，保险费率 2%，关税税率 10%，当日牌价 USD 1=RMB 6.6。

（3）某公司进口一批货物，进口申报价格 CFR 天津港 20 万美元，保险费率 2%，关税税率 10%，当日牌价 USD 1=RMB 7。

（4）某公司生产一批产品出口美国，出口申报价格 FOB 天津港 20 万美元，关税税率 10%，当日牌价 USD 1=RMB 6.6。

（5）某公司生产一批产品出口美国，出口申报价格 CIF 为 20 万美元，其中运费1万美元,保险费0.3万美元,关税税率10%,当日牌价 USD 1=RMB 6.6。

(6)某公司生产一批产品出口美国,出口申报价格 CFR 为20万美元,其中运费1万美元,关税税率10%,当日牌价 USD 1=RMB 6.6。

第三篇

所得税会计

第 8 章
企业所得税会计

> 学习目标
>
> 1. 了解企业所得税的特点、纳税人、征税对象、税率等基本内容。
> 2. 理解并掌握应纳税所得额的确定和应纳税额的计算。
> 3. 理解计税基础、暂时性差异。
> 4. 掌握资产负债表债务法下企业所得税的会计核算。

8.1 企业所得税税制概述

8.1.1 企业所得税的概念及特点

企业所得税是对企业和组织取得的生产经营所得和其他所得征收的一种税。现行企业所得税的基本规范,是 2007 年 3 月 16 日十届全国人大五次会议通过的《中华人民共和国企业所得税法》(以下简称《企业所得税法》)和 2007 年 11 月 28 日国务院第 197 次常务会议通过的《中华人民共和国企业所得税法实施条例》。《企业所得税法》于 2008 年 1 月 1 日起实施。

我国企业所得税具有以下特点:

(1)以应纳税所得额为计税依据。应纳税所得额既不是企业的增值额,更不是企业的销售额或营业额,也不等同于企业实现的会计收益,它是指企业每一纳税年度的收入总额减除不征税收入、免税收入、各项扣除以及允许弥补的以前年度亏损后的余额。因此,企业所得税是一种完全不同于对商品劳务课税的税种。

(2)应纳税所得额的计算比较复杂。由于企业所得税的计税依据为应纳税所得额,而应纳税所得额的计算与企业的收入、成本、费用、税金、损失等关系密切,并且税法中的收入、成本、费用与会计中的收入、成本、费用的口径有一些不同。此外,企业所得税的计算,还涉及其他多个税种的计算,既与消费税、营业税、城市维护建设税、教育附加、关税、资源税和土地增值税等销售税金的计算直接相关,也与车船税、房产税、城镇土地使用税和印花税等费用性税金的计算直接相关。因此,在计算应纳所得额时需要综合考虑各项规定,分析计算各项允许及不允许扣除项目的金额,从而导致应纳税所得额的计算比较复杂。

(3)征税以"量能负担"为原则。由于应纳税所得额是净所得额,能够真实地反映纳税人的实际负担能力,因此,以应纳税所得额为计算依据,能够更好地贯彻量能负担的原则。即:有所得的就纳税,无所得的不纳税;所得多的多纳税,所得少的少纳税。这种将所得税负担与纳税人所得多少联系起来进行征税的办法,进一步体现了税收公平的基本原则。

(4)实行按年征收、分期预缴的征收管理方法。企业的经营业绩通常是按年衡量的,企业的会计核算也是按年进行的,所以,企业所得税实行按纳税年度计征。这样,一方面使得税收收入的取得比较及时、均衡,确保财政收入的稳定;另一方面,也有利于税收管理和企业核算期限的一致性。

8.1.2 企业所得税的纳税人

企业所得税的纳税人是指在中华人民共和国境内的企业和其他取得收入的组织。《中华人民共和国企业所得税法》第一条规定,除个人独资企业、合伙企业不适用企业所得税法外,在我国境内的企业和其他取得收入的组织(以下统称企业)为企业所得税的纳税人,依照本法规定缴纳企业所得税。

企业所得税的纳税人分为居民企业和非居民企业。

1.居民企业

居民企业是指依法在中国境内成立,或者依照外国(地区)法律成立但实际管理机构在中国境内的企业。

2.非居民企业

非居民企业是指依照外国(地区)法律成立且实际管理机构不在中国境内,但在中国境内设立机构、场所的,或者在中国境内未设立机构、场所,但有来源于中国境内所得的企业。

上述所称"实际管理机构",是指对企业的生产经营、人员、账务、财产等实施实质性全面管理和控制的机构。上述所称"机构、场所",是指在中国境内从事生产经营活动的机构、场所,包括管理机构、营业机构、办事机构,工厂、农场、开采自然资源的场所,提供劳务的场所,从事建筑、安装、装配、修理、勘探等工程作业的场所,其他从事生产经营活动的机构、场所。非居民企业委托营业代理人在中国境内从事生产经营活动,包括委托单位或者个人经常代其签订合同或者储存、交付物资等,该营业代理人视为非居民企业在中国境内设立的机构、场所。

8.1.3 企业所得税的征税对象

企业所得税的征税对象是企业的生产经营所得和其他所得,包括销售货物所得、提供劳务所得、转让财产所得、股息红利等权益性所得、利息所得、租金所得、特许权使用费所得、接受捐赠所得和其他所得。

居民企业应当就其来源于中国境内、境外的所得缴纳企业所得税。

非居民企业在中国境内设立机构、场所的,应当就其所设机构、场所取得的来源于中国境内的所得,以及发生在中国境外但与其所设机构、场所有实际联系的所得,缴纳企业所得税。非居民企业在中国境内尚未设立机构、场所的,或者虽设立机构、场所但取得的所得与其所设机构、场所没有实际联系的,应当就其来源于中国境内的所得缴纳企业的所得税。所称"实际联系",是指非居民企业在中国境内设立的机构、场所拥有据以取得所得的股权、债权,以及拥有、管理、控制据以取得所得的财产等。

来源于中国境内、境外的所得,按照以下原则确定:

(1)销售货物所得,按照交易活动发生地确定;

(2)提供劳务所得,按照劳务发生地确定

(3)转让财产所得,不动产转让所得按照不动产所在地确定,动产转让所得按照转让动产的企业或者机构、场所所在地确定,权益性投资资产转让所得按照被投资企业所在地确定;

(4)股息、红利等权益性投资所得,按照分配所得的企业所在地确定;

(5)利息所得、租金所得、特许权使用费所得,按照负担、支付所得的企业或者机构、场所所在地确定,或者按照负担、支付所得的个人的住所地确定;

(6)其他所得,由国务院财政、税务主管部门确定。

8.1.4 企业所得税的税率

1.基本税率

企业所得税的税率为25%。具体适用于:居民企业来源于中国境内、境外的所得;非居民企业在中国境内设立机构、场所的,应当就其所设机构、场所取得的来源于中国境内的所得,以及发生在中国境外但与其所设机构、场所有实际联系的所得。

2.低税率

(1)非居民企业在中国境内未设立机构、场所的,或者虽设立机构、场所但取得的所得与其所设机构、场所没有实际联系的,其来源于中国境内的所得按20%的税率缴纳企业所得税。但实际征税时适用10%的税率。

(2)符合条件的小型微利企业,减按20%的税率征收企业所得税。

(3)国家需要重点扶持的高新技术企业,减按15%的税率征收企业所得税。

8.2 企业所得税的计算

8.2.1 企业应纳税所得额的确定

居民企业所得税的计税依据是企业的应纳税所得额。按照税法的规定,应纳税所得额是指企业每一纳税年度的收入总额,减除不征税收入、免税收入、各项扣除以及允许弥补的以前年度亏损后的余额。其计算公式表示为:

应纳税所得额=收入总额－不征税收入－免税收入－各项扣除－允许弥补的以前年度亏损

公式中,利润总额是指企业季度和年度利润表中的利润额,纳税调整项目金额包括企业财务会计处理和税收处理规定不一致时应予以调整的金额和企业按税法规定准予扣除的税收金额。

企业确实不能提供真实、完整、准确的收入、支出凭证,不能正确申报应纳所得税额的,税务机关可以采取成本加合理利润、费用换算以及其他合理方法核定其应纳税所得额。

实行核定应税所得率征收办法的,纳税人应按照国家规定的应税所得率计算出应纳税所得额。其计算公式为:

应纳税所得额=收入总额×应税所得率

或　应纳税所得额=成本费用支出额÷(1－应税所得率)×应税所得率

企业应纳税所得额的计算以权责发生制为原则,属于当期的收入和费用,不论款项是否收付,均作为当期的收入和费用;不属于当期的收入和费用,即使款项已经在当期收付,均不作为当期的收入和费用。但国务院财政、税务主管部门另有规定的除外。在计算应纳税所得额时,企业财务、会计处理办法与税收法律规定不一致的,应当依照税收法律的规定计算。

1. 收入总额

企业以货币形式和非货币形式从各种来源取得的收入,为收入总额,包括纳税人来源于中国境内、境外的生产经营收入和其他收入。具体包括:

(1)销售货物收入,是指企业销售商品、产品、原材料、包装物、低值易消耗品以及其他存货取得的收入。

(2)提供劳务收入,是指企业从事建筑安装、修理修配、交通运输、仓储租赁、金融保险、邮电通信、咨询经纪、文化体育、科学研究、技术服务、教育培训、餐饮住宿、中介代理、卫生保健、社区服务、旅游、娱乐、加工以及其他劳务服务活动取得的收入。

(3)转让财产收入,是指企业转让固定资产、生物资产、无形资产、股权、债权等财产取得的收入。

企业转让股权收入,应于转让协议生效、且完成股权变更手续时,确认收入的实现。转让股权收入扣除为取得该股权所发生的成本后,为股权转让所得。企业在计算股权转让所得时,不得扣除被投资企业未分配利润等股东留存收益中按该项股权可能分配的金额。

(4)股息、红利等权益性投资收益,是指企业因权益性投资从被投资方取得的收入。被投资企业将股权(票)溢价所形成的资本公积转为股本的,不作为投资方企业的股息、红利收入,投资方企业也不得增加该项长期投资额计税基础。

(5)利息收入,是指企业将资金提供他人使用但不构成权益性投资,或者因他人占用本企业资金取得的收入,包括存款利息、贷款利息、债权利息、欠款利息等。

(6)租金收入,是指企业提供固定资产、包装物或者其他有形资产的使用权取得的收入。

(7)特许权使用费收入,是指企业提供专利权、非专利技术、商标权、著作权以及其他特许权的使用权取得的收入。

(8)接受捐赠收入,是指企业接受的来自其他企业、组织或者个人无偿给予的货币性资产、非货币性资产。

(9)其他收入,是指企业取得的除上述收入以外的其他收入,包括企业资产溢余收入、逾期未退包装物押金收入、确实无法偿付的应付款项、已做坏账损失处理后又收回的应收款项、债务重组收入、补贴收入、违约金收入和汇兑收益等。注:其他收入不等于其他业务收入。

2.不征税收入

不征税收入是指从性质和根源上不属于企业营利性活动带来的经济效益、不负有纳税义务并不作为应纳税所得额组成部分的收入。不征税收入包括：

(1)财政拨款,是指各级人民政府对纳入预算管理的事业单位、社会团体等组织拨付的财政资金,但国务院和国务院财政、税务主管部门另有规定的除外。

(2)依法收取的纳入财政管理的行政事业性收费、政府性基金。行政事业性收入,是指国家机关、事业单位、代行政职能的社会团体及其他组织根据法律法规等有关规定,依照国务院规定程序批准,在实施社会公共管理以及在向公民、法人或者其他组织提供特定公共服务过程中,向特定对象收取并纳入财政管理的费用。

政府性基金,是指企业按照法律、行政法规等有关规定,代政府收取的具有专项用途的财政资金。

(3)其他不征税收入,是指企业取得的,由国务院财政、税务主管部门规定专项用途并经国务院批准的财政性资金。

(4)专项用途财政性资金企业所得税处理的具体规定。

根据财税〔2011〕70号通知规定,自2011年1月1日起,企业取得的专项用途财政性资金企业所得税处理按以下规定执行：

企业从县级以上各级人民政府财政部门及其他部门取得的应计入收入总额的财政性资金,凡同时符合以下条件的,可以作为不征税收入,在计算应纳税所得额时从收入总额中减除；企业能够提供规定资金专项用途的资金拨付文件；财政部门或其他政府部门对该项资金有专门的资金管理办法或具体管理要求；企业对该资金以及该资金发生的支出单独进行核算。

根据实施条例第28条的规定,上述不征税收入用于支出所形成的费用,不得在计算应纳税所得额时扣除；用于支出所形成的资产,其计算的折扣、摊销不得在计算应纳税所得额时扣除。

企业将符合本通知上述条件的财政性资金作不征税收入处理后,在5年(60个月)内未发生支出且未缴回财政部门或其他拨付资金的政府部门的部分,应计入取得该资金第六年的应税收入总额；计入应税总额的财政性资金发生的支出,允许在计算应纳税所得额时扣除。

3.免税收入

免税收入是指属于企业的应纳税所得,但按照税法规定免予征收企业所得税的收入。下列四类收入为免税收入：

(1)国债利息收入，是指企业持有国务院财政部门发行的国债取得的利息收入。国债转让时取得的收入应征税。

(2)符合条件的居民企业之间的股息、红利等权益性投资收益，是指居民企业直接投资于其他居民企业取得的投资收益。

(3)在中国境内设立机构、场所的非居民企业从居民企业取得与该机构、场所有实际联系的股息、红利等权益性投资收益。

上述两项所称的"股息、红利等权益性投资收益"，不包括连续持有居民企业公开发行并上市流通的股票不足12个月取得的投资收益。

(4)符合条件的非营利性组织的收入，《中华人民共和国企业所得税法》第26条第4项所称符合条件的非营利组织的收入，不包括非营利组织从事营利性活动取得的收入，但国务院财政、税务主管部门另有规定的除外。

非营利组织的下列收入为免税收入：接受其他单位或者个人捐赠的收入；除《中华人民共和国企业所得税法》第7条规定的财政拨款以外的其他政府补助收入，但不包括因政府购买服务取得的收入；按照省级以上民政、财政部门规定收取的会费；不征税收入和免税收入孳生的银行存款利息收入；财政部、国家税务总局规定的其他收入。

4.准予扣除项目

税前扣除一般应遵循以下原则：权责发生制原则，是指企业费用应在发生的所属期扣除，而不是在实际支付时确认扣除。配比原则，是指企业发生的费用应当与收入配比扣除。除特殊规定外，企业发生的费用不得提前或滞后申报扣除。相关性原则，企业可扣除的费用从性质和根源上必须与取得应税收入直接相关。确定性原则，即企业可扣除的费用不论何时支付，其金额必须是确定的。合理性原则，符合生产经营活动常规，应当计入当期损益或者有关资产成本的必要和正常的支出。

(1)扣除项目的基本范围

在计算应纳税所得额时准予从收入总额中扣除的项目，是指纳税人每一纳税年度发生的与取得应纳税收入有关的所有必要和正常的成本、费用、税金、损失和其他支出。

①成本，是指企业在生产经营活动中发生的销售成本、销货成本、业务支出以及其他耗费。

②费用，是指企业每一纳税年度发生的销售费用、管理费用和财务费用，已计入成本的有关费用除外。

③税金,是指纳税人按规定缴纳的消费税、营业税、资源税、关税、城市维护建设税、土地增值税、教育费附加等税金及附加,以及房产税、车船税、城镇土地使用税、印花税等。其中,房产税、车船税、城镇土地使用税、印花税等已计入管理费用中扣除的,不再作为销售费用单独扣除。

④损失,是指企业经营活动中实际发生的固定资产和存货的盘亏、毁损、报废净损失,转让财产损失,呆账损失,坏账损失,以及遭受自然灾害等不可抗力因素造成的非常损失及其他损失。

⑤其他支出,是指除成本、费用、税金、损失外,企业经营活动中发生的有关的、合理的支出,以及符合财政部、国家税务总局规定的其他支出。

(2)部分税前扣除项目的具体规定

①企业发生的合理的工资薪金支出,准予扣除。这里所称的"工资薪金",是指企业每一纳税年度支付给在本企业任职或者受雇的员工的所有现金形式或者非现金形式的劳动报酬,包括基本工资、奖金、津贴、补贴、年终加薪、加班工资,以及与员工任职或者受雇有关的其他支出。

②企业依照国务院有关主管部门或者省级人民政府规定的范围和标准为职工缴纳的基本养老保险费、基本医疗保险费、失业保险费、工伤保险费、生育保险费等基本社会保险费和住房公积金,准予扣除。企业为投资者或者职工支付的补充养老保险费、补充医疗保险费,在国务院财政、税务主管部门规定的范围和标准内,准予扣除。

③企业在生产经营活动中发生的合理的不需要资本化的借款费用,准予扣除。

④非金融企业向金融企业借款的利息支出、金融企业的各项存款利息支出和同业拆借利息支出、企业经批准发行债券的利息支出;非金融企业向非金融企业借款的利息支出,不超过按照金融企业同期同类贷款利率计算的数额部分。

⑤企业发生的职工福利费支出,不超过工资薪金总额14%的部分,准予扣除。

⑥企业拨缴的工会经费,不超过工资薪金总额2%的部分,准予扣除

⑦除国务院财政、税务主管部门另有规定外,企业发生的职工教育经费支出,不超过工资薪金总额2.5%的部分,准予扣除;超过部分,准予在以后纳税年度结转扣除。

⑧企业发生的与生产经营活动有关的业务招待费支出,按照发生额的60%扣除,但最高不得超过当年销售(营业)收入的5‰。

⑨企业发生的符合条件的广告费和业务宣传费支出,除国务院财政、税务主管部门另有规定外,不得超过当年销售(营业)收入15%的部分,准予扣除;超过部分,准予在以后纳税年度结转扣除。

⑩企业依照法律规定、行政法规有关规定提取的用于环境保护、生态恢复等方面的专项资金,准予扣除。上述专项资金提取后改变用途的,不得扣除。

⑪企业参加财产保险,按照规定缴纳的保险费,准予扣除。

⑫企业发生的合理劳动保护支出,准予扣除。

⑬非居民企业在中国境内设立的机构、场所,就其中国境外总机构发生的与该机构、场所生产经营有关的费用,能够提供总机构出具的费用汇集范围、定额、分配依据和方法等证明文件,并合理分摊的,准予扣除。

⑭企业发生的公益性捐赠支出,不超过年度利润总额12%的部分,准予扣除。

⑮企业为开发新技术、新产品、新工艺发生的研究开发费用,未形成无形资产计入当期损益的,在按照规定据实扣除的基础上,按照研究开发费用的50%加计扣除;形成无形资产的,按照无形资产成本的150%摊销。

⑯汇兑损失,汇率折算形成的损失,除已经计入有关资产成本以及向所有者进行利润分配相关的部分外,准予扣除。

⑰环境保护基金,企业依照法律、行政法规有关规定提取的用于环境保护、生态恢复等方面的专项资金准予扣除;上述专项资金提取后改变用途,不得扣除。

5.税前不准予扣除项目

按照《中华人民共和国企业所得税法》及其实施条例的规定,在计算应纳税所得额时,下列支出不得扣除:

(1)向投资者支付的股息、红利等权益性投资收益款项;

(2)企业所得税税款;

(3)税收滞纳金;

(4)罚金、罚款和被没收财物的损失;

(5)公益性捐赠以外的捐赠支出;

(6)赞助支出;

(7)未经核定的准备金支出;

(8)企业之间支付的管理费、企业内营业机构之间支付的租金和特许权使用费,以及非银行企业内营业机构之间支付的利息。

(9)与取得收入无关的其他支出。

6. 允许弥补的以前年度亏损

企业纳税年度发生的亏损,准予向以后年度结转,用以后年度的所得弥补,但结转年限最长不得超过 5 年。但是,企业在汇总计算缴纳企业所得税时,其境外营业机构的亏损不得抵减境内营业机构的盈利。

8.2.2 非居民企业应纳税所得额的确定

非居民企业在中国境内未设机构、场所的,或者虽设机构、场所但取得的所得与其机构、场所没有实际联系的,应当就其来源于中国境内的所得缴纳企业所得税。该所得按照下列方法计算应纳所得税:

(1)股息、红利等权益性投资收益和利息、租金、特许权使用费所得,以收入全额为应纳税所得额;

(2)转让财产所得,以收入全额减除财产净值后的余额为应纳税所得额;

(3)在我国境内从事船舶、航空等国际运输业务的,以其在中国境内起运客货收入总额的 5% 为应纳税所得额;

(4)其他所得,参照前两项规定的方法计算应纳税所得额。

8.2.3 企业所得税应纳税额的计算

企业应纳所得税额等于应纳税所得额乘以适用税率,基本公式为:

$$应纳所得税额 = 应纳税所得额 \times 适用税率 - 减免税额 - 抵免税额$$

公式中的"减免税额"和"抵免税额",是指依照企业所得税法和国务院的税收优惠规定减免、免征和抵免的应纳税额。

一般而言,纳税人在月(季)度预缴企业所得税时,应当按照月度或者季度的实际利润;按照月度或者季度的实际利润额预缴有困难的,可以按照上一纳税年度应纳税所得额的月度或者季度平均额预缴,或者按照经税务机关认可的其他方法预缴。但是,在年终汇算清缴所得税时,必须将会计收益调整为应纳税所得额计算应纳所得税额。

【例 8-1】尚辉公司为居民企业,使用的所得税税率为 25%。2012 年经营业务如下:

(1)取得销售收入 5 000 万元。

(2)发生销售成本 2 200 万元。

(3)发生销售费用 1 360 万元(其中广告费用 900 万元),管理费用 920 万元(其中业务招待费 30 万元),财务费用 120 万元。

销售税金 360 万元(含增值税 280 万元)。

营业外收入 160 万元,营业外支出 120 万元(含通过公益性社会团体向贫困山区捐赠款 60 万元,支付税收滞纳金 16 万元)。

计入成本费用中的实发工资总额 300 万元,拨缴职工工会经费 6 万元,支付职工福利费和职工教育经费 56 万元。

要求:计算该公司 2012 年度实际应纳所得税额。

会计利润总额 = 5 000+160−2 200−1 360−920−120−(360−280)−120
= 360(万元)

纳税额调整项目金额:

广告费应调增利润 = 900−5 000×15% = 150(万元)
业务招待费应调增利润 = 30−30×60% = 12(万元)
5 000×5‰ = 25(万元)
30×60% = 18(万元)
捐赠支出应调增利润 = 60−360×12% = 16.8(万元)
"三费"支出应调增利润 = 6+56−300×18.5% = 6.5(万元)

支付的税收滞纳金应调增利润 16 万元。

应纳税所得额 = 360+150+12+16.8+6.5+16 = 561.3(万元)
应纳所得税额 = 561.3×25% = 140.325(万元)

8.3 企业所得税会计基础

8.3.1 企业所得税会计的概念及核算方法

1. 企业所得税会计的概念

企业所得税会计就是研究如何处理会计收益和税法收益之间的差异,确立利润表中的所得税费用的会计理论和方法。

会计收益和税法收益是两个既互相联系又互相区别的概念。会计收益又称会计利润、会计所得,它的确定必须遵循一般会计原则,按照会计的有关规定以及会计准则的要求,根据会计口径和期间下的收入减去费用来确定。

税法收益又称应税收益、应税所得、应纳税所得额,它的确定必须遵循税收的一般原则,按照税法的有关规定和计算方法的要求,根据税收口径和期间下的收入减去费用来确定。确定会计收益的目的是为了真实、可靠地反映企业的财务状况、经营业绩及财务状况变动的全貌,为会计报表的使用者提供决策有用的会计信息。确定税法收益的目的,是确定所得税的计算基数即应纳税所得额,以便根据经济合理、公平税负和促进竞争的原则,确定一定时期内应缴纳的所得税额。

由于会计和税收确认收入和费用的口径与实践存在差别,因此,一定时期的会计收益和税法收益会存在差异。这种差异包括永久性差异和暂时性差异两类。

暂时性差异是指资产负债表内一项资产或负债的账面价值与其计税基础之间的差异。它包括应纳税暂时性差异和可抵扣暂时性差异两类。

2.企业所得税会计的核算方法

企业所得税会计的核算方法有当期计列法和纳税影响会计法。

当期计列法是将税前会计利润与应税所得之间的差异对所得税的影响金额在本期作为应付项目处理,直接计入本期损益,而不递延到以后各期的处理方法。在这种方法下,本期的应交所得税与本期的所得税费用相等。

纳税影响会计法是将本期暂时性差异产生的对所得税的影响金额,递延和分配到以后各期,即将本期发生的暂时性差异对所得税的影响,采取跨期分摊的方法处理。纳税影响会计法可以进一步分为递延法和债务法。

递延法是把本期由于暂时性差异产生的对所得税的影响金额,保留到这一差异发生相反方向变化以后期间予以转销,并同时转回原已确认的暂时性差异对本期所得税的影响金额,在税率变动或者开征新税时,不需要调整递延所得税资产或递延所得税负债的账面余额的方法。

债务法是将本期暂时性差异产生的对所得税的影响金额,递延和分配到以后各期,并同时转回已确认的暂时性差异对所得税的影响金额,在税率变动或者开征新税时,需要调整递延所得税资产或递延所得税负债的账面余额方法。债务法分为利润表债务法和资产负债表债务法两种。

利润表债务法是从利润表的角度,把本期由于暂时性差异产生的对未来所得税的影响金额视同本期所得税费用金额,确认相关的递延所得税负债与递延所得税资产的方法。

资产负债表债务法是从资产负债表出发,通过比较资产负债表上列示的资产、负债按照企业会计准则规定确定的账面价值与按照税法规定确定的计税基础,对于两者之间的差额分别应纳税暂时性差异与可抵扣暂时性差异,确认相关的递延所得税负债与递延所得税资产,并在此基础上确定每一会计期间利润表中所得税费用的方法。

2006年财政部发布的《企业会计准则第18号——所得税》要求企业所得税会计核算按照资产负债表债务法进行。

8.3.2 资产负债表债务法下所得税会计核算的程序

企业在采用资产负债表债务法核算所得税的情况下,一般应于每一资产负债表日进行所得税的核算。企业合并等特殊交易或事项发生时,在确认因交易或事项取得的资产、负债时即应确认相关的所得税影响。在实际工作中,企业所得税会计核算一般按照以下程序进行:

1. 确定资产和负债的账面价值

企业应按照相关企业会计准则规定,确定资产负债表中除递延所得税资产和递延所得税负债以外的其他资产和负债项目的账面价值。其中,资产和负债项目的账面价值,是指企业按照相关会计准则的规定进行核算后,在资产负债表中列示的金额。例如,企业持有的应收账款账面余额为1 080万元,按应收账款计提了50万元的坏账准备,于是,应收账款的账面价值为1 030万元,即为该应收账款在资产负债表中的列示金额。

2. 确定资产和负债的计税基础

企业应按照企业会计准则中对于资产和负债计税基础的确定方法,以实用的税收法规为基础,确定资产负债表中有关资产、负债项目的计税基础。这里应说明的是,资产、负债的计税基础是会计上的定义,但其确定应当遵循税法的规定进行。

3. 确定暂时性差异,并根据暂时性差异对未来期间应税金额的影响,确认递延所得税

比较资产、负债的账面价值与计税基础,对于两者之间存在差异的,应分析差异的性质,除企业会计准则中规定的特殊情况外,应分别按应纳税暂时性差异与可抵扣暂时性差异,确定该资产负债表日与应纳税暂时性差异及可抵扣暂时性差异相关的递延所得税负债和递延所得税资产的金额,并将该金额与期初递延所得税负债和递延所得税资产的余额相比,进一步确定当期应予确认的递延所得税负债和递延所得税资产的金额或应予以转销的金额,作为构成利润表中所得税费用的递延所得税。

4. 确定当期所得税

按照企业所得税法的规定,根据当期发生的交易或事项计算确定当期应纳税所得额,乘以使用的所得税税率,计算当期应交所得税额,形成当期所得税。

5.确定利润表中的所得税费用

企业应根据计算确定的当期所得税与递延所得税两者之和(或之差)确认利润表中的所得税费用,包括当期所得税费用和递延所得税费用两个组成部分。

8.3.3 资产、负债的计税基础

1.资产的计税基础

资产的计税基础,是指企业收回资产账面价值的过程中,计算应纳税所得额时按照税法规定可以自应税经济利益中抵扣的金额,即某一项资产在未来期间计税时按照税法规定可以税前扣除的金额。显然,资产的计税基础是税法允许未来抵税的资产价值,即未来不需要纳税的资产价值,即现在不能税前列支抵扣的金额,也是现在需要纳税的资产价值。用公式表示为:

资产的计税基础＝未来期间按税法规定准予税前扣除的金额
＝成本－以前或现在已在税前扣除的金额

具体确认资产计税基础时,应区分不同情况进行处理:(1)资产计税基础等于账面价值。如果该资产所产生的未来经济利益不需要纳税,则资产的计税基础就是其账面价值。通常情况下,资产取得时其入账价值与计税基础是相同的。(2)资产计税基础与账面价值不等。通常在资产的后续计量中因会计准则与税法规定的不同,可能造成计税基础与账面价值的差异。例如,各项资产如发生减值,按照会计准则的规定应当计提相关的减值准备,而税法规定企业提取的减值准备一般不能税前抵扣,只有在资产发生实质性损失时才允许税前扣除,由此就产生了资产计税基础与账面价值之间的不等。在资产计税基础与账面价值不等的情况中,有一种特殊情况需要引起注意,即资产的计税基础为0,主要在与某项资产相关的收入享受免税或按收付实现制征税时产生,则该资产的计税基础为0。例如,一项国债投资应收利息的账面价值为50万元,根据税法规定该利息收入免税,则应收利息的计税基础为0。

企业应严格遵守《企业所得税法》和《企业所得税法实施条例》中关于资产的税务处理以及税前可扣除的费用等有关规定,在资产负债表日,计算确定有关资产的计税基础。

(1)固定资产

以各种方式取得的固定资产,初始确认时按照会计准则规定确定的入账价值基本上是被税法认可的,即取得时其入账价值一般等于计税基础。

固定资产在持有期间进行后续计量时,会计上的基本计量模式是"原始价值—累计折旧—固定资产减值准备"。会计与税收处理的差异主要来自折旧方法、折旧年限的不同以及固定资产减值准备的提取。

①折旧方法、折旧年限不同产生的差异。企业会计准则规定,企业可以根据消耗固定资产经济利益的方式合理选择折旧方法,如可以按直线法计提折旧,也可以按照双倍余额递减法、年数总和法等计提折旧,前提是有关的方法能够反映固定资产为企业带来经济利益的实现方式。税法中除某些按照规定可以加速折旧的情况外,基本上可以税前扣除的是按照直线法计提的折旧。另外,税法还规定了每一类固定资产的折旧年限,而会计处理是按照企业会计准则的规定,折旧年限由企业按照固定资产能够为企业带来经济利益的期限估计确定。由于折旧年限不同,也会产生固定资产账面价值与计税基础之间的差异。

②因计提固定资产减值准备产生的差异。企业在拥有固定资产的期间内,在对固定资产计提了减值准备以后,其账面价值下降。但由于税法规定所计提的减值准备不允许税前扣除,因此,计税基础不会随资产减值准备的提取而发生变化,也会造成其账面价值与计税基础的差异。

【例 8-2】甲企业于 2011 年 12 月 28 日购入某项环保设备,原价为 750 万元,会计上采用直线法计提折旧,使用年限为 10 年,净残值为 0。税法规定该类(由于技术进步、产品更新换代较快)采用加速折旧法计提的折旧可予税前扣除,该企业在计税时采用双倍余额递减法计提折旧,使用年限及净残值与会计规定相同。甲企业适用的所得税税率为 25%。假定该企业不存在其他会计与税收处理的差异,该项固定资产在期末未发生减值。

2012 年资产负债表日,该项固定资产按照会计规定计提的折旧额为 75 万元,则该固定资产的账面价值为 675 万元;计税时允许扣除折旧额 150 万元,该项环保设备的计税基础为 600 万元。

(2)无形资产

根据企业会计准则的规定,除内部研究开发形成的无形资产以外,以其他方式取得的无形资产,初始确认时,其入账价值与税法规定的计税基础之间一般不存在差异。但以下两点应予以注意:

①对于内部研究开发形成的无形资产,企业会计准则规定,有关的研究开发支出分为两个阶段,研究阶段的支出应当予以费用化,计入无形资产的成本。税法规定,企业为开发新技术、新产品、新工艺发生的研究开发费用,未形成无形资产计入当期损益的,按照无形资产成本的 150% 摊销。

【例8-3】A企业当期为开发新技术发生研究开发支出1 000万元,其中研究阶段支出200万元,开发阶段符合资本化条件前发生的支出为200万元,符合资本化条件后达到预定用途前发生的支出为600万元,税法规定,企业为开发新技术、新产品、新工艺发生的开发费用未形成无形资产计当期损益的,按照研究开发费用的50%加计扣除;形成无形资产的,按照无形资产成本的150%加计扣除。假定开发形成的无形资产在当期期末已达到预定用途(尚未开始摊销)。

在A企业当期发生的研究开发费用中,按照会计准则规定应予费用化的金额为400万元,形成无形资产的成本为600万元,即期末所形成无形资产的账面价值为600万元。

A企业当期发生的1 000万元研究开发费用,按照税法规定可在当期税前扣除的金额为600万元。所形成无形资产在未来可税前扣除的金额为900万元,其计税基础为900万元。

②无形资产后续计量时,会计与税收的差异主要产生于对无形资产是否需要摊销及无形资产减值准备的提取。

企业会计准则规定,对于无形资产,应根据其使用寿命情况,区分为使用寿命有限的无形资产与使用寿命不能确定的无形资产。对于使用寿命不确定的无形资产,不要求摊销,在会计期末应进行减值测试,计提无形资产减值准备。税法规定,企业取得的无形资产成本,应在一定期限内摊销,合同、法律未明确摊销期限的,应按不少于10年的期限摊销。对于使用寿命不确定的无形资产,在持有期间,因摊销规定的不同,会造成其账面价值与计税基础的差异。

在对无形资产计提减值准备的情况下,因所计提的减值准备不允许税前扣除,也会造成其账面价值与计税基础的差异。

(3)以公允价值计量且其变动计入当期损益的金融资产

按照《企业会计准则第22号——金融工具确认和计量》的规定,以公允价值计量且其变动计入当期损益的金融资产于某一会计期末的账面价值为其公允价值。税法规定,企业以公允价值计量的金融资产、金融负债以及投资性房地产等,持有期间公允价值的变动不计入应纳税所得额,在实际处置或结算时,处置取得的价款扣除其历史成本后的差额应计入处置或结算期间的应纳税所得额。

企业持有的可供出售金融资产计税基础的确定,与以公允价值计量且其变动计入当期损益的金融资产类似,可比照处理。

【例8-4】2012年11月22日,A公司进行一项权益性投资,从证券市场取得交易性金融资产 2 000 万元,款项用银行存款支付。2012 年 12 月 31 日,该项权益性投资的市价为 1 800 万元。

企业会计准则规定对于交易性金融资产,在持有期间每个会计期末应以公允价值计量,公允价值相对于账面价值的变动计入利润表。根据这一规定,该项交易性金融资产的期末市价为 1 800 万元,按照企业会计准则规定进行核算,该项资产在 2012 年 12 月 31 日的会计计量及该项资产的账面价值应为 1 800 万元。

按照税法规定,交易性金融资产在持有期间的公允价值变动不计入应纳税所得额,出售时,应一并计算计入应纳税所得额的金额,其计税基础在 2012 年 12 月 31 日应维持原取得成本不变,即其计税基础为 2 000 万元。

【例 8-5】2012 年 11 月 8 日,甲公司从公开市场上取得一项基金投资,按照管理层的持有意图,将其作为可供出售的金融资产核算。该项基金投资的成本为 1 500 万元。2012 年 12 月 31 日,其市价为 1 600 万元。

甲公司将该项投资作为可供出售金融资产,按照企业会计准则的相关规定,该项金融资产在会计期末以公允价值计量,其账面价值应为期末市价 1 600 万元。

税法规定,资产在持有期间公允价值的变动不计入纳税所得额,则该项可供出售金融资产的期末计税基础应维持其原取得成本不变,即应为 1 500 万元。

(4)其他资产

因企业会计准则规定与税法规定不同,企业持有的其他资产,可能造成其账面价值与计税基础之间存在差异。这些资产主要有:

①投资性房地产

对于采用公允价值模式进行后续计量的投资性房地产,其期末账面价值为公允价值,而如果税法规定,不认可该类资产在持有期间因公允价值变动产生的利得或损失,则其计税基础应以取得时支付的历史成本为基础计算确定,从而会造成资产的账面价值与计税基础之间的差异。

【例 8-6】甲公司于 2012 年 12 月 1 日与房屋承租者签订租赁合同,将其自用房屋转为对外出租,该房屋的成本为 500 万元,预计使用年限为 20 年。该房屋在转为投资性房地产之前已使用 4 年,甲公司按照直线法计提折旧,预计净残值为 0。转为投资性房地产核算后,因为能够持续可靠地取得该投资性房地产的公允价值,甲公司选择采用公允价值对该投资性房地产进行后续计量。假定对该房屋建筑物,税法规定的折旧方法、折旧年限及净残值与会计上的规定相同。同时,假定税法规定资产在持有期间公允价值的变动所产生的差异不计入应纳税所得额,待处置时一并计算确定应计入应纳税所得额的金额。该项投资性房地产在 2012 年 12 月 31 日的公允价值为 460 万元。有关分析如下:

因假定税法规定资产在持有期间公允价值的变动不计入应纳税所得额,则其计税基础应为按照取得成本扣除按照税法规定允许税前扣除的折旧额后的金额,即:

该项投资性房地产2012 年 12 月 31 日的计税基础＝500－500÷20×5＝375(万元)

②其他计提了资产减值准备的各项资产

有关资产计提了减值准备后,其账面价值会随之下降,而按照税法规定,资产的减值在转化为实质性损失之前,不允许税前扣除,即其计税基础不会因减值准备的提取而发生变化,从而造成资产的账面价值与其计税基础之间的差异。

【例 8-7】H 公司 2012 年购入原材料成本为 3 000 万元,因部分生产线停工,当年未领用任何原材料。2012 年资产负债表日,考虑到该项材料的市价及用其生产产品的市价情况,估计该原材料的可变现净值为 2 800 万元。假定公司该原材料的期初余额为 0。

由于该项原材料因期末可变现净值低于成本,所以应计提存货跌价准备,其金额为 200 万元(3 000－2 800),计提存货跌价准备后,该项原材料的账面价值为 2 800 万元。

税法规定,计算缴纳所得税时,按照企业会计准则规定计提的资产减值准备不允许税前扣除,因此,该项原材料的计税基础不会因存货跌价准备的提取而发生变化,即其计税基础仍应维持原来的取得成本 3 000 万元不变。

【例 8-8】A 公司 2012 年 12 月 31 日应收账款余额为 6 000 万元,该公司期末对应收账款计提了 600 万元的坏账准备。根据税法的规定,按照应收账款期末余额 5‰计提的坏账准备允许税前扣除。假定该公司期初应收账款及坏账准备的余额均为 0。

该项应收账款在 2012 年资产负债表日的账面价值为 5 400 万元(6 000－600)。其计税基础为账面价值 6 000 万元减去按照税法规定可予税前扣除的坏账准备 30 万元,即为 5 970 万元。

2.负债的计税基础

负债的计税基础是指资产负债表上负债的账面价值减去未来期间计算应纳税所得额时按照税法规定可予抵扣的金额。显然,负债的计税基础是税法规定未来不可以扣除的负债价值,也就是未来需要纳税的负债价值,或是现在不需要纳税的负债价值,或现在可以税前列支抵扣的金额。用公式表示为:

负债的计税基础=负债账面价值－未来期间按税法规定准予税前扣除的金额

具体确认负债计税基础时应区分以下不同情况进行处理:(1)负债计税基础等于账面价值。一般负债的确认和清偿并不影响所得税的计算,如短期借款、应付票据、应付账款、其他应付款等负债的确认和偿还,不会对当期损益和应纳税所得额产生影响,该负债引发的费用不允许抵扣未来的应纳税所得额,即计税基础等于账面价值。(2)负债计税基础与账面价值不等。某些情况下,负债的确认可能会涉及损益,进而影响不同期间的应纳税所得额,如某项负债引发的收入当前构成部分纳税所得,则负债计税基础与账面价值就会出现不等。与资产相似,在负债计税基础与账面价值不等的情况中,也有一种特殊情况,即负债的计税基础为0,这往往是由该类负债引发的费用允许抵扣未来的应纳税所得额引起的,所以其计税基础为0,这种情况通常发生在企业因或有事项确认的预计负债中。

(1)企业因销售商品提供售后服务等原因确认的预计负债

按照《企业会计准则第13号——或有事项》的规定,企业应将预计提供售后服务发生的支出在销售当期确认为费用,同时确认预计负债。假定税法规定有关的支出应于发生时税前扣除,由于该类事项产生的预计负债在期末的计税基础为其账面价值与未来期间可税前扣除的金额之间的差额,有关的支出实际发生时可全部税前扣除,其计税基础为0。

因其他事项确认的预计负债,应按照税法规定的计税原则确定其计税基础。某些情况下,因有些事项确认的预计负债,假定税法规定其支出无论是否实际发生均不允许税前扣除,即未来期间按照税法规定可予抵扣的金额为0,其账面价值与计税基础相同。

【例8-9】甲企业2012年因销售产品承诺提供3年的保修服务,在当年度利润表中确认了300万元的销售费用,同时确认为预计负债,当年度未发生任何保修支出。假定按照税法规定,与产品售后服务相关的费用在实际发生时允许税前扣除。

该项预计负债在甲企业2012年12月31日资产负债表中的账面价值为300万元。

假定税法规定,与产品保修相关的费用在未来期间实际发生时才允许税前扣除,所以,该项负债的计税基础为账面价值扣除未来期间计算应纳税所得额时按照税法规定可予以抵扣的金额,与该项负债相关的保修支出在未来期间实际发生时可予税前扣除,即未来期间计算应纳税所得时按照税法规定可予抵扣的金额为 300 万元,该项负债的计税基础为 0。

(2)预收账款

企业在收到客户预付的款项时,因不符合收入确认条件,会计上将其确认为负债。税法中对于收入的确认原则一般与会计规定相同,即会计上未确认收入时,计税时一般亦不计入应纳税所得额,该部分经济利益在未来期间计税时可予税前扣除的金额,即其计税基础等于账面价值。

某些情况下,因不符合会计准则规定的收入确认条件,未确认为收入的预收款项,按照税法规定应计入当期应纳税所得额时,有关预收账款的计税基础为 0,即因其产生时已经计算缴纳所得税,未来期间可全额税前扣除。

【例 8-10】甲公司于 2012 年 12 月 20 日收到某客户一笔合同预付款,金额为 2 000 万元,因不符合收入确认条件,将其作为预收账款核算。假定按照税法规定,该款项应计入当期应纳税所得额计算缴纳所得税。

该预收账款在甲公司 2012 年 12 月 31 日资产负债表中的账面价值为 2 000 万元。

假定按照税法规定,该项预收账款应计入当期应纳税所得额计算缴纳所得税,与该项负债相关的经济利益已在当期计算缴纳所得税,未来期间按照企业会计准则规定应确认收入时,不再计入应纳税所得额,即其应于未来期间计算应纳税所得额时税前扣除的金额为 2 000 万元,计税基础为账面价值 2 000 万元减去未来期间计算应纳税所得额时按照税法规定可予抵扣的金额 2 000 万元,即计税基础等于 0。

(3)应付职工薪酬

企业会计准则规定,企业为获得职工提供的服务所给予的各种形式的报酬以及其他相关支出均应为企业的成本费用,在未支付之前确认负债。税法中对于合理的职工薪酬基本允许税前扣除,但税法中如果规定了税前扣除标准的,按照会计准则规定计入成本费用支出金额超过规定标准部分,应进行纳税调整。因超过部分在发生当期不允许税前扣除,在以后期间也不允许税前扣除,即该部分差额对未来期间的计税不产生暂时性影响,所产生的应付职工薪酬负债的账面价值等于计税基础。另外,按照《企业所得税法实施条例》的规定,企业发生的合理的工资薪金支出以及企业发生的职工福利费支出不超过工资薪金总额 14% 的部分,准予税前扣除。一般情况下,对于应付职工薪酬,其计税基础为账面价值减去在未来期间可予税前扣除的金额之间的差额。

【例 8-11】甲企业 2012 年 12 月份计入成本费用的职工工资总额为 5 000 万元,至 2012 年 12 月 31 日尚未支付。按照适用税法规定,当期计入成本费用的 5 000 万元工资支出中,可予税前扣除的合理部分为 3 500 万元。

该项应付职工薪酬负债于 2012 年 12 月 31 日的账面价值＝5 000 万元

该项应付职工薪酬负债于 2012 年 12 月 31 日的计税价值＝账面价值 5 000 万元－未来期间计算应纳税所得额时按照税法规定可予抵扣的金额 0
＝5 000 万元

【例 8-12】明达公司 2012 年 12 月计入成本费用的职工工资总额为 4 000 万元,实际列支的职工福利费为 85 万元,按税法规定不超过工资薪金总额 14% 的部分 70 万元可以税前扣除,超过部分要进行纳税调整。

企业会计准则规定,企业为获得职工提供的服务所给予的各种形式的报酬以及其他相关支出均应作为企业的成本费用,在未支付之前确认为负债。该项"应付职工薪酬——职工福利"负债的账面价值为 85 万元。

明达公司实际发生的职工福利支出 85 万元与按照税法规定允许税前扣除的金额 70 万元之间所产生的 15 万元差额在当期发生即应进行纳税调整,并且在未来会计期间不允许在税前扣除,该项应付职工薪酬的计税基础＝账面价值 85 万元－未来期间计算应纳税所得额时按照税法规定可予抵扣的金额 0＝85 万元。

(4) 其他负债

企业应缴的罚款和滞纳金等,在尚未支付之前按照会计规定确认为费用,同时作为负债反映。税法规定,罚款和滞纳金不能税前扣除,其计税基础为账面价值减去未来期间计税时可予税前扣除的金额 0 之间的差额,即计税基础等于账面价值。

【例 8-13】明达公司 2012 年 12 月因违反当地有关环保法规的规定,接到环保部门的处罚通知,要求其支付 200 万元的罚款。税法规定,企业因违反国家有关法律法规支付的罚金和滞纳金,计算应纳税所得额时不允许税前扣除。到 2012 年 12 月 31 日,该项罚款尚未支付。

对于该项罚款,明达公司应记入 2012 年利润表,同时确认为资产负债表中的负债。

税法规定,企业违反国家有关法律法规支付的罚款和滞纳金不允许税前扣除,即该项负债在未来期间计税时按照税法规定准予税前扣除的金额为 0,

则其计税基础=账面价值 200 万元－未来期间计算应纳税所得额时按照税法规定可予抵扣的金额 0=200 万元。

8.3.4 暂时性差异

暂时性差异是指资产或负债的账面价值与其计税基础之间的差额。某些不符合资产、负债的确认条件，未作为财务会计报告中资产、负债列示的项目，如果按照税法规定可以确定其计税基础，该计税基础与其账面价值之间的差额也属于暂时性差异。

暂时性差异具有以下特点：一是暂时性差异的计算值是一个累计值。由于资产或负债的计税基础与账面价值是累计的，因而暂时性差异也是一个累计值。暂时性差异在以后年度资产收回或负债清偿时，会产生应税利润或可抵扣金额，随时间推移会逐渐消除，即暂时性差异可以转回，且转回数与原发生数总额相同。二是暂时性差异不同于时间性差异。时间性差异一定是暂时性差异，但暂时性差异并不都是时间性差异。暂时性差异按照其对未来期间应税金额的影响，分为应纳税暂时性差异和可抵扣暂时性差异。

1. 应纳税暂时性差异

应纳税暂时性差异是指在确定未来收回资产或清偿负债期间的应纳税所得额时，将导致产生应税金额的暂时性差异。该差异在未来期间转回时，会增加转回期间的应纳税所得额，即在未来期间不考虑该事项影响的应纳税所得额的基础上，由于该暂时性差异的转回，会进一步增加转回期间的应纳税所得额和应交所得税金额。在该暂时性差异产生的当期，应当确认相关的递延所得税负债。

应纳税暂时性差异一般产生于以下两种情况：

(1) 资产的账面价值大于其计税基础

一项资产的账面价值代表的是企业在持续使用及最终出售该资产时会取得的经济利益的总额，而计税基础代表的是一项资产在未来期间可予税前扣除的总金额。当资产的账面价值大于其计税基础时，应税经济利益的金额也将超过计税时允许抵扣的金额，此差额在未来期间支付所产生的所得税义务构成一项递延所得税负债。当企业收回该资产的账面价值时，应税暂时性差异将转回，企业将获得应税利润，使得经济利益很可能以税款支付的方式流出企业。

(2) 负债的账面价值小于其计税基础

一项负债的账面价值为企业预计在未来期间清偿该项负债时的经济利益

流出,而其计税基础代表的是账面价值在扣除税法规定未来期间允许税前扣除的金额之后的差额。当负债的账面价值小于其计税基础时,经济资源在未来从企业流出的金额也将低于不允许抵扣的金额,此差额在未来期间支付所产生的所得税义务构成一项递延所得税负债。当企业清偿该负债的账面价值时,应税暂时性差异也将转回,企业将获得应税利润,使得经济利益很可能以税款支付的方式流出企业。

【例 8-14】2007 年 12 月 1 日,华安公司购买价值 50 000 元的设备,已安装调试完毕交付使用,预计可使用 5 年。会计上采用直线法计提折旧,无残值。假定税法规定采用双倍余额递减法计提折旧,也无残值。华安公司各资产负债表日形成的应纳税暂时性差异见表 8-1。

表 8-1 华安公司各资产负债表日应纳税暂时性差异

单位:元

日期 项目	12 月 31 日				
	2008 年	2009 年	2010 年	2011 年	2012 年
账面价值	40 000	30 000	20 000	10 000	0
计税基础	30 000	18 000	10 800	5 400	0
应纳税暂时性差异	10 000	12 000	9 200	4 600	0

2.可抵扣暂时性差异

可抵扣暂时性差异是指在确定未来收回资产或清偿负债期间的应纳税所得额时,将导致产生可抵扣金额的暂时性差异。该差异在未来期间转回时会减少转回期间的应纳税所得额,减少未来期间的应交所得税。在该暂时性差异产生的当期,应当确认相关的递延所得税资产。

可抵扣暂时性差异一般产生于以下两种情况:

(1)资产的账面价值小于其计税基础

当资产的账面价值小于其计税基础时,应税经济利益的金额也将低于计税时允许抵扣的金额,此差额在未来期间作为费用扣除,减少应交所得税,从而产生可抵扣暂时性差异,构成一项递延所得税资产。当企业收回该资产的账面价值时,可抵扣暂时性差异将转回,企业将获得抵扣。

(2)负债的账面价值大于其计税基础

当负债的账面价值大于其计税基础时,未来期间按照税法规定构成负债的全部或部分金额可以自未来应税经济利益中扣除,减少未来期间的应纳税所得额和应交所得税,产生可抵扣暂时性差异,其实质就是税法规定该项负债可以在未来期间税前扣除的金额。

用公式表示为:

负债产生的可抵扣暂时性差异 ＝账面价值－计税基础

＝账面价值－(账面价值－未来期间按税法规定准予税前扣除的金额)

＝未来期间按税法规定准予税前扣除的金额

对于按照税法规定可以结转以后年度的未弥补亏损及税款抵减,虽不是因资产、负债的账面价值与计税基础不同产生的,但本质上可抵扣亏损和税款抵减,与可抵扣暂时性差异具有同样的作用,均能够减少未来期间的应纳税所得额,进而减少未来期间的应交所得税。在会计处理上,视同可抵扣暂时性差异,在符合条件的情况下,应确认与其相关的递延所得税资产。

【例 8-15】2007 年 12 月 1 日,平安公司购买价值 50 000 元的设备,已安装调试完毕交付使用,预计可使用 5 年。会计上采用双倍余额递减法计提折旧,无残值。假定税法规定采用直线法计提折旧,也无残值。平安公司各资产负债表日形成的可抵扣暂时性差异见表 8-2。

表 8-2 平安公司各资产负债表日可抵扣暂时性差异

单位:元

日期 项目	12 月 31 日				
	2008 年	2009 年	2010 年	2011 年	2012 年
账面价值	30 000	18 000	10 800	5 400	0
计税基础	40 000	30 000	20 000	10 000	0
可抵扣暂时性差异	10 000	12 000	9 200	4 600	0

3.特殊项目产生的暂时性差异

(1)未作为资产、负债确认项目产生的暂时性差异

某些交易或事项发生以后,因为不符合资产、负债的确认条件而未体现为资产负债表中的资产或负债,但按照税法规定能够确定其计税基础的,其账面价值与计税基础之间的差异也构成暂时性差异。

【例 8-16】甲公司 2012 年发生了 500 万元广告费,发生时已作为销售费用计入当期损益。税法规定,广告费不超过当年销售收入 15％的部分允许当期

税前扣除,超过部分可向以后年度结转税前扣除。甲公司2012年实现销售收入2 000万元。

广告费因按照会计准则规定在发生时已计入当期损益,不体现为资产负债表中的资产,即如果将其视为资产,其账面价值为0。

按照税法规定,广告费税前列支有一定的标准限值,根据当期甲公司销售收入的15%计算,当期可予税前扣除的广告费为300万元(2 000×15%),当期未予税前扣除的200万元可向以后年度结转,其计税基础为200万元。

该项目的账面价值0与其计税基础200万元之间产生了200万元的暂时性差异,该暂时性差异在未来期间可减少企业应纳税所得额,其差异的性质为可抵扣暂时性差异。

(2)可抵扣亏损及税款抵减产生的暂时性差异

对于按照税法规定可以结转以后年度的未弥补亏损及税款抵减,虽不是因资产、负债的账面价值与计税基础不同产生的,但本质上可抵扣亏损和税款抵减,与可抵扣暂时性差异具有同样的作用,都会减少未来期间的应纳税所得额,进而减少未来期间的应交所得税,因而可确认为可抵扣暂时性差异。

【例8-17】甲公司2012年因政策性原因发生经营亏损500万元,按照税法规定,该亏损可用于抵减以后5个年度的应纳税所得额。该公司预计其未来5年期间能够产生足够的应纳税所得额弥补该经营亏损。

该经营亏损虽然不是将资产、负债各自的账面价值与其计税基础相比较而产生的差异,但从其性质来看,与可抵扣暂时性差异一样,将会减少未来期间的应纳税所得额和应交所得税,所以,仍应按可抵扣暂时性差异处理。

(3)企业合并中取得有关资产、负债产生的暂时性差异

对于企业合并中取得资产或负债,因会计准则规定与税收法规规定不同,可能使得对于企业合并中取得的资产、负债的入账价值与按照税法规定确定的计税基础不同,如在非同一控制下的企业合并中,按照会计准则规定确定的合并中取得各项可辨认资产、负债的公允价值与其计税基础之间形成的应纳税暂时性差异。

8.3.5 递延所得税的确认与计量

企业在计算确定了应纳税暂时性差异与可抵扣暂时性差异后,应当按照税法规定确认与可抵扣暂时性差异相关的递延所得税资产,以及与应纳税暂时性差异相关的递延所得税负债。

1. 递延所得税资产的确认与计量

(1)递延所得税资产确认的一般原则

资产、负债的账面价值与其计税基础不同,产生可抵扣暂时性差异的,在估计未来期间能够取得足够的应纳税所得额用于弥补该可抵扣暂时性差异时,应当以很可能取得用来抵扣可抵扣暂时性差异的应纳税所得额为限,确认相关的递延所得税资产。

①递延所得税资产的确认应以未来期间可能取得的应纳税所得额为限。在可抵扣暂时性差异转回的未来期间内,企业无法产生足够的应纳税所得额用于抵减可抵扣暂时性差异的影响,使得与递延所得税资产相关的经济利益无法实现的,该部分递延所得税资产不应确认;企业有明确的证据表明其可抵扣暂时性差异转回的未来期间能够产生足够的应纳税所得额,进而能够转回可抵扣暂时性差异的,则应以可能取得的应纳税所得额为限,确认相关的递延所得税资产。

考虑到可抵扣暂时性差异在转回的期间内,可能受到取得应纳税所得额的限制,即因无法取得足够的应纳税所得额而未确认相关的递延所得税资产的,应在会计报表附注中进行披露。

②按照税法规定可以结转以后年度的未弥补亏损和税款抵扣,应视同可抵扣暂时性差异处理。在预计可弥补亏损或税款抵减的未来期间内能够取得足够的应纳税所得额时,应当以很可能取得的应纳税所得额为限,来确认相应的递延所得税资产,同时减少确认当期的所得税费用。

与可抵扣亏损和税款抵减相关的递延所得税资产,其确认条件与可抵扣暂时性差异产生的递延所得税资产相同。

③非同一控制下的企业合并中,按照会计准则规定确定的合并中取得的各项可辨认资产、负债的入账价值与其计税基础之间形成可抵扣暂时性差异的,应确认相应的递延所得税资产,并调整合并中应确认的商誉等。

【例8-18】甲公司所得税税率为25%,2012年通过购买与其没有关联关系的乙公司100%的股份,使乙公司成为甲公司的一个全资子公司,不再保留单独的法人地位。在企业合并中取得的各项可辨认资产的账面价值为800万元,可辨认资产的公允价值为1 200万元。假设税法不允许按照公允价值调整,则资产账面价值小于资产计税基础的差额形成可抵扣暂时性差异,应确认相应的递延所得税资产。

$$递延所得税资产 = 可抵扣暂时性差异 \times 所得税税率$$
$$= (1\,200 - 800) \times 25\%$$
$$= 100(万元)$$

④与直接计入所有者权益的交易或事项相关的可抵扣暂时性差异,其相应的递延所得税资产应计入所有者权益。

【例8-19】甲公司有丙公司股票,这些股票为可供出售金融资产。购买该股票时的公允价值为450万元,2012年末,该股票的公允价值为340万元。按照《企业会计准则第22号——金融工具确认与计量》的规定,可供出售金融资产公允价值变动形成的利得或损失,除减值损失和外币货币资产形成的汇兑损益外,应当直接记入所有者权益。按照税法规定,可供出售金融资产成本在持有期间保持不变。资产账面价值340万元与资产计税基础450万元之间的差额形成可抵扣暂时性差异,应确认相应的递延所得税资产。

递延所得税资产＝可抵扣暂时性差异×所得税税率
　　　　　　　＝(450－340)×25%
　　　　　　　＝27.5(万元)

(2)不确认递延所得税资产的特殊情况

某些情况下,如果企业发生的某项交易或事项不是企业合并,并且交易发生时既不影响会计收益,也不影响应纳税所得额,且该项交易中产生的资产、负债的初始确认金额与其计税基础不同,产生可抵扣暂时性差异的,企业会计准则中规定在交易或事项发生时不确认相应的递延所得税资产。其原因是,在这种情况下,如果确认递延所得税资产,则需调整资产、负债的入账价值,对实际成本进行调整将有违会计核算中的历史成本原则,影响会计信息的可靠性。

【例8-20】甲公司当期以融资租赁方式租入一项固定资产,该项固定资产在租赁日的公允价值为4 000万元,最低租赁付款额的现值为3 920万元。租赁合同中约定,租赁期内总付款额为4 400万元。假定不考虑在租入资产过程中发生的相关费用。

企业会计准则规定,承租人应当将租赁开始日租赁资产公允价值与最低租赁付款额现值两者中较低者作为租入资产的入账价值,即甲企业该融资租入固定资产的入账价值应为3 920万元。

《企业所得税法实施条例》规定,融资租入的固定资产,以租赁合同约定的付款总额和承租人在签订租赁合同过程中发生的相关费用为计税基础,租赁合同未约定付款总额的,以该资产的公允价值和承租人在签订租赁合同过程中发生的相关费用为计税基础,即其计税基础为4 400万元。

租入资产的入账价值3 920万元与其计税基础4 400万元之间的差异,该资产并非产生于企业合并,同时在其初始确认时,既不影响会计利润,也不影响应纳税所得额,不应确认相关的递延所得税资产。

(3)递延所得税资产的计量

①适用税率的确定。确定递延所得税资产时,应估计相关可抵扣暂时性差异的转回时间,采用转回期间使用的所得税税率为基础计算确定。无论相关的可抵扣暂时性差异转回期间如何,递延所得税资产均不予折现。

②递延所得税资产的减值。资产负债表日,企业应当对递延所得税资产的账面价值进行复核,如果未来期间很可能无法取得足够的应纳税所得额用于抵扣递延所得税资产的利益,应当减记递延所得税资产的账面价值。递延所得税资产的账面价值减记以后,在以后期间应根据新的环境和情况判断,能够产生足够的应纳税所得额用于抵扣暂时性差异带来的利益,使得递延所得税资产包含的经济利益能够实现的,应相应恢复递延所得税资产的账面价值。

2.递延所得税负债的确认与计量

应纳税暂时性差异在转回期间将增加未来期间企业的应纳税所得额和应交所得税,导致企业经济利益的流出。因此,在其发生的当期,构成企业应支付税金的义务,应作为递延所得税负债的确认。

(1)递延所得税负债确认的一般原则

①除企业会计准则中明确规定可不确认递延所得税负债的情况以外,企业对于所有的应纳税暂时性差异,均应确认相关的递延所得税负债。除直接计入所有者权益的交易或事项以及企业合并外,在确认递延所得税负债的同时,应增加利润表中的所得税费用。

②确认应纳税暂时性差异产生的递延所得税负债时,交易或事项发生时影响到会计收益或应纳税所得额的,相关的所得税应相应作为利润表中所得税费用的组成部分,即递延所得税负债的确认应导致利润表中所得税费用增加;与直接计入所有者权益的交易或事项相关的,其所得税应相应增加或减少所有者权益;企业合并产生的,相关的递延所得税影响应调整购买日应确认的商誉或是计入当期损益的金额。

【例8-21】甲企业于2010年12月28日取得某项科研用固定资产,原价为400万元,使用年限为10年,会计上采用直线法计提折旧,净残值为0。假定税法规定科研用固定资产采用双倍余额递减法计提折旧。2012年12月31日,企业估计该项固定资产的可收回金额为300万元。

2012年12月31日:

该项固定资产的账面价值=400−40×2−20=300(万元)

该项固定资产的计税基础=400−400×20%−320×20%=256(万元)

第8章 企业所得税会计

该项固定资产账面价值 300 万元与其计税基础 256 万元之间产生了 44 万元的暂时性差异,该差异会增加企业未来期间的应纳税所得额和应交所得税,属于应纳税暂时性差异,应确认相应的递延所得税负债。

(2)不确认递延所得税负债的情况

有些情况下,虽然资产、负债的账面价值与其计税基础不同,产生了应纳税暂时性差异,但出于各方面考虑,企业会计准则中规定不确认相应的递延所得税负债。

①商誉的初始确认。非同一控制下的企业合并中,因企业合并成本大于合并中取得的被购买方可辨认净资产公允价值的差额,按照会计准则的规定确认为商誉,但按照税法规定不允许确认商誉,即商誉的计税基础为 0,两者之间的差额形成应纳税暂时性差异。因确认该递延所得税负债会增加商誉的价值,会计准则规定,对于该应纳税暂时性差异不确认与其相关的递延所得税负债。

【例 8-22】甲企业以增发市场价值为 6 000 万元的本企业普通股为对价,购入乙企业 100% 的净资产,对其进行吸收合并。假定该项合并符合税法规定的免税合并条件,购买日各项可辨认资产、负债的公允价值及其计税基础如表 8-3 所示。

表 8-3 购买日各项可辨认资产、负债的公允价值及其计税基础

单位:万元

项 目	公允价值	计税基础	暂时性差异
固定资产	4 700	3 550	1 150
应收账款	1 100	1 100	0
存 货	3 740	3 240	500
其他应付款	(300)	0	(300)
应付账款	(2 200)	(2 200)	0
不包括递延所得税的可辨认资产、负债的公允价值	5 040	3 690	1 350

甲企业适用的所得税税率为 25%,该项交易中应确认递延所得税负债及商誉的金额计算如下(单位:万元):

可辨认净资产公允价值(不包括应确认的递延所得税)   5 040

加:递延所得税资产(300×25%)   75

减：递延所得税负债(1 650×25%)	412.50
考虑递延所得税后：	
可辨认资产、负债的公允价值	4 702.50
加：商誉	1 297.50
企业合并成本	6 000

所确认的商誉金额 1 297.50 万元与其计税基础 0 之间产生的应纳税暂时性差异，按照会计准则的规定，不再进一步确认相关的所得税影响。

②与子公司、联营企业、合营企业投资等相关的应纳税暂时性差异，一般应确认相应的递延所得税负债，但同时满足以下两个条件的除外：一是投资企业能够控制暂时性差异转回的时间，二是该暂时性差异在可预见的未来很可能不会转回。同时满足上述条件时，投资企业可以利用自身的影响力决定暂时性差异的转回，如果不希望其转回，则在可预见的未来，该项暂时性差异不会转回，从而对未来期间不会产生所得税影响，无需确认相应的递延所得税负债。

【例 8-23】 A 公司持有 B 公司 25% 的股权，因为能够参与 B 公司的生产经营决策，对该项投资采用权益法核算。2012 年初，A 公司购买股权时，实际支付价款 2 000 万元。取得投资当年年末，B 公司实现净利润 400 万元，假定不考虑相关的调整因素，A 公司按其持股比例计算应享有 100 万元。A 公司适用的所得税税率为 25%，B 公司适用的所得税税率为 15%。B 公司在会计期末未指定任何利润分配方案，除该事项外，不存在其他会计与税收的差异，递延所得税资产及递延所得税负债均不存在期初余额。

按照权益法的核算原则，取得投资当年年末，A 公司长期股权投资的账面价值增加 100 万元，确认投资收益 100 万元。会计上的账面价值增加 100 万元，税法规定长期股权投资的计税基础在持有期间不变，因此，产生应纳税暂时性差异 100 万元。

2012 年末，B 公司未指定任何利润分配方案，没有分配利润。根据《企业所得税法实施条例》第 17 条的规定：股息、红利等权益性投资收益，除国务院财政、税务主管部门另有规定外，按照被投资方做出利润分配决定的日期确认收入的实现。税收在 2012 年末并不确认应纳税所得额，会计处理与税收对投资收益确认上的差异应当确认相应的递延所得税负债 25 万元(100×25%)。

如果 A 公司取得 B 公司股权的目的并非为了从 B 公司分得利润，而是希望从 B 公司持续得到原材料供应，同时与其他投资者签订协议，在被投资单位制定利润分配方案时做相同的意思表示，控制被投资单位利润分配的时间，从各方协议情况看,不希望被投资单位在可预见的未来进行利润分配。因符合不确认递延所得税负债的条件,对该部分100万元的应纳税暂时性差异不确认相关的递延所得税负债。

(3)除企业合并以外的其他交易或事项中,如果该交易或事项发生时既不影响会计收益,也不影响应纳税所得额,则所产生的资产、负债的初始确认金额与其计税基础不同,形成应纳税暂时性差异的,交易或事项发生时不确认相应的递延所得税负债。该规定主要是考虑到由于交易发生时既不影响会计收益,也不影响应纳税所得额,确认递延所得税负债的直接结果是增加有关资产的账面价值或是降低确认负债的账面价值,使得资产、负债在初始确认时,违背历史成本原则,影响会计信息的可靠性。

3. 递延所得税负债的计量

(1)资产负债表日,对于递延所得税负债,应根据适用税法规定,按照与其清偿该负债期间的适用税率计量。即递延所得税负债应以相关应纳税暂行性差异转回期间按照税法规定适用的所得税税率计量。

在我国,除享受优惠政策的情况外,企业适用的所得税税率在不同年度之间一般不会发生变化,企业在确认递延所得税负债时,可以按照现行适用的税率为基础计算确定。对于享受优惠政策的企业,所产生的暂时性差异应以预计其转回期间的适用所得税税率为基础计量。

(2)无论应纳税暂时性差异的转回期间如何,准则中规定递延所得税负债不要求折现。对递延所得税负债进行折现,企业需要对相关的应纳税暂时性差异进行详细的分析,确定其具体的转回时间表,并在此基础上,按照一定的利率折现后确定递延所得税负债的金额。在实务中,要求企业进行类似的分析工作量比较大,包含的主观判断因素较多,且很多情况下无法合理确定暂时性差异的具体转回时间,因此,准则规定递延所得税负债不要求折现。

8.3.6 所得税费用的确认和计量

企业核算所得税,主要是为确定当期应交所得税以及利润表中应确认的所得税费用。在按照资产负债表债务法核算所得税的情况下,利润表中的所得税费用由当期所得税和递延所得税两部分组成。

1. 当期所得税

当期所得税是指企业按照税法规定计算确定的针对当期发生的交易和事项,应当缴纳给税务部门的所得税金额,即应交所得税,应以适用的税收法规为基础计算确定。用公式表示为:

当期所得税＝当期应交所得税
＝应纳税所得额×适用税率

企业在确定当期所得税时,对于当期发生的交易或事项,会计处理与税收处理不同的,应在会计利润的基础上,按照适用税收法规的要求进行调整,计算出当期应纳税所得额,按照应纳税所得额与适用所得税税率计算确定当期应交所得税,并以此作为当期所得税。

2. 递延所得税

递延所得税是指按照企业会计准则规定应予确认的递延所得税资产和递延所得税负债,在期末应有的金额相对于原已确认金额之间的差额,即递延所得税资产及递延所得税负债的当期发生额的综合结果。用公式表示为:

$$\text{递延所得税} = \left[\text{期末递延所得税负债} - \text{期初递延所得税负债}\right] - \left[\text{期末递延所得税资产} - \text{期初递延所得税资产}\right]$$

递延所得税的计算公式也可以表示为:

$$\text{递延所得税} = \text{当期递延所得税负债的增加} + \text{当期递延所得税资产的减少} - \text{当期递延所得税负债的减少} - \text{当期递延所得税资产的增加}$$

需要说明的是,递延所得税可分为递延所得税费用和递延所得税收益两个方面。上述公式中,计算结果若为正数,即为递延所得税费用;计算结果若为负数,即为递延所得税收益。

值得注意的是,企业因确认递延所得税资产和递延所得税负债产生的递延所得税,一般应当计入当期利润表所得税费用中,但以下两种情况除外:

一是某项交易或事项按照会计准则规定应计入所有者权益的,由该交易或事项产生的递延所得税资产或递延所得税负债及其变化也应计入所有者权益,不构成利润表中的递延所得税费用(或收益)。

二是非同一控制下的企业合并中取得的资产、负债,其账面价值与计税基础不同产生的递延所得税资产或递延所得税负债,其确认结果直接影响购买日确认的商誉或计入合并当期损益的金额,不影响合并时的所得税费用。

3. 所得税费用

在计算确定当期所得税及递延所得税的基础上,应将两者之和确认为当期利润表中的所得税费用,但不包括直接计入所有者权益的交易或事项及企业合并的所得税影响。用公式表示为：

所得税费用＝当期所得税＋递延所得税费用－递延所得税收益

8.4 企业所得税的会计核算

8.4.1 企业所得税会计核算的账户设置

为了核算和监督企业的所得税费用,企业应当设置"所得税费用"、"应交税费——应交所得税"、"递延所得税资产"和"递延所得税负债"等会计账户。

1. "所得税费用"账户

"所得税费用"账户用来核算企业确认的应从当期利润总额中扣除的所得税费用。该账户的借方反映在资产负债表日,企业按照税法规定计算确定的当期应交所得税和递延所得税资产应有余额小于"递延所得税资产"账户余额的差额("递延所得税资产"账户的贷方),或递延所得税负债应有余额大于"递延所得税负债"账户余额的差额("递延所得税负债"账户的贷方);贷方反映在资产负债表日,递延所得税资产应有余额大于"递延所得税资产"的账户余额的差额("递延所得税资产"账户的借方),或递延所得税负债应有余额小于"递延所得税负债"账户余额的差额("递延所得税负债"账户的借方)。会计期末,应将该账户的余额结转到"本年利润"账户,本账户会计期末没有余额。"所得税费用"账户设置"当期所得税费用"和"递延所得税费用"两个明细账户,进行明细核算。

2. "应交税费——应交所得税"账户

核算企业按照税法规定计算的当期应缴纳的所得税。该账户的贷方反映企业当期应缴纳的所得税;借方反映企业实际缴纳的所得税;期末贷方余额,反映企业尚未缴纳的所得税。

3. "递延所得税资产"账户

"递延所得税资产"账户用来核算企业确认的可抵扣暂时性差异产生的递延所得税资产。该账户的借方反映在资产负债表日企业递延所得税负债的应有余额大于其账面余额的差额;贷方反映在资产负债表日企业递延所得税资产的应有余额小于其账面余额的差额;期末贷方余额,反映企业已确认的递延所得税资产。

4."递延所得税负债"账户

"递延所得税负债"账户用来核算企业确认的应纳税暂时性差异产生的递延所得税负债。该账户的贷方反映在资产负债表日企业递延所得税负债的应有余额大于其账面余额的差额;借方反映在资产负债表日企业递延所得税负债的应有余额小于其账面余额的差额;期末借方余额,反映企业已确认的递延所得税负债。

5."本年利润"账户

"本年利润"账户用来核算企业当期实现的净利润(或发生的净亏损)。企业期(月)末结转利润时,应将各收入类账户的金额转入该账户的贷方,将各费用类账户的金额转入该账户的借方,结平各损益类账户。结转后,该账户的期末贷方余额为当期实现的净利润,借方余额为当期发生的净亏损。年度终了,应将本年收入和支出相抵后结出的本年实现的净利润(或发生的净亏损),自该账户转入到"利润分配——未分配利润"账户,年度结转后该账户应无余额。

8.4.2 企业所得税的会计处理

1.计入所得税费用的递延所得税会计处理

在资产负债表债务法下,企业仅确认暂时性差异的所得税影响,对暂时性差异采用跨期摊配法进行处理。在核算递延所得税时,递延所得税资产和递延所得税负债的计量,应当反映资产负债表日企业预期收回资产或清偿债务方式的纳税影响,即在计量递延所得税资产和递延所得税负债时,应当采用与收回资产或清偿债务的预期方式相一致的税率和计税基础。

如果适用税率发生变化,应对已确认的递延所得税资产和递延所得税负债进行调整,但调整的方法不是追溯调整法,而是对递延所得税的账面余额按现行税率进行自然调整,并将其影响数计入变化当期的所得税费用,但直接在所有者权益中确认的交易或者事项产生的递延所得税除外。其方法如下:

①计算递延所得税资产或负债的期末余额。按照可抵扣暂时性差异或应纳税暂时性差异的期末余额和变动后的所得税税率,计算递延所得税资产或负债的期末余额。计算公式为:

$$\text{递延所得税资产或负债的期末余额} = \text{可抵扣暂时性差异或应纳税暂时性差异的期末余额} \times \text{所得税税率}$$

② 计算本期递延所得税资产或负债的发生额。根据递延所得税资产或负债的期初余额和递延所得税资产或负债的期末余额,计算本期递延所得税资产或负债的发生额。由于期初余额是按照变动前税率计算出来的,期末余额是按照变动后税率计算出来的,这样,本期递延所得税资产或负债的发生额就自然调整成按新税率确定的金额。计算公式为:

$$\text{本期递延所得税资产或负债的发生额} = \text{递延所得税资产或负债的期末余额} - \text{递延所得税资产或负债期初余额}$$

【例 8-24】2008 年 12 月 25 日,金华公司购买一台价值 800 000 元不需要安装的设备,投入生产使用,预计使用 4 年,与税法规定一致,预计无残值。会计上采用直线法计提折旧,税法规定按年数总和法计提折旧。自 2009 年起,金华公司每年利润总额为 1 000 000 元,无其他纳税调整事项。金华公司前两年所得税税率为 20%,后两年适用所得税税率为 25%。

要求:采用资产负债表债务法进行会计核算。

根据上述资料计算各年度暂时性差异的余额和发生额,如表 8-4 所示。

表 8-4 暂时性差异计算表

单位:元

年份	资产原值	账面价值		计税基础		应纳税暂时性差异	适用税率	递延所得税负债数
		累计会计折旧	账面价值	累计计税折旧	计税基础			
2009	800 000	200 000	600 000	320 000	480 000	120 000	20%	24 000
2010	800 000	400 000	400 000	560 000	240 000	160 000	20%	32 000
2011	800 000	600 000	200 000	720 000	80 000	120 000	25%	30 000
2012		800 000	0	800 000	0	0	25%	0

根据表 8-4 计算的数据,可以分别计算出各年度应纳税暂时性差异、应纳所得税和确认的递延所得税负债,并做出相应的会计处理。

(1)2009 年资产负债表日:资产账面价值与其计税基础发生了差异。

应纳税暂时性差异 = 600 000 − 480 000 = 120 000(元)

应纳税所得额 = 1 000 000 − 120 000 = 880 000(元)

应纳企业所得税 = 880 000 × 20% = 176 000(元)

应确认递延所得税负债 = 120 000 × 20% = 24 000(元)

应编制会计分录如下:

借:所得税费用——当期所得税费用   176 000
        ——递延所得税费用   24 000
    贷:应交税费——应交所得税   176 000
        递延所得税负债   24 000

(2) 2010年资产负债表日:本年的暂时性差异大于2009年的暂时性差异,所以应继续确认递延所得税负债。

  应纳税暂时性差异发生额=160 000-120 000=40 000(元)

  应纳税所得额=1 000 000-40 000=960 000(元)

  应纳企业所得税=960 000×20%=192 000(元)

  应确认递延所得税负债=32 000-24 000=8 000(元)

应编制会计分录如下:

借:所得税费用——当期所得税费用   192 000
        ——递延所得税费用   8 000
    贷:应交税费——应交所得税   192 000
        递延所得税负债   8 000

(3) 2011年资产负债表日:本年的暂时性差异小于2010年的暂时性差异,已确认的递延所得税负债应当予以转回,转回的递延所得税负债必须考虑到税率变动的因素。

  应纳税暂时性差异发生额=120 000-160 000=-40 000(元)

  应纳税所得额=1 000 000+40 000=1 040 000(元)

  应纳企业所得税=1 040 000×25%=260 000(元)

  应转回递延所得税负债=30 000-32 000=-2 000(元)

应编制会计分录如下:

借:所得税费用——当期所得税费用   260 000
    贷:应交税费——应交所得税   260 000
借:递延所得税负债   2 000
    贷:所得税费用——递延所得税费用   2 000

(4) 2012年资产负债表日:本年资产账面价值与其计税基础之间没有差异,本年的暂时性差异0小于2011年的暂时性差异,已确认的递延所得税负债应当予以转回,转回的递延所得税负债必须考虑到税率变动的因素。

  应纳税暂时性差异发生额=0-120 000=-120 000(元)

  应纳税所得额=1 000 000+120 000=1 120 000(元)

  应纳企业所得税=1 120 000×25%=280 000(元)

应转回递延所得税负债＝0－30 000＝－30 000(元)

应编制会计分录如下：

借：所得税费用——当期所得税费用　　　　　280 000
　　贷：应交税费——应交所得税　　　　　　　　　280 000
借：递延所得税负债　　　　　　　　　　　　　30 000
　　贷：所得税费用——递延所得税费用　　　　　　30 000

2.计入所有者权益和商誉的递延所得税会计处理

所得税会计准则规定，与直接计入所有者权益的交易或事项相关的当期所得税和递延所得税，应当计入所有者权益。

【例8-25】明达公司2012年6月30日从二级市场购入某股票5万股，每股市价10元，手续费2 000元，初始确定时，该股票划分为可供出售金融资产，明达公司至2012年12月31日仍持有该股票，该股票当时每股市价为12元。假定除该事项外，明达公司不存在其他事项会计与税收之间的差异，且递延所得税资产和递延所得税负债不存在期初余额。所得税税率为25％。

2012年12月31日，确认股票价格变动金额＝50 000股×12元－502 000元＝98 000元。应编制会计分录如下：

借：可供出售金融资产——公允价值变动　　　　98 000
　　贷：资本公积——其他资本公积　　　　　　　　98 000

2012年12月31日，可供出售金融资产的账面价值为600 000元，资产的计税基础为502 000元，形成应纳税暂时性差异98 000元。

该差异对计税影响的金额为：98 000×25％＝24 500(元)，这一计税影响金额计入资本公积。应编制会计分录如下：

借：资本公积——其他资本公积　　　　　　　　24 500
　　贷：递延所得税负债　　　　　　　　　　　　　24 500

因企业会计准则规定与税法规定对企业合并类型的划分标准不同，某些情况下会造成合并中取得资产、负债的入账价值与其计税基础差异。因企业合并产生的应纳税暂时性差异或可抵扣暂时性差异的影响，应在确认递延所得税负债或递延所得税资产的同时，相应调整合并中应予确认的商誉。

【例8-26】甲公司所得税税率为25％，2012年通过购买与其没有关联关系的乙公司100％股份，使乙公司成为甲公司的一个全资子公司，不再保留单独的法人地位。在企业合并中取得的各项可辨认资产的账面价值为1 000万元，可辨认资产的公允价值为800万元。假设税法不允许按照公允价值调整。

资产账面价值 800 万元小于资产计税基础 1 000 万元的差额,形成可抵扣暂时性差异,确认相应的递延所得税资产。递延所得税资产=200×25%=50(万元)。应编制会计分录如下:

借:递延所得税资产　　　　　　　　　　　　　　　　　500 000
　　贷:商誉　　　　　　　　　　　　　　　　　　　　　　　500 000

3. 计入利润表中所得税费用的会计处理

企业应于每一会计期末,按照税法规定,计算当期应缴纳企业所得税,并在资产负债表日,针对会计与税收处理规定的不同造成的资产、负债账面的价值与其计税基础的差异,通过资产负债表债务进行处理,确认相应的递延所得税资产和递延所得税负债,在此基础上确定每一会计期间利润表中的所得税费用,从而对企业所得税费用的形成进行正确的核算。

【例 8-27】A 公司为居民企业,2012 年会计核算资料及与所得税核算有关的其他相关资料如下:

主营销售收入 6 000 万元,主营业务成本 4 100 万元;其他业务收入 1 000 万元,其他业务成本 700 万元;固定资产出租收入 60 万元,主营业务税金及附加 324 万元;当期发生的管理费用 860 万元,其中新技术的研究开发费用 300 万元;财务费用 206 万元;权益性投资收益 340 万元,为居民企业之间的投资收益,已在投资方所在地按 15% 的税率缴纳了企业所得税;营业外收入 100 万元,营业外支出 250 万元,其中含公益性捐赠 180 万元。

A 公司 2012 年度资产负债表相关项目账面价值及其计税基础如表 8-5 所示,假定递延所得税资产及递延所得税负债不存在期初余额。甲公司适用的所得税税率为 25%。

要求:(1)计算 A 公司当年的会计利润总额、应纳税所得额和应纳企业所得税。

(2)根据资产负债表相关项目确定递延所得税。

(3)确认利润表中的所得税费用,并进行相应的会计处理。

解答如下:

(1)会计利润总额=6 000+1 000+60+340+100−4 100−700−324−860−206−250
　　　　　　　　=1 060(万元)

权益性投资调减利润=340(万元)

新技术应调减利润=300×50%=150(万元)

公益性捐赠应调增利润=180−1 060×12%=52.8(万元)

应纳税所得额=1 060+52.8−340−150=622.8(万元)

应纳企业所得税=622.8×25%=155.7(万元)

(2)根据表 8-5 计算 2012 年递延所得税。

表 8-5　A 公司 2012 年度资产负债表相关项目账面价值及其计税基础

单位：万元

项　目	账面价值	计税基础	暂时性差异	
			应纳税暂时性差异	可抵扣暂时性差异
存货	1 600	1 660		60
固定资产				
固定资产原价	1 200	1 200		
减：累计折旧	240	120		
固定资产账面价值	960	1 080		120
无形资产	300	0	300	
其他应付款	100	100		
合计			300	180

递延所得税资产＝180×25％＝45(万元)

递延所得税负债＝300×25％＝75(万元)

递延所得税＝75－45＝30(万元)

(3)确认利润表中的所得税费用，并进行相应的会计处理。

所得税费用＝54.5＋30＝84.5(万元)

借：所得税费用——当期所得税费用　　　　　　　　155 700
　　　　　　　——递延所得税费用　　　　　　　　300 000
　　递延所得税资产　　　　　　　　　　　　　　　450 000
　贷：应交税费——应交所得税　　　　　　　　　　　　　　155 700
　　　递延所得税负债　　　　　　　　　　　　　　　　　　750 000
借：本年利润　　　　　　　　　　　　　　　　　　455 700
　贷：所得税费用　　　　　　　　　　　　　　　　　　　　455 700

4．亏损弥补的所得税会计处理

《企业会计准则第 18 号——所得税》规定，企业对于能够结转以后年度的可抵扣亏损和税款抵减，应当以很可能获得用来抵扣亏损和税款抵减的未来应纳税所得额为限，确认相应的递延所得税资产。即后转抵减所得税的利益在亏损当年就确认递延所得税资产，这种方法一般称为当期确认法。使用该方法，企业应当对 5 年内可抵扣暂时性差异是否能在以后年度内的应税利润充分转回作出合理判断,如果不能够充分转回,则不能将其确认为递延所得税资产。

【例 8-28】假定金华公司 2008—2011 年间每年应税收益分别为－100 万元、40 万元、20 万元、50 万元,适用的所得税税率为 25%,无其他暂时性差异。

会计处理如下:

(1) 2008 年,对于当年产生亏损确认为递延所得税资产:

借:递延所得税资产　　　　　　　　　　　　　　250 000
　　贷:所得税费用——递延所得税费用　　　　　　　　　　　　250 000

(2) 2009 年已实现的抵减所得税的利益,作为递延所得税资产的转回:

借:所得税费用——递延所得税　　　　　　　　　100 000
　　贷:递延所得税资产　　　　　　　　　　　　　　　　　　100 000

(3) 2010 年已实现的抵减所得税的利益,仍作为递减所得税资产的转回:

借:所得税费用——递延所得税费用　　　　　　　50 000
　　贷:递延所得税资产　　　　　　　　　　　　　　　　　　50 000

(4) 2011 年,既要对已实现的抵减所得税的利益冲减递延所得税资产,又要确认当年应纳所得税额:

借:所得税费用——当期所得税费用　　　　　　　25 000
　　　　　　——递延所得税费用　　　　　　　100 000
　　贷:递延所得税资产　　　　　　　　　　　　　　　　　　100 000
　　　　应缴税费——应交所得税　　　　　　　　　　　　　　25 000

5. 递延所得税资产减值的会计处理

《企业会计准则第 18 号——所得税》第 20 条规定,资产负债表日,企业应当对递延所得税资产的账面价值进行复核。如果未来期间很可能无法获得足够的应纳税所得额用于抵扣递延所得税资产利益,应当减记递延所得税资产的账面价值。如果已确认的递延所得税资产的减值,在以后期间很可能获得足够的应纳税所得额时,应将减记的递延所得税资产减值金额转回。

【例 8-29】假定达利公司 2008—2012 年间每年的应税收益分别为－200 万元、40 万元、20 万元、50 万元、60 万元,适用的所得税税率为 25%,无其他暂时性差异。如果 2013 年受产业政策的影响,很可能出现年度亏损 80 万元。

会计处理如下:

(1) 2008 年,对于当年发生的亏损确认为递延所得税资产:

借:递延所得税资产　　　　　　　　　　　　　　500 000
　　贷:所得税费用——递延所得税费用　　　　　　　　　　　　500 000

(2) 2009 年以实现的抵减所得税的利益,作为递延所得税资产的转回:

借：所得税费用——递延所得税费用　　　　　　　　　　　100 000
　　贷：递延所得税资产　　　　　　　　　　　　　　　　　　　　　100 000
（3）2010年已实现的抵减所得税的利益，作为递延所得税资产的转回：
借：所得税费用——递延所得税费用　　　　　　　　　　　 50 000
　　贷：递延所得税资产　　　　　　　　　　　　　　　　　　　　　 50 000
（4）2011年已实现的抵减所得税的利益，作为递延所得税资产的转回：
借：所得税费用——递延所得税费用　　　　　　　　　　　125 000
　　贷：递延所得税资产　　　　　　　　　　　　　　　　　　　　　125 000
（5）2012年已实现的抵减所得税的利益，作为递延所得税资产的转回：
借：所得税费用——递延所得税费用　　　　　　　　　　　150 000
　　贷：递延所得税资产　　　　　　　　　　　　　　　　　　　　　150 000

2012年末，达利公司对2013年很可能出现的未来亏损影响抵减所得税利益的实现，应对递延所得税资产的账面价值进行减记，即作为递延所得税资产减值处理：

借：所得税费用——递延所得税费用　　　　　　　　　　　 75 000
　　贷：递延所得税资产　　　　　　　　　　　　　　　　　　　　　 75 000

如果达利公司2013年度实现应税收益25万元，则2013年的应税收益还可以继续用于弥补2008年度的亏损，但由于亏损不能够全部弥补，所以只能转回。

2008年确认的部分递延所得税资产的减值金额为6.25万元（25×25%），会计处理为：

借：递延所得税资产　　　　　　　　　　　　　　　　　　　 62 500
　　贷：所得税费用——递延所得税费用　　　　　　　　　　　　　　 62 500

如果达利公司2013年度实现应税收益50万元，可以全部弥补2008年未弥补亏损额，则应当将2008年确认的递延所得税资产减值金额全部转回。另外，2013年度应税收益弥补2008年亏损后，还有应税收益20万元。会计处理为：

借：递延所得税资产　　　　　　　　　　　　　　　　　　　 75 000
　　贷：所得税费用——递延所得税费用　　　　　　　　　　　　　　 75 000
同时：
借：所得税费用——当期所得税费用　　　　　　　　　　　 50 000
　　贷：应缴税费——应交所得税　　　　　　　　　　　　　　　　　 50 000

练习题

1.某公司2009年12月1日购入一台机器设备，原价1 000万元，使用年限为 10 年,会计上采用直线法计提折旧,净残值为 0。假定税法规定该固定资产采用双倍余额递减法计提折旧,使用年限与净残值的估计与会计一致。2011 年末企业对该资产计提了 80 万元的固定资产减值准备。

(1)2011 年末该资产的计税基础。

(2)该公司所得税税率为 25%,请计算产生的递延所得税资产或递延所得税负债。

2.甲公司 2011 年度会计处理与税务处理存在差异的交易或事项如下:

(1)以公允价值模式计量的投资性房地产当期公允价值上升了 50 万元,根据税法规定,投资性房地产持有期间公允价值的变动金额不计入当期应纳所得税额。

(2)因产品质量保证确认预计负债 200 万元,根据税法规定,与产品质量保证有关的支出于实际发生时允许税前扣除。

(3)持有的可供出售金融资产公允价值上升 100 万元,根据税法规定,可供出售金融资产持有期间公允价值变动金额不计入当期应纳所得税额。

(4)当年实际发生工资薪酬(非教育经费)为 300 万元,税法上允许税前扣除的工资标准为 240 万元。根据税法规定,超出标准工资部分以后年度也不允许税前扣除。

(5)当年实际发生利息费用为 100 万元,按同期金融机构贷款利率计算的利息费用为 80 万元。根据税法规定,超过同期金融机构贷款利率标准的利息费用不允许税前扣除。

甲公司 2011 年度实现利润总额为 2 000 万元,适用的所得税税率为 25%,假定递延所得税资产和递延所得税负债的期初余额分别为 60 万元和 80 万元,甲公司未来年度能够产生足够的应纳税所得额用以抵扣可抵扣暂时性差异。

要求:

(1)计算 2011 年应缴纳的所得税。

(2)计算上例事项形成的可抵扣暂时性差异和应纳税暂时性差异。

(3)计算 2011 年的所得税费用,并写出相关会计分录。

3.某公司 2008 年末购入固定资产原值 4 000 元,预计使用年限 4 年,采用双倍余额递减法计提折旧,期末无残值。税法只允许采用直线法计提折旧。企业所得税税率 25%。

要求:

(1)列表计算差异。

(2)列出2009年末至2012年末这四年的会计分录。

4.红星公司采用资产负债表债务法核算,2011年所得税资料如下:

(1)企业所得税税率为25%;年初递延所得税资产为37.5万元,其中存货项目余额22.5万元,未弥补亏损项目余额15万元。

(2)本年度实现利润总额800万元,其中取得国债利息收入30万元,因违法经营被罚款15万元,因违反合同支付违约金30万元(可在税前扣除),业务招待费超过计税标准60万元。上述收入或支出已全部结算完毕。

(3)年末计提固定资产减值准备50万元,而年初减值准备为0,适用固定资产账面价值比其计税基础少50万元;转回存货跌价准备70万元,使存货可抵扣暂时性差异由年初余额90万元减少到年末的20万元。税法规定,计提的减值准备不得在税前抵扣。

(4)年末计提产品保修费用40万元,已计入营业费用,从而形成预计负债余额为40万元。税法规定,产品保修费用在实际发生时可以在税前抵扣。

(5)至2010年末止,尚有60万元亏损没有弥补,其递延所得税资产余额为15万元。

要求:确定红星公司2011年末的递延所得税余额、2011年应交所得税和应计入所得税费用的递延所得税,并进行相应的会计处理。

(1)分析暂时性差异,确定2011年末的递延所得税余额。

(2)计算2011年红星公司应纳企业所得税。

(3)计算计入所得税费用的递延所得税。

第9章 个人所得税会计

> **学习目标**
>
> 1. 了解个人所得税的特点、纳税人、征税范围、税率等基本规定。
> 2. 理解并掌握费用的扣除、应纳税所得额的确定和应纳税额的计算方法。
> 3. 掌握个人所得税的会计处理方法。

9.1 个人所得税税制概述

9.1.1 个人所得税的概念及特点

个人所得税是以个人取得的各项应税所得为征税对象所征收的一种税。个人所得税的基本规范是1980年9月10日第五届全国人民代表大会第三次会议制定、根据1993年10月31日第八届全国人民代表大会常务委员会第四次会议决定修改的《中华人民共和国个人所得税法》(以下简称《个人所得税法》),多年来通过六次修改,目前适用的是2011年6月30日由第十一届全国人民代表大会常务委员会第二十一次会议通过的《个人所得税法》,自2011年9月1日起施行。现行个人所得税主要有以下特点:

1. 实行分类征收制度

所得税制的类型一般分为分类所得税制、综合所得税制和混合所得税制三种。我国个人所得税实行分类所得税制,即将个人取得的各种所得分化为11类,不同的应税项目分别适用不同的费用扣除标准和不同的税率及不同的计税办法。

2. 采用累进税率和比例税率并用的税率形式

我国对工资、薪金所得,实行3%～45%的七级超额累进税率;对个体工商户生产经营所得,实行20%的税率。体现多收入多纳税的基本原则,一定程度上缓解了我国目前个人收入过分悬殊的矛盾。

3．采用定额和定率扣除费用的方式

目前我国个人所得税的费用扣除采用总额扣除法，简化了按个人实际生活费用支出项目逐项计算所带来的麻烦。不同的应税所得项目，有明确的费用扣除标准，方法易于掌握，计算简单。

4．采用扣缴制和自行申报制两种申报方式

我国目前个人所得税的征收实行由支付单位代扣代缴和纳税人自行申报原则，对于在支付环节有扣缴义务的，均由支付单位在支付时实行税源扣缴；对于没有扣缴义务、在两处或两处以上取得工资、薪金、所得的，以及年应税所得在12万以上的高收入者，采取由纳税人自行申报的办法。

9.1.2 个人所得税的征税范围

个人所得税的征税对象是个人所得，其征税范围包括：

1．工资、薪金所得

工资薪金所得，是指个人因任职或者受雇而取得的工资、薪金、奖金、年终加薪、劳务分红、津贴、补贴以及与任职或者受雇有关的其他所得。对津贴、补贴等收入中的下列项目不予征税：独生子女补贴，托儿补助费，执行公务员工资制度未纳入基本工资总额的补贴、津贴差额和家属成员的副食品补贴，差旅费津贴、误餐补助。

2．个体工商户的生产、经营所得

个体工商户的生产、经营所得，是指工商户从事工业、手工业、建筑业、交通运输业、商业、饮食业、服务业、修理业，以及其他行业生产、经营取得的所得；经政府有关部门批准，取得执照，从事办学、医疗、咨询，以及其他有偿服务活动取得的所得；其他个人从事个体工商业生产、经营取得的所得；上述个体工商户和个人取得的与生产、经营有关的各项应纳税所得。

3．企事业单位的承包经营、承租经营所得

企事业单位承包经营、承租经营所得，是指个人承包经营、承租经营，以及转包、转租取得的所得，包括个人按月或者按次取得的工资、薪金性质的所得。

4．劳务报酬所得

劳务报酬所得，是指个人从事设计、装潢、安装、制图、化验、测试、医疗、法律、会计、咨询、讲学、新闻、广播、翻译、审稿、书画、雕刻、影视、录音、录像、演出、表演、广告、展览、技术服务、介绍服务、经纪服务、代办服务以及其他劳务所取得的所得。

5.稿酬所得

稿酬所得,是指个人因作品以图书、报刊形式出版、发表而取得的所得。

6.特许权使用费所得

特许权使用费所得,是指个人提供专利权、商标权、著作权、非专利技术以及其他特许权的使用权取得的所得。

7.利息、股息、红利所得

利息、股息、红利所得,是指个人拥有债券、股权而取得的利息、股息、红利所得。利息,是指个人拥有债券而取得的利息,包括存款利息、贷款利息和各种债务的利息。税法规定,个人取得的利息所得,除国债和国家发行的金融债券利息外,应当依法缴纳个人所得税。从2008年10月9日起,储蓄存款利息所得暂免征收个人所得税。股息、红利,是指个人拥有股权取得的股息、红利。

8.财产租赁所得

财产租赁所得,是指出租建筑物、土地使用权、机器设备、车船以及其他财产取得的所得。个人将财产转租取得的收入,属于转租人的财产租赁所得。

9.财产转让所得

财产转让所得,是指个人转让有价证券、股权、建筑物、土地使用权、机器设备、车船以及其他财产取得的所得。鉴于我国证券市场发育还不成熟,对股票转让所得暂不征收个人所得税。根据《个人所得税法》的规定,个人出售自有住房取得的所得应按照"财产转让所得"项目征收个人所得税。

10.偶然所得

偶然所得,是指个人得奖、中奖、中彩以及其他偶然性质的所得。

11.经国务院财政部门确定征税的其他所得

个人取得的所得,难以界定应纳税所得项目的,由主管税务机关确定。

9.1.3 个人所得税的纳税人

个人所得税的纳税人根据住所和居住时间两个标准可分为居民纳税人和非居民纳税人。

1.居民纳税人

居民纳税人是指在中国境内有住所,或者无住所而在中国境内居住满一年的个人。居民纳税人负有无限纳税义务,其所取得的应纳税所得,不论是来源于中国境内还是来源于中国境外,都要在中国缴纳个人所得税。

所谓"在中国境内有住所的个人",是指因户籍、家庭、经济利益关系而在中国境内习惯性居住的个人。这里所说的"习惯性居住",是判定纳税人是居民还是非居民的一个重要依据,是指个人因学习、工作、探亲等原因消除之后,没有理由在其他地方继续居留时所要回到的地方,不是指实际居住或在某一个特定时期内的居住地。

所谓"在中国境内居住满一年",是指在一个纳税年度(即公历 1 月 1 日起至 12 月 31 日止)内,在中国境内连续住满 365 日。在计算居住天数时,对一次离境不超过 30 日或者累计离境不超过 90 日的临时离境不得扣减天数。

综上可知,个人所得税的居民纳税义务人包括以下两类:

(1)在中国境内定居的中国公民和外国侨民。但不包括具有中国国籍,却并没有在大陆定居,而是侨居海外的华侨和居住在香港、澳门、台湾的同胞。

(2)从公历 1 月 1 日起至 12 月 31 日止,居住在中国境内的外国人、海外侨胞和香港、澳门、台湾同胞。这些人如果在一个纳税年度内,一次离境不超过 30 日,或者多次离境累计不超过 90 日的,仍应被视为全年在中国境内居住,从而判定为居民纳税义务人。

现行税法中关于"中国境内"的概念,是指中国大陆地区,目前还不包括香港、澳门和台湾地区。

2.非居民纳税人

非居民纳税人是指在中国境内无住所又不居住或者无住所而在境内居住不满一年的个人。非居民纳税人承担有限纳税义务,仅就其来源于中国境内的所得向中国缴纳个人所得税。

个人独资企业和合伙企业的投资者也是个人所得税的纳税人。

9.1.4 个人所得税的税率

1.工资、薪金所得的适用税率

工资、薪金所得适用 3%～45% 的七级超额累进税率,如表 9-1 所示。

表 9-1 工资、薪金七级超额累进税率

级数	全月应纳税所得额(含税)	税率(%)	速算扣除数(元)
1	不超过 1 500 元的部分	3	0
2	超过 1 500 元～4 500 元的部分	10	105
3	超过 4 500 元～9 000 元的部分	20	555

续表

级数	全月应纳税所得额(含税)	税率(%)	速算扣除数(元)
4	超过9 000元~35 000元的部分	25	1 005
5	超过35 000元~55 000元的部分	30	2 755
6	超过55 000元~80 000元的部分	35	5 505
7	超过80 000元的部分	45	13 505

注：本表所称"全月应纳税所得额"是指依照税法规定，每月收入减除3 500元后的余额或者是再减除附加减除费用后的余额。

2.个体工商户生产、经营和对企事业单位的承包经营所得的适用税率

个体工商户生产、经营和对企事业单位的承包经营所得，适用5%~35%的五级超额累进税率，如表9-2所示。

表9-2 个体工商户生产、经营和对企事业单位的承包经营所得适用税率表

级数	全年应纳税所得额	税率(%)	速算扣除数(元)
1	不超过15 000元的部分	5	0
2	超过15 000元~30 000元的部分	10	750
3	超过30 000元~60 000元的部分	20	3 750
4	超过60 000元~100 000元的部分	30	9 750
5	超过100 000元的部分	35	14 750

注：本表所称"全年应纳税所得额"，对个体工商户的生产、经营所得来说，是指以每一纳税年度的收入总额，减除成本、费用以及损失后的余额；对企事业单位的承包、承租经营所得来说，是指以每一纳税年度的收入总额，减除必要费用后的余额。

3.劳务报酬所得的适用税率

劳务报酬所得适用20%的比例税率，但由于对劳务报酬所得一次收入畸高的，实行加成征税，因此，劳务报酬所得实际上适用20%~40%的三级超额累进税率，如表9-3所示。

表9-3 劳务报酬所得适用税率表

级数	每次应纳税所得额	税率(%)	速算扣除数(元)
1	不超过20 000元的部分	20	0
2	超过20 000元~50 000元的部分	30	2 000
3	超过50 000元的部分	40	7 000

4.稿酬所得的适用税率

纳税人的稿酬所得,适用20%的比例税率,并按应纳税额减征30%,即按14%的征收率计征个人所得税。

5.特许权使用费等项目所得的适用税率

纳税人的特许权使用费所得,利息、股息、红利所得,财产租赁所得,财产转让所得,以及偶然所得和其他所得,适用20%的比例税率。居民个人出租居住用房取得的租金收入,按10%的税率计税。

9.2 个人所得税的计算

1.工资、薪金所得应纳税额计算

(1)应纳税所得额

工资、薪金所得实行按月计征办法。工资、薪金所得以个人每月收入定额减除3 500元费用后的余额为应纳税所得额。其计算公式为:

应纳税所得额＝月工资、薪金收入－3 500

(2)减除费用的规定

①附加减除费用。个人所得税法对工资、薪金所得规定的普遍适用的减除费用标准是每月3 500元。但是,对在中国境内无住所而在中国境内取得工资、薪金所得的纳税义务人和中国境内有住所而在中国境外取得工资、薪金所得的纳税义务人,再附加减除费用1 300元。其应纳税所得额的计算公式为:

应纳税所得额＝月工资、薪金收入－3 500－1 300

②雇佣和派遣单位分别支付工资、薪金的费用扣除。在外商投资企业、外国企业和外国驻华机构工作的中方人员取得的工资、薪金收入,凡是由雇佣单位和派遣单位分别支付的,对支付单位应扣缴应缴纳的个人所得税,以纳税人每月全部工资、薪金收入减除规定费用后的余额为应纳税所得额。为了便于征管,采取由支付者一方减除费用的方法,即只有雇佣单位在支付工资、薪金时,按税法规定减除费用,计算扣缴税款;派遣单位支付的工资、薪金不再减除费用,以支付全额直接确定适用税率,计算扣缴税款。

③个人取得全年一次性奖金、年终加薪或劳动分红的费用扣除。对个人取得全年一次性奖金、年终加薪或劳动分红,应单独作为一个月的工资、薪金所得计算纳税。由于对每月的工资、所得计税时已按月扣除了费用,因此,对

上述奖金原则上不再减除费用,全额作为应纳税所得额直接按适用税率计算应纳所得额。如果纳税人取得奖金当月的工资、薪金所得不足 3 500 元,可将奖金收入减除"当月工资与 3 500 元的差额"后的余额作为应纳税所得额,并据以计算应纳税额。

(3)应纳税额的计算

①一般工资、薪金所得应纳个人所得税的计算

工资、薪金所得适用七级超额累进税率,按每月收入定额扣除 3 500 元或 4 800 元,就其余额作为应纳税所得额,按适用税率计算应纳税额。其计算公式为:

应纳税额＝应纳税所得额 × 适用税率－速算扣除数

②个人取得全年一次性奖金应纳个人所得税的计算

对个人一次取得的数月奖金、年终加薪或劳动分红,应单独作为一个月的工资、薪金所得,不再从中减除费用,就以一次取得的奖金总额作为应纳税所得额。当月取得的全年一次性奖金除以 12 个月,按其商数确定所适用的税率和速算扣除数。同时规定,纳税人在一个纳税年度内,该计税办法只允许采用一次,雇员取得除全年一次性奖金以外的其他各种名目奖金,如半年奖、季度奖、加班奖、考勤奖等,一律与当月工资、薪金收入合并,按税法规定缴纳个人所得税。

【例 9-2】假定某纳税人 2012 年 1 月含税收入 4 200 元,该纳税人不适用附加减除费用的规定。

该纳税人应纳税所得额＝4 200－3 500＝700(元)
应纳税额＝700×3％－0＝21(元)

【例 9-3】假定有一名在某外商投资企业中工作的美国专家(假定为非居民纳税人),其 2012 年 2 月份取得由该企业发放的含税工资收入 10 400 元人民币。

该纳税人应纳税所得额＝10 400－4 800＝5 600(元)
应纳税额＝5 600×20％－555＝565(元)

2.个体工商户生产、经营所得应纳税额的计算

(1)应纳税所得额

对于实行查账征收的个体工商户,其生产、经营所得或应纳税所得额是每一纳税年度的收入总额减除成本、费用以及损失后的余额。这是采用会计核算办法归集或计算得出的应纳税所得额。其计算公式为:

应纳税所得额＝收入总额 －(成本＋费用＋损失＋准予扣除的税金)

个人独资企业、合伙企业投资者的经营所得比照"个体工商户、经营所得"项目征收个人所得税,其生产、经营所得应纳税所得额的计算比照个体工商户生产、经营所得的计算方法确定。

(2)应纳税额的计算

应纳税额＝应纳税所得额×适用税率 － 速算扣除数

3.对企事业单位的承包经营、承租经营所得应纳税额的计算

(1)应纳税所得额

对企事业单位的承包经营、承租经营所得以每一纳税年度的收入总额,减除必要费用后的余额为应纳税所得额。"减除必要费用"是指按月减除3 500元。其计算公式为:

应纳税所得额＝对企事业单位的承包经营、承租经营收入总额－3 500

(2)应纳税额的计算

应纳税额＝应纳税所得额×适用税率－速算扣除数

4.劳务报酬所得应纳税额的计算

(1)应纳税所得额

劳务报酬所得以个人每次取得的收入,定额或定率减除规定费用后的余额为应纳税所得额。每次收入不超过4 000元的,定额减除费用800元;每次收入在4 000元以上的,定率减除20%的费用。

(2)应纳税额的计算

劳务报酬所得适用20%的比例税率,其应纳税额的计算公式为:

应纳税额＝应纳税所得额×适用税率

如果纳税人的每次应税劳务报酬所得的应纳税所得额超过20 000元,应实行加成征税,计算公式为:

应纳税额＝应纳税所得额×适用税率－速算扣除数

5.稿酬所得应纳税额的计算

(1)应纳税所得额

稿酬所得以个人每次取得的收入,定额或定率减除规定费用后的余额为应纳税所得额。每次收入不超过4 000元的,定额减除费用800元;每次收入在4 000元以上的,定率减除20%的费用,费用扣除计算方法与劳务报酬所得

相同。

(2)应纳税额的计算

应纳税额＝应纳税所得额×适用税率×(1－30％)

6.特许权使用费所得应纳税额的计算

(1)应纳税所得额

特许权使用费所得以个人每次取得的收入,定额或定率减除规定费用后的余额为应纳税所得额。每次收入不超过 4 000 元的,定额减除费用 800 元;每次收入在 4 000 元以上的,定率减除 20％的费用,费用扣除计算方法与劳务报酬所得相同。

(2)应纳税额的计算

应纳税额＝应纳税所得额×适用税率

7.利息、股息、红利所得应纳税额的计算

(1)应纳税所得额

利息、股息、红利所得以个人每次取得的收入额为应纳税所得额,不得从收入额中扣除任何费用。

(2)应纳税额的计算

应纳税额＝应纳税所得额(每次收入额)×适用税率

8.财产租赁所得应纳税额的计算

(1)应纳税所得额

财产租赁所得一般以个人每次取得的收入,定额或定率减除规定费用后的余额为应纳税所得额。每次收入不超过 4 000 元的,定额减除费用 800 元;每次收入在 4 000 元以上的,定率减除 20％的费用。财产租赁所得以一个月内取得的收入为一次。

在确定财产租赁的应纳税所得额时,纳税人在出租财产的过程中缴纳的税金和教育费附加,可持完税(缴款)凭证,从其财产租赁收入中扣除。准予扣除的项目除了规定费用和有关税费外,还准予扣除能够提供有效、准确凭证,证明由纳税人负担的该出租财产时期开支的修缮费用。允许扣除的修缮费用,以每次 800 元为限。一次扣除不完的,准予在下一次继续扣除,直到扣完为止。应纳税所得额的计算公式为

每次(月)收入不超过 4 000 元的:

应纳税所得额＝每次(月)收入额－准予扣除的项目－修缮费用(800 元为限)－800

每次(月)收入超过4 000元的：

$$应纳税所得额=[每次(月)收入额-准予扣除的项目-修缮费用(800元为限)]×(1-20\%)$$

(2)应纳税额的计算

$$应纳税额=应纳税所得额×适用税率$$

9.财产转让所得应纳税额的计算

(1)应纳税所得额

财产转让所得以个人每次转让财产取得的收入额，减除财产原值和合理费用后的余额为应纳税所得额。

财产原值指：

①有价证券，为买入价以及买入时按照规定缴纳的有关费用。

②建筑物，为建造费或者购进价格以及其他有关费用。

③土地使用权，为取得土地使用权所支付的金额、开发土地的费用以及其他有关费用。

④机器设备、车船，为购进价格、运输费、安装费以及其他有关费用。

(2)应纳税额的计算

$$应纳税额=应纳税所得额×适用税率$$

10.偶然所得应纳税额的计算

(1)应纳税所得额

偶然所得以个人每次取得的收入额为应纳税所得额，不扣除任何费用。除有特殊规定外，每次收入额就是应纳税所得额，以每次取得该项收入为一次。

(2)应纳税额的计算

$$应纳税额=应纳税所得额(每次收入额)×适用税率$$

9.3 个人所得税的会计核算

9.3.1 工资、薪金所得应纳个人所得税的会计处理

单位在向职工支付工资、薪金时，计算出应代扣代缴的个人所得税，按代扣的所得税，借记"应付职工薪酬——工资"账户，贷记"应交税费——代扣代

缴个人所得税"账户;税款实际上缴入库时,借记"应交税费——代扣代缴个人所得税"账户,贷记"银行存款"账户。

【例9-4】达利公司2012年11月发放职工工资100万元,其中生产工人工资70万元,管理人员工资15万元,营销人员工资15万元。按照《个人所得税法》的规定,计算出应由职工个人承担的个人所得税为17万元。试编制相应的会计分录。

(1)提取应付工资时:

借:生产成本　　　　　　　　　　　　　　　700 000
　　管理费用　　　　　　　　　　　　　　　150 000
　　销售费用　　　　　　　　　　　　　　　150 000
　　贷:应付职工薪酬——工资　　　　　　　　　　1 000 000

(2)提取代扣代缴的个人所得税时:

借:应付职工薪酬——工资　　　　　　　　　170 000
　　贷:应交税费——代扣代缴个人所得税　　　　　170 000

(3)实际支付工资时:

借:应付职工薪酬——工资　　　　　　　　　830 000
　　贷:银行存款　　　　　　　　　　　　　　　830 000

(4)实际缴纳税款时:

借:应交税费——代扣代缴个人所得税　　　170 000
　　贷:银行存款　　　　　　　　　　　　　　　170 000

9.3.2 个体工商户生产经营所得应纳个人所得税的会计处理

个体工商户缴纳个人所得税有查账征收和核定征收两种形式。查账征收适用于账册健全、核算完整的纳税人;核定征收适用于账册不健全、会计核算不完整的纳税人。对于实行查账征收的纳税人,其应缴纳的个人所得税是以每一年度的收入总额减除成本、费用和损失后的余额,按适用税率计算,其会计核算通过"所得税费用"和"应交税费——应交个人所得税"等账户进行。在计算应纳个人所得税时,借记"所得税费用"账户,贷记"应交税费——应交个人所得税"账户;税款实际上缴入库时,借记"应交税费——应交个人所得税"账户,贷记"银行存款"账户。

【例9-5】某个体工商户2012年全年经营收入80万元,发生生产经营成本、费用总额为60万元。计算该个体工商户应缴纳的个人所得税税额,并编制相应的会计分录。

(1)应纳税额

应缴纳的个人所得税=(800 000-600 000)×35%-14 750=55 250(元)

(2)会计处理

借:所得税费用	55 250	
贷:应交税费——应交个人所得税		55 250

同时:

借:本年利润	55 250	
贷:所得税费用		55 250

(3)实际缴纳税款

借:应交税费——应交个人所得税	55 250	
贷:银行存款		55 250

9.3.3 劳务报酬所得应纳个人所得税的会计处理

单位在向个人支付劳务报酬时,应按《个人所得税法》的规定代扣代缴个人所得税,计算出应代扣代缴的个人所得税,按代扣的所得税,借记"管理费用"、"固定资产"等相关账户,贷记"应交税费——代扣代缴个人所得税"账户;税款实际上缴入库时,借记"应交税费——代扣代缴个人所得税"账户,贷记"银行存款"账户。

【例9-6】某公司邀请一位艺术家为其进行广告设计,支付其设计劳务报酬10 000元。计算该公司应代扣代缴的个人所得税,并编制相应的会计分录。

(1)计算代扣代缴个人所得税

该公司应代扣代缴的个人所得税=10 000×(1-20%)×20%=1 600(元)

(2)公司支付该项劳务报酬

借:销售费用	10 000	
贷:应交税费——代扣代缴个人所得税		1 600
银行存款		8 400

(3)公司实际缴纳税款

借:应交税费——代扣代缴个人所得税	1 600	
贷:银行存款		1 600

9.3.4 稿酬所得应纳个人所得税的会计处理

企业支付稿酬时,因为稿酬是出版社、报社、杂志社经营过程中的主要成本,应将其作为直接成本计入图书或报纸、杂志的成本。计算出应代扣代缴个人所得税,按代扣的所得税,借记"图书成本"等相关账户,贷记"应交税费—代扣代缴个人所得税"账户;税款实际上缴入库时,借记"应交税费——代扣代缴个人所得税"账户,贷记"银行存款"账户。

【例9-7】彭教授在某出版社出版一本专著,出版社支付给彭教授稿酬50 000元,计算该出版社应代扣代缴的个人所得税,并编制相应的会计分录。

(1)计算代扣代缴个人所得税

出版社应代扣代缴的个人所得税=50 000×(1−20%)×20%×(1−30%)
=5 600(元)

借:图书成本　　　　　　　　　　　　　　　　　　　50 000
　　贷:应交税费——代扣代缴个人所得税　　　　　　　　5 600
　　　　银行存款　　　　　　　　　　　　　　　　　　44 400

(2)出版社实际缴纳税款

借:应交税费——代扣代缴个人所得税　　　　　　　　5 600
　　贷:银行存款　　　　　　　　　　　　　　　　　　5 600

9.3.5 财产转让所得应纳个人所得税的会计处理

企业在转让财产代扣代缴个人所得税时,一般应将发生的代扣代缴的个人所得税计入相应资产的成本,如企业购买房产,要将代扣代缴税额计入固定资产成本。发生转让财产业务时,计算出应代扣代缴的个人所得税,按代扣的所得税,借记"固定资产"等相关资产账户,贷记"应交税费——代扣代缴个人所得税"账户;税款实际上缴入库时,借记"应交税费——代扣代缴的个人所得税"账户,贷记"银行存款"账户。

【例9-8】姚峰将自有临街铺面卖给飞达公司做销售门市部,转让收入为100万元,财产原值为50万元,在卖房过程中发生相关税费5万元。计算飞达公司应代扣代缴的个人所得税,并编制相应的会计分录。

(1)计算代扣代缴个人所得税

公司应代扣代缴的个人所得税=(100−50−5)×20%=9(万元)

(2)支付转让费

借:固定资产　　　　　　　　　　　　　　　　　　1 000 000
　　贷:应交税费—代扣代缴个人所得税　　　　　　　　90 000
　　　　银行存款　　　　　　　　　　　　　　　　　910 000

(3)实际缴纳税款

借:应交税费——代扣代缴个人所得税　　　　　　　90 000
　　贷:银行存款　　　　　　　　　　　　　　　　　90 000

练习题

李某当月取得工资收入 10 500 元,当月个人承担住房公积金、基本养老保险、医疗保险和失业保险共计 1 000 元。试计算其应纳个人所得税并进行会计处理。

第四篇

其他税会计

第10章
资源税类会计

> 学习目标

1. 了解资源税、土地增值税、城镇土地使用税、耕地占用税、烟叶税的概念、特点及基本要素；

2. 掌握资源税、土地增值税、城镇土地使用税、耕地占用税、烟叶税应纳税额的计算；

3. 掌握资源税、土地增值税、城镇土地使用税、耕地占用税、烟叶税应纳税额的账务处理。

▶ 10.1 资源税会计

10.1.1 资源税概述

1.资源税概念

资源税是对在我国境内开采矿产和盐资源的单位和个人取得的级差收入征收的一种税。我国现行资源税属于级差资源税，主要是调节矿产和盐资源的级差收入。资源税的征收范围只限于矿产和盐资源。

2.资源税的纳税人

资源税的纳税义务人是在中华人民共和国境内开采应税资源的矿产品或者盐的单位和个人。

《资源税暂行条例》规定，收购未税矿产品的单位是资源税的扣税义务人。规定资源税的扣税义务人目的是对零星、分散、不定期开采的行为加强征收管理，避免漏税。对零星、分散开采的未税矿产品由扣税义务人在收购矿产品时代扣代缴资源税。

3.资源税的征税范围

(1)矿产品

①原油。指开采的天然原油,不包括以油母页岩等炼制的原油。

②天然气。指专门开采的天然气和与原油同时开采的天然气,煤矿生产的天然气暂不征税。

③煤炭。指原煤,不包括以原煤加工的洗煤和选煤等。其他煤炭制品也不征税。

④其他非金属矿原矿。是指原油、天然气、煤炭和井矿盐以外的非金属原矿。如宝石、玉石、膨润土、石墨、石英砂、大理石、花岗石、工业用金刚石、石棉等。

⑤黑色金属矿原矿。指纳税人开采后自用、销售的,用于直接入炉冶炼或作为主产品先入选精矿、制造人工矿,再最终入炉冶炼的黑色金属原矿。包括铁矿石、锰矿石和铬矿石。

⑥有色金属矿原矿。包括铜矿石、铅锌矿石、铝土矿石、黄金矿石等。

(2)盐

包括固体盐(海盐原盐、湖盐原盐和井矿盐);液体盐(卤水),是指氯化钠含量达到一定浓度的溶液,是用于生产碱和其他产品的原料。

4.资源税税目与税率

资源税采用从量定额的办法征收,实施"普遍征收,级差调节"的征收原则。资源税税目、税额分为七大类,在税目下又设有若干个子项目。税目与子目是根据资源税应税产品和纳税人开采资源的行业特点设置的。

纳税人在开采主矿产品的过程中伴采的其他应税矿产品,凡未单独规定适用税额的,应按主矿产品或视同主矿产品税目征收资源税。

资源税税目税额表见表 10-1。

表 10-1 资源税税目税额表

税 目	税额幅度	单 位
一、原油	8~30	元/吨
二、天然气	2~15	元/千立方米
三、煤炭	0.3~5	元/吨
四、其他非金属矿原矿	0.5~20	元/吨或千立方米
五、黑色金属矿原矿	2~30	元/吨
六、有色金属矿原矿	0.4~30	元/吨

续表

税 目	税额幅度	单 位
七、盐		
固体盐	10～60	元/吨
液体盐	2～10	元/吨

另外，税法规定，纳税人执行的单位税额标准，根据价格、资源和开采条件等因素的变化情况，在规定幅度范围内，每隔一定时期调整一次。这是因为资源税实行的是差别税额，资源级差大的，税额确定就高；资源级差小的，税额确定就低。而矿山的资源级差状况是在不断变化的，一般变化规律是3～5年变化到一个新的梯次。因此，应根据资源级差状况的变化对税额做相应的调整。

10.1.2 资源税的计算

1. 资源税计税依据

资源税计税依据的一般规定：资源税从量定额征收，其计税依据是纳税人开采或者生产应税产品的数量。具体规定如下：

(1) 纳税人开采或者生产应税产品销售的，以销售数量为课税数量。

(2) 纳税人开采或者生产应税产品自用的，以自用数量为课税数量。

资源税计税依据的特殊规定：在实际生产经营活动中，有些情况需做特殊考虑，对此，税法的规定如下：

(1) 纳税人不能准确提供应税产品销售数量或移送使用数量的，以应税产品的产量或主管税务机关确定的折算比换算成的数量为课税数量。

(2) 原油中的稠油、高凝油与稀油划分不清或不易划分的，不再区分各类油的数量，一律按原油的数量课税。

(3) 对以自产原煤连续加工洗煤、选煤或用于炼焦、发电、机车及生产生活用煤的，均以动用时的原煤量为课税数量。对于连续加工前无法正确计算原煤动用量的，可按加工产品的综合回收率，将加工产品实际销量和自用量折算成原煤数量作为课税数量。

(4) 金属和非金属矿原矿，无法准确掌握纳税人移送使用原矿数量的，可将其精矿按选矿比折算成原矿数量，作为课税数量。

(5) 对以自产的盐加工精制后销售或直接用于制碱及加工其他产品的，均以自用时移送使用量为课税数量。对以自产的液体盐加工成固体盐销售的，以固体盐的销售数量为课税数量。

纳税人开采或者生产不同税目的应税产品,应当分别核算;不能准确提供不同税目应税产品的课税数量的,从高适用税率。

2.资源税应纳税额的计算

根据应税产品的课税数量和规定的单位税额可以计算应纳税额,具体计算公式为:

应纳税额＝课税数量×单位税额

代扣代缴应纳税额＝收购未税矿产品的数量×适用的单位税额

【例10-1】某铅锌矿2012年销售铅锌矿原矿80 000吨,另外移送入选精矿30 000吨,选矿比为30%,当地适用的单位税额为2元/吨,该矿当年应缴纳多少资源税?

该矿当年应缴纳资源税＝(80 000＋30 000/30%)×2＝360 000(元)＝36(万元)

【例10-2】某铜矿企业5月开采铜矿原矿50 000吨,对外直接销售30 000吨,部分原矿入选精矿5 000吨,选矿比1:2.2,铜矿税额每吨1.3元。该企业应纳资源税为多少元?

这里用的是非百分比形式的选矿比,体现1吨精矿由多少吨原矿选出。

应纳资源税＝(30 000＋5 000×2.2)×1.3＝41 000×1.3＝53 300(元)

【例10-3】某矿山开采企业开采锌矿石和锰矿石。2012年7月开采锌矿石400万吨、锰矿石15万吨。本月移送锰矿入选锰精矿40万吨并全部销售,选矿比为20%;销售锌锰矿石原矿300万吨,锌矿石和锰矿石销售时未分别核算。该矿山2012年7月应缴纳资源税多少万元?(该矿山资源税单位税额:锌矿10元/吨,锰矿2元/吨)

应纳资源税＝300×10＋40÷20%×2＝3 400(元)

10.1.3 资源税的会计核算

按照税法规定,企业因开采或销售应税资源而缴纳的资源税应计入企业的生产经营成本费用,因此,在会计处理中应通过成本费用类账户进行核算。同时,又因为资源税因纳税额在计算上存在不同情况,故在账务处理上应用的具体科目也不同。

(1)应税资源品直接销售的会计核算

企业计提直接销售的应税资源品应缴资源税时,借记"主营业务税金及附加"科目;贷记"应交税费——应交资源税"科目。实际缴纳资源税时,借记"应交税费——应交资源税"科目;贷记"银行存款"等科目。

(2)纳税人生产自用应税资源品的会计核算

纳税人生产自用应税资源品应以移送使用量确认为课税数量,计税时借记"生产成本"、"制造费用"等科目;贷记"应交税费——应交资源税"科目。实际缴纳资源税时,借记"应交税费——应交资源税"科目;贷记"银行存款"等科目。

【例10-4】某煤矿某年1月份对外销售煤炭8 400吨,生产自用煤炭3 500吨,经核定,该类煤矿适用每吨2元的定额税率,计算该企业当月应纳资源税,并作相应的会计处理。

应纳资源税=8 400×2=16 800(元)
应纳资源税=3 500×2=7 000(元)

借:主营业务税金及附加	16 800	
贷:应交税费——应交资源税		16 800
借:生产成本	7 000	
贷:应交税费——应交资源税		7 000
借:应交税费——应交资源税	23 800	
贷:银行存款		23 800

假如税务机关核定该矿资源纳税期限为10天,上月企业实际缴纳税款为24 000元,则应分三次按上月实际缴纳数预交税款,月底再进行税款清算。

每次预交税款时:

借:主营业务税金及附加	8 000	
贷:银行存款		8 000

月末结算时:

借:主营业务税金及附加	16 800	
贷:应交税费——应交资源税		16 800
借:生产成本	7 000	
贷:应交税费——应交资源税		7 000

月末收到税务机关多交退税时:

借:银行存款	200{(8 000×3)-16 800-7 000}	
贷:应交税费——应交资源税		200

(3)收购未税矿产品的会计核算

小型矿藏开采企业由于其开采数量小,经营地点分散等特点,常常会出现漏税、逃税等问题,直接影响资源税的征收与管理。为防止此类问题,《资源税暂行条例》规定,由收购未税矿产品的企业作为扣税义务人,为其代扣代缴资源税。在这种情况下,扣税义务人在收购未税矿产品时,应按矿产品的收购款加上代扣代缴的资源税款,借记"物资采购"科目;按支付的收购款贷记"银行存款"科目,按代扣代缴的资源税贷记"应交税费——应交资源税"科目。实际缴纳资源税时,借记"应交税费——应交资源税"科目;贷记"银行存款"等科目。

【例 10-5】 某企业收购未税铁矿石 230 吨,支付收购款 18 400 元,代扣资源税税金 460 元。

  借:物资采购   18 400
   贷:银行存款   18 400
  借:物资采购   460
   贷:应交税费——应交资源税   460
  代缴资源税时:
  借:应交税费——应交资源税   460
   贷:银行存款   460

(4)外购液体盐加工固体盐的会计核算

按照税法规定,企业外购液体盐加工固体盐,其所购液体盐缴纳的资源税可以在销售固体盐计税时予以抵扣。在购入液体盐时,按允许抵扣的资源税,借记"应交税费——应交资源税"科目,按扣除这部分税款后的收购价款借记"物资采购"等科目;按两项之和贷记"银行存款"等科目。企业完成加工制作,销售固体盐时,按固体盐应交资源税,借记"主营业务税金及附加"科目;贷记"应交税费——应交资源税"科目。实际缴纳时,按借贷方之差(应为贷方余额)借记"应交税费——应交资源税"科目;贷记"银行存款"科目。

【例 10-6】 某盐场某月购进液体盐 5 000 吨,每吨含税价为 240 元(其中资源税税款 5 元)。当月销售用液体盐加工而成的固体盐 3 000 吨,每吨销售价 640 元(其中含资源税税款 10 元)。计算该企业应交资源税,并作相应会计处理。

  购进液体盐时:
  借:物资采购   1 175 000〔(240-5)×5 000〕
   应交税费——应交资源税   25 000(5×5 000)
   贷:银行存款   1 200 000
  销售固体盐时:
  借:银行存款   1 920 000
   贷:主营业务收入   1 920 000
  计提固体盐应交资源税时:
  借:主营业务税金及附加   30 000
   贷:应交税费——应交资源税   30 000

月末缴纳资源税时:
借:应交税费——应交资源税　　　　5 000(30 000－25 000)
　　贷:银行存款　　　　　　　　　　　　　　　　　　　5 000

10.2 城镇土地使用税会计

10.2.1 城镇土地使用税概述

1. 城镇土地使用税概念

城镇土地使用税(简称土地使用税)是对在城市和县城占用国家和集体土地的单位和个人,按使用土地面积定额征收的一种税。

2. 城镇土地使用税的征税范围

城镇土地使用税的征税范围包括在城市、县城、建制镇和工矿区内的国家所有和集体所有的土地。其中:

城市是指经国务院批准设立的市,城市的征税范围为市区和郊区。

县城是指县人民政府所在地。

建制镇是指经省、自治区、直辖市人民政府批准设立的建制镇。

工矿区是指工商业比较发达、人口比较集中、符合国务院规定的建制镇标准但尚未设立建制镇的大中型工矿企业所在地。工矿区需经省、自治区、直辖市人民政府批准。

3. 城镇土地使用税的纳税义务人

城镇土地使用税的纳税义务人是指上述征税范围内应承担纳税义务的所有单位和个人。具体包括:

(1)拥有土地使用权的单位和个人。

(2)拥有土地使用权的单位和个人不在土地所在地的,土地的实际使用人和代管人为纳税义务人。

(3)土地使用权未明确或权属纠纷未解决的,其实际使用人为纳税人。

(4)土地使用权共有的,共有各方都是纳税人,各方应以其实际使用的土地面积占总面积的比例,分别计算缴纳土地使用税。

4. 城镇土地使用税的税率

城镇土地使用税采用定额税率,并在一定幅度内确定差额税额。具体方法是按大、中、小城市和县城、建制镇、工矿区分别确定每平方米土地使用税年

应纳税额,标准为:

  大城市:0.5~10元。

  中等城市:0.4~8元。

  小城市:0.3~6元。

  县城、建制镇、工矿区:0.2~4元。

  各省、自治区、直辖市人民政府可根据市政建设情况和经济繁荣程度在规定税额幅度内,确定所辖地区的适用税额幅度。经济落后地区,可适当降低适用税额标准,但降低不得超过规定最低税额的30%。经济发达地区的适用税额可适当提高,但需报财政部批准。

10.2.2 城镇土地使用税的计算

1.计税依据和税率

(1)计税依据:城镇土地使用税以纳税人实际占用的土地面积为计税依据,土地面积以平方米为计量标准。具体可采用以下几种办法:凡由省、自治区、直辖市人民政府确定的单位组织测定土地面积的,以测定的面积为准;尚未组织测量,但纳税人持有政府部门核发的土地使用证的,以书面确认的土地面积为准;尚未核发土地使用证书的,应由纳税人申报土地面积,据以纳税,待核发土地使用证后再作调整。

(2)税率:城镇土地使用税每平方米税额如下:①大城市1.5~30元;②中等城市1.2~24元;③小城市0.9~18元;④县城、建制镇、工矿区:0.6~12元。

2.应纳税额的计算

城镇土地使用税的应纳税额可以通过纳税人实际占用土地面积乘以该土地所在地段的适用税额求得。其计算公式为:

  全年应纳税额=实际占用应税土地面积(平方米)×适用税额

【例10-7】甲企业,有A、B、C三块生产经营用地,A土地的使用权属于甲企业,面积10 000平方米,其中幼儿园占地1 000平方米,厂区内绿化占地2 000平方米;B土地的使用权属甲企业与乙企业共同拥有,面积5 000平方米,实际使用面积各半;C土地面积3 000平方米,甲企业一直使用,但土地使用权未确定。假设A、B、C的城镇土地使用税的单位税额为每平方米5元,甲企业全年应纳多少城镇土地使用税?

  应纳城镇土地使用税=(10 000−1 000+5 000÷2+3 000)×5=72 500(元)

【例 10-8】某市一商场坐落在该市繁华地段,企业土地使用证书记载占用土地的面积为 6 000 平方米,经确定属一等地段;该商场另设两个统一核算的分店均坐落在市区三等地段,共占地 4 000 平方米;一座仓库位于市郊,属五等地段,占地面积为 1 000 平方米;另外,该商场自办托儿所占地面积 2 500 平方米,属三等地段。计算该商场全年应纳城填土地使用税税额。(一等地段年税额 4 元/平方米;三等地段年税额 2 元/平方米;五等地段年税额 1 元/平方米。当地规定托儿所占地面积免税。)

(1)商场占地应纳税额=6 000×4=24 000(元)
(2)分店占地应纳税额=4 000×2=8 000(元)
(3)仓库占地应纳税额=1 000×1=1 000(元)
(4)商场自办托儿所按税法规定免税。
(5)全年应纳土地使用税额=24 000+8 000+1 000=33 000(元)

10.2.3 城镇土地使用税的会计核算

城镇土地使用税的应纳税额是以使用者实际使用的土地面积乘以按等级适用的税额。缴纳城镇土地使用税的单位,年终计算应交城镇土地使用税时,借记"管理费用"科目;贷记"应交税费——应交城镇土地使用税"科目。实际上缴时,借记"应交税费——应交城镇土地使用税"科目;贷记"银行存款"科目。如纳税人由于某些原因漏缴土地使用税,应及时补缴,并相应支付滞纳金和税务罚款。补缴税款时,借记"应交税费——应交城镇土地使用税"科目;贷记"银行存款"科目。结转已纳税款时,借记"管理费用"科目;贷记"应交税费——应交城镇土地使用税"科目。上缴滞纳金和税务罚款时,借记"营业外支出——上缴滞纳金(税务罚款)"科目;贷记"银行存款"科目。

【例 10-9】某工厂实际占用土地 60 000 平方米,其中厂办托儿所占地 500 平方米,职工子弟小学占地 4 000 平方米。该厂位于大城市,当地政府核定单位土地税额为 8 元/平方米。计算该厂年度应纳土地使用税税额(托儿所、子弟小学占地免征城镇土地使用税),并作账务处理(税款按年一次缴纳)。

应纳城镇土地使用税税额=(60 000-500-4 000)×8=55 500×8=444 000(元)

计提应交税款时:
借:管理费用   444 000
　　贷:应交税费——应交城镇土地使用税   444 000

上缴税款时：
借：应交税费——应交城镇土地使用税　　　　　　　　　444 000
　　贷：银行存款　　　　　　　　　　　　　　　　　　　　444 000

10.3 土地增值税会计

10.3.1 土地增值税概述

1. 土地增值税的征税范围及纳税人

土地增值税的征税范围包括所有转让国有土地使用权、地上建筑物及其附着物并取得收入的行为，或者说，对转让国有土地使用权和出售房地产的行为征税。

2. 土地增值税的纳税人

土地增值税的纳税人是发生上述行为并取得收入的单位和个人。即无论是法人还是自然人，无论是外资企业还是内资企业，无论是什么性质的企业，无论是中国公民还是外籍个人，只要发生有偿转让房地产的行为，都是土地增值税的纳税人。

3. 土地增值税的征税范围

土地增值税对转让国有土地使用权及其地上建筑物和附着物的行为征税。见表10-2和10-3。

包含的三个判断标准：（1）转让的土地使用权是否国家所有；（2）土地使用权、地上建筑物及其附着物是否发生产权转让；（3）转让房地产是否取得收入。

表10-2　征税范围

基本征税范围	不属于征税范围
1. 转让国有土地使用权，包括出售、交换和赠与。 2. 地上的建筑物及其附着物连同国有土地使用权一并转让。 3. 存量房地产的买卖。	1. 不包括国有土地使用权出让行为及取得的收入。 2. 不包括未转让土地使用权、房产产权的行为，如房地产的出租。

第10章 资源税类会计

表10-3 具体事项征税的规定

有关事项	是否属于征税范围
1.继承、赠予	(1)继承:不征(无收入)。 (2)赠予:公益性赠予、赠予直系亲属或承担直接赡养义务人,不征;非公益性赠予,征。
2.出租	不征(无权属转移)。
3.房地产抵押	抵押期不征;抵押期满偿还债务本息不征;抵押期满,不能偿还债务,而以房地产抵债,征。
4.房地产交换	单位之间换房,有收入的,征;个人之间互换自有住房,免征。
5.以房地产投资、联营	(1)房地产(房地产企业除外)转让到投资联营企业,暂免征;将投资联营房地产再转让,征。 (2)投资、联营的企业属于从事房地产开发的,或者房地产开发企业以其建造的商品房进行投资和联营的,应当征收土地增值税。
6.合作建房	建成后自用,暂免征;建成后转让,征。
7.兼并转让房地产	暂免。
8.代建房	不征(无权属转移)。
9.房地产重新评估	不征(无收入)。

4.土地增值税税率(见表10-4)

土地增值税实行四级超率累进税率表:

(1)土地增值额未超过扣除项目金额50%的部分,税率为30%。

(2)土地增值额超过扣除项目金额50%,未超过扣除项目金额100%的部分,税率为40%。

(3)土地增值额超过扣除项目金额100%,未超过扣除项目金额200%的部分,税率为50%。

(4)土地增值额超过扣除项目金额200%的部分,税率为60%。

表10-4 土地增值税税率计算表

级次	增值额占扣除项目金额比例	税率	速算扣除率
1	50%(含)以下	30%	0
2	50%~100%(含)的部分	40%	5%
3	100%~200%(含)的部分	50%	15%
4	200%以上的部分	60%	35%

10.3.2 土地增值税的计算

1. 土地增值税的计税依据

(1)收入总额的确定。收入总额是指纳税人转让房地产取得的全部收入,既包括货币收入,也包括实物收入以及其他收入。其中,货币收入是指纳税人转让房地产而取得的现金、银行存款和企业债券、股票等有价债券。实物收入是指纳税人转让房地产取得的各种实物形态的收入,如钢材、水泥等建材,房屋、土地不动产等。实物收入的价值不易确定,一般需通过估计进行确定。其他收入是指纳税人转让房地产取得的无形资产收入或具有财产价值的权利,如专利权、商标权、著作权、专有技术使用权、土地使用权、商誉权等。这类收入价值的确定需要通过专门的评估。

(2)准予扣除项目金额的确定。税法准予纳税人从转让收入额中减除的扣除项目金额包括:

①取得土地使用权时支付的金额,指地价款(土地出让金)和按国家统一规定缴纳的有关费用。

②开发土地和新建房及配套设施(房地产开发)的成本,包括土地征用及拆迁补偿费、前期工程费、建筑安装工程费、基础设施费、公共配套设施费等间接费用。

③开发土地和新建及配套设施(房地产开发)的费用,是指与房地产开发项目有关的销售费用、管理费用、财务费用。

④旧房及建筑物的评估价格,指已使用的房屋及建筑物在出售时,由政府指定的评估部门评定的重置价格乘以新旧程度折扣率后的价值。

⑤与转让房地产有关的税金,指出售房地产时已缴纳的营业税、城市维护建设税、印花税等。纳税人出售房地产时缴纳的教育附加可视同税金扣除。

⑥财政部规定的其他扣除项目。

⑦从事房地产开发的纳税人可以按照上述①、②两项金额之和加计扣除20%的扣除额。

2. 土地增值税的计算

$$应纳税额=增值额\times适用税率-扣除项目金额\times速算扣除系数$$

土地增值税的计算步骤如下:

第一,确定由谁收入;

第二,要计算扣除项目,注意扣除项目归集时的具体内容;

第三,计算土地增值额,就是收入减去扣除项目;

第四,计算土地增值率,即前述第二项目÷第一项目,据此选出税率和扣除率;

第五,计算税额。

【例10-10】某房地产开发公司于2009年1月受让一宗土地使用权,根据转让合同支付转让方地价款6 000万元,当月办好土地使用权权属证书。2009年2月至2010年3月中旬该房地产开发公司将受让土地70%(其余30%尚未使用)的面积开发建造一栋写字楼。在开发过程中,根据建筑承包合同支付给建筑公司的劳务费和材料费共计5 800万元;发生的利息费用为300万元,不高于同期限贷款利率并能提供金融机构的证明。

3月下旬,该公司将开发建造的写字楼总面积的20%转为公司的固定资产并用于对外出租,其余部分对外销售。2010年4月至6月,该公司取得租金收入共计60万元;销售部分全部售完,共计取得销售收入14 000万元。该公司在写字楼开发和销售过程中,共计发生管理费用800万元、销售费用400万元。试计算该房地产开发公司应纳的土地增值税。(说明:该公司适用的城市维护建设税税率为7%;教育费附加征收率为3%;契税税率为3%;其他开发费用扣除比例为5%。)

(1)土地成本=(6 000+6 000×3%)×70%×80%=3 460.8(万元)

(2)开发成本=5 800×80%=4 640(万元)

(3)开发费用=300×80%+(3 460.8+4 640)×5%=240+405.04=645.04(万元)

(4)税金=14 000×5%×(1+7%+3%)=770(万元)

(5)扣除项目金额=3 460.8+4 640+645.04+770+(3 460.8+4 640)×20%=11 136(万元)

(6)增值额=14 000−11 136=2 864(万元)

(7)增值税率=2 864÷11 136×100%=25.72%

(8)应缴纳的土地增值税=2 864×30%=859.2(万元)

【例10-11】某工业企业转让一幢20世纪90年代建造的厂房,当时造价100万元,无偿取得土地使用权。如果按现行市场价的材料、人工费计算,建造同样的房子需600万元,该房子为七成新,按500万元出售,支付有关税费共计27.5万元。计算企业转让旧房应缴纳的土地增值税额。

(1)评估价格=600×70%=420(万元)

(2)允许扣除的税金为27.5万元

(3)扣除项目金额合计=420+27.5=447.5(万元)
(4)增值额=500-447.5=52.5(万元)
(5)增值率=52.5÷447.5×100%=11.73%
(6)应纳税额=52.5×30%-447.5×0=15.75(万元)

【例10-12】某房地产开发公司出售一幢写字楼,收入总额为10 000万元。开发该写字楼有关支出为:支付地价款及各种费用1 000万元;房地产开发成本3 000万元;财务费用中的利息支出为500万元(可按转让项目计算分摊并提供金融机构证明),但其中有50万元属加罚的利息;转让环节缴纳的有关税费共计555万元(不含印花税);该单位所在地政府规定的其他房地产开发费用计算扣除比例为5%。试计算该房地产开发公司应纳的土地增值税。

(1)取得土地使用权支付的地价及有关费用为1 000万元
(2)房地产开发成本为3 000万元
(3)房地产开发费用=500-50+(1 000+3 000)×5%=650(万元)
(4)允许扣除的税费为555万元
(5)从事房地产开发的纳税人加计扣除20%,加计扣除额=(1 000+3 000)×20%=800(万元)
(6)允许扣除的项目金额合计=1 000+3 000+650+555+800=6 005(万元)
(7)增值额=10 000-6 005=3 995(万元)
(8)增值率=3 995÷6 005×100%=66.53%
(9)应纳税额=3 995×40%-6 005×5%=1 297.75(万元)

10.3.3 土地增值税的会计核算

为核算土地增值税,应在"应交税费"科目下设"应交土地增值税"明细科目。

1. 房地产业企业的土地增值税的会计处理

房地产业企业是指主要经营房地产买卖业务的企业。对这类企业来说,土地增值税是为取得当期营业收入而支付的费用。因此,土地增值税的会计处理与营业税的会计处理相同,即在集体土地增值税时,借记"经营税金及附加"(外商投资的房地产企业记"营业税金")科目,贷记"应交税费——应交土地增值税"科目。实际上缴时,借记"应交税费——应交土地增值税"科目,贷记"银行存款"等科目。

兼营房地产业务企业因转让房地产收入而应缴土地增值税时,应同营业税一样进行会计处理,即当企业按照税法规定计算应缴土地增值税时,借记"其他业务支出"等会计科目,贷记"应交税费——应交土地增值税"科目。实际上缴时,借记"应交税费——应交土地增值税"科目;贷记"银行存款"等科目。

【例10-13】某房地产公司某月有偿转让高级住宅楼一栋,建筑面积5 000平方米,单位售价每平方米6 800元,共取得销售收入3 400万元,开发房产的实际成本费用为1 800万元,缴纳营业税金及附加204万元,计算该企业应缴土地增值税,并作相应会计处理。

土地增值税额=3 400-(1 800+204)=1 396(万元)
增值率=1 396/(1 800+204)×100%=69.66%
应纳土地增值税=1 396×40%-(1 800+204)×5%
=558.4-100.2
=458.2(万元)

计提土地增值税时:
借:主营业务税金及附加　　　　　　　　　　　　4 582 000
　　贷:应交税费——应交土地增值税　　　　　　　　　　4 582 000
实际缴纳时:
借:应交税费——应交土地增值税　　　　　　　　4 582 000
　　贷:银行存款　　　　　　　　　　　　　　　　　　　4 582 000

2.非房地产企业转让或销售房地产缴纳土地增值税的会计处理

非房地产企业转让或销售房地产应根据具体情况分别计入相关科目。

(1)企业转让国有土地使用权连同地上已完工交付使用的建筑物及附着物时,在"固定资产"、"固定资产清理"等有关科目中反映。转让时,借记"固定资产清理"、"累计折旧"等科目;贷记"固定资产"科目。取得转让收入时,借记"银行存款"科目;贷记"固定资产清理"科目。计算土地增值税时,借记"固定资产清理"科目;贷记"应交税费——应交土地增值税"科目。上缴税金时,借记"应交税费——应交土地增值税"科目;贷记"银行存款"科目。

(2)企业转让国有土地使用权连同地上未竣工的建筑物及附着物,计算应交土地增值税时,借记"在建工程"、"专项工程支出"、"固定资产清理"等科目;贷记"应交税费——应交土地增值税"科目。

(3)企业转让以行政划拨方式取得的土地使用权连同地上建筑物及附着物,计算缴纳土地增值税时,借记"其他业务支出"、"固定资产清理"等科目;贷记"应交税费——应交土地增值税"科目。

【例10-14】某企业转让一处房产的土地使用权及地上房产的产权,企业为取得该房产支付的成本、费用为4 200万元,转让房产取得的收入为6 120

万元,支付营业税金及附加 306 万元,房产累计折旧 504 万元,计算应交土地增值税,并做相应会计处理(城建税、教育费附加暂不考虑)。

转让房地产时:
借:固定资产清理　　　　　　　　　　　　　　　36 960 000
　　累计折旧　　　　　　　　　　　　　　　　　 5 040 000
　　贷:固定资产　　　　　　　　　　　　　　　　　　　　42 000 000

收到转让收入时:
借:银行存款　　　　　　　　　　　　　　　　　61 200 000
　　贷:固定资产清理　　　　　　　　　　　　　　　　　 61 200 000

计提营业税时:
借:固定资产清理　　　　　　　　　　　　　　　 3 060 000
　　贷:应交税费——应交营业税　　　　　　　　　　　　3 060 000

计算应交土地增值税

土地增值额=6 120－(4 200－504)－306=2 118(万元)

增值率=2 118/(4 200－504+306)×100%=52.92%

应纳土地增值税=2 118×40%－4 002×5%=647.1(万元)

借:固定资产清理　　　　　　　　　　　　　　　 6 471 000
　　贷:应交税费——应交土地增值税　　　　　　　　　　 6 471 000

上缴税金时:
借:应交税费——应交土地增值税　　　　　　　　 6 471 000
　　贷:银行存款　　　　　　　　　　　　　　　　　　　 6 471 000

结转固定资产清理损益时:

固定资产清理=61 200 000－36 960 000－3 060 000－6 471 000=14 709 000

借:固定资产清理　　　　　　　　　　　　　　　14 709 000
　　贷:营业外收入　　　　　　　　　　　　　　　　　　14 709 000

◀ 10.4 耕地占用税会计

10.4.1 耕地占用税税制概述

1.耕地占用税的特点及其征收意义

耕地是用于种植农作物的土地。耕地占用税是国家向占用耕地建房或从事其他非农业生产建设的单位和个人征收的一种税。耕地占用税是1987年4月1日开征的,是农村税收的一部分。耕地占用税的主要特点是:

(1)税收负担的一次性。耕地占用税以单位和个人实际占用的耕地面积计税,按照规定的税额标准一次性征收。

(2)征收对象有特定性。耕地占用税是对特定的行为征税,即只对占用耕地建房或从事其他非农业生产建设的单位和个人征税。

(3)税收用途的补偿性。国家将征收的耕地占用税设立土地开发基金,全部用于开发农业耕地资源,而不得用于其他方面,也不存在参与预算平衡对资金再分配的问题。

(4)征税标准有很大的灵活性。国家只规定每平方米的最高和最低限额,各地可根据本地人均占地面积和经济发展水平,确定当地具体适用的税额标准。不过,在减免权上实行高度集中,除中央有明文规定的范围外,地方无权减免。

国家征收耕地占用税的作用和意义是:

第一,增强人们保护耕地的意识。我国是一个人多地少的国家,人均占用耕地仅1.5亩左右,比加拿大(人均20.8亩)、美国(人均14.6亩)、俄罗斯(人均13.6亩)要少得多,位于世界百位之后,因而耕地是我们的宝贵资源。

第二,运用行政和经济手段,加强土地管理,防止乱占滥用耕地,鼓励各种建设尽量不占用耕地或是少用耕地,起到保护耕地的作用。

2007年12月1日国务院发布《中华人民共和国耕地占用税暂行条例》(修订案),新条例从2008年1月1日起施行。

2.耕地占用税的纳税人

凡是占用耕地建房或是从事其他非农业生产建设的单位和个人,都是耕地占用税的纳税人。单位是指国有企业、集体企业、私营企业、股份制企业、外商投资企业、外国企业以及其他企业和事业单位、社会团体、国家机关、部队以及其他单位;个人包括个体工商户以及其他个人。

3.耕地占用税的纳税范围和纳税对象

耕地占用税的纳税范围:种植粮食作物、经济作物和油料作物的土地,包括粮田、棉田、烟田、蔗田等;菜地,包括种植各种蔬菜的土地;占用林地、牧草地、农田水利用地、养殖水面以及渔业水域滩涂等其他农用地建房或者从事非农业建设的,按照规定缴纳耕地占用税;但建设直接为农业生产服务的生产设施占用农用地的,不缴纳耕地占用税。

耕地占用税的纳税对象,是指建房或者从事其他非农业生产建设所占用的耕地,对占用耕地行为的课税。

4.耕地占用税的计税依据和税率

耕地占用税的计税依据是实际占用耕地的面积数量。以平方米为单位,采用定额税率,一次征收,并以县为单位,根据人均占用耕地的多少,规定有幅度的税率。一般地,人口稠密、人均耕地较少、经济比较发达、非农业占地问题比较突出、土地质量较好的地方,税率较高;反之,税率较低。农民新建自用住宅,从轻征税。具体规定如下:

(1)人均耕地不超过1亩的地区(以县级行政区域为单位,下同),每平方米为10~50元。

(2)人均耕地超过1亩但不超过2亩的地区,每平方米为8~40元。

(3)人均耕地超过2亩但不超过3亩的地区,每平方米为6~30元。

(4)人均耕地超过3亩的地区,每平方米为5~25元。

国务院财政、税务主管部门根据人均耕地面积和经济发展情况,确定各省、自治区、直辖市的平均税额,如上海市45元/平方米,北京市40元/每平方米,天津市35元/每平方米。

各地适用税额,由省、自治区、直辖市人民政府在国家统一规定的税额幅度内,根据本地区情况核定。各省、自治区、直辖市人民政府核定的适用税额的平均水平,不得低于国家规定的平均税额。

经济特区、经济技术开发区和经济发达且人均耕地特别少的地区,适用税额可以适当提高,但是提高的部分最高不得超过国家规定的当地适用税额的50%。

占用基本农田的,适用税额应当在国家统一规定的当地适用税额的基础上提高50%。

5.耕地占用税的减免

(1)耕地占用税的免税

①军事设施占用耕地;

②学校、幼儿园、养老院、医院占用耕地。

(2)耕地占用税的减税

①铁路线路、公路线路、飞机场跑道、停机坪、港口、航道占用耕地,减按每平方米2元的税额征收耕地占用税。

根据实际需要,国务院财政、税务主管部门商国务院有关部门并报国务院批准后,可以对前款规定的情形免征或者减征耕地占用税。

②农村居民占用耕地新建住宅,按照当地适用税额减半征收耕地占用税。

农村烈士家属、残疾军人、鳏寡孤独,以及革命老根据地、少数民族聚居区和边远贫困山区生活困难的农村居民,在规定用地标准以内新建住宅缴纳耕地占用税确有困难的,经所在地乡(镇)人民政府批准后,可以免征或者减征耕地占用税。

③按规定免征或者减征耕地占用税后,纳税人改变原占地用途,不再属于免征或者减征耕地占用税情形的,应当按照当地适用税额补缴耕地占用税。

④纳税人临时占用耕地,应当依照本条例的规定缴纳耕地占用税。纳税人在批准临时占用耕地的期限内恢复所占用耕地原状的,全额退还已经缴纳的耕地占用税。

6.耕地占用税的纳税环节和纳税期限

(1)纳税环节

耕地占用税的纳税环节,按占用耕地的时间,分为用地前纳税和用地后纳税。用地前纳税,又可以分为用地批准前纳税和批准后、划拨用地前纳税。

(2)纳税期限

土地管理部门在通知单位或者个人办理占用耕地手续时,应当同时通知耕地所在地同级地方税务机关。获准占用耕地的单位或者个人应当在收到土地管理部门的通知之日起30日内缴纳耕地占用税。土地管理部门凭耕地占用税完税凭证或者免税凭证和其他有关文件发放建设用地批准书。

10.4.2 耕地占用税的计算

耕地占用税以纳税人实际占用的耕地面积为计税依据,按照规定的适用税额一次性缴纳。

耕地占用税实行的是定额税制,采取差别税率,即按各地区人均耕地面积的数量,确定每平方米适用的税额。

耕地占用税的税额,是以县为单位,按人均占用耕地的多少,并参考经济发展情况而确定。

1.一般纳税人应纳税额的计算

$$应纳税额 = 实际占用耕地面积(平方米) \times 适用的单位税额$$

【例10-15】某食品厂征用一块面积15 000平方米的菜地进行食品加工生产,耕地占用税的单位税额为45元/平方米。计算应缴耕地占用税如下:

$$应交耕地占用税 = 15\,000 \times 45 = 675\,000(元)$$

【例10-16】某民用机场征用耕地2 000万平方米。其中修建飞机跑道、停机坪、候机楼、指挥塔、雷达设施占用耕地1 958万平方米,修建飞行员及职工地勤人员宿舍楼用地2万平方米,修建俱乐部用地20万平方米,修建饮食服务部用地15万平方米,修建影剧院用地5万平方米。因该机场所在地区是人均耕地1亩以下的地区,政府规定缴纳耕地占用税应适用幅度税额的上限,即50元/平方米。计算该机场应纳耕地占用税。

按照规定,民用机场占用耕地中,飞机跑道、停机坪、候机楼、指挥塔、雷达设施等占用部分免税。其余占用耕地应纳耕地占用税如下:

应纳税额=(20 000+200 000+150 000+50 000)×50=21 000 000(元)

2.农村居民占用耕地的计算

农村居民,指农业户口的居民,包括渔民、牧民在内。他们占用耕地建设自用的住宅,可按规定税额减半征收。其计算公式如下:

应纳税额=实际占用耕地面积×单位税额×50%

【例10-17】陕西省某农民经批准占用100平方米耕地建住宅自用,国家核定的陕西省耕地占用税单位税额是20元/平方米,而农民占用耕地建住宅自用,按规定税额减半征收。计算该农民应纳耕地占用税如下:

应纳税额=100×20×50%=1 000(元)

3.公路建设占用耕地的计算

【例10-18】某省为修建公路征用300万平方米耕地,公路建设征用耕地按2元/平方米缴纳耕地占用税。计算耕地占用税如下:

应纳税额=3 000 000×2=6 000 000(元)

10.4.3 耕地占用税的会计处理

由于耕地占用税于占用耕地时一次性缴纳,建设单位可将其记入"长期待摊费用"账户,计算出应缴耕地占用税后,借记"长期待摊费用"账户,贷记"应交税费——应交耕地占用税"账户。持续经营中的企业因占用耕地而应缴耕地占用税时,应借记"在建工程"账户,贷记"应交税费——应交耕地占用税"账户或直接贷记"银行存款"账户。

【例10-19】某新建服装厂征用一块面积为1万平方米的耕地建厂,当地核定的单位税额是20元/平方米。计算该厂应纳耕地占用税并做会计分录如下:

应纳税额=10 000×20=200 000(元)

(1) 在筹建期间计提税金时：
借：长期待摊费用——开办费　　　　　　　200 000
　　贷：应交税费——应交耕地占用税　　　　　　　　200 000
(2) 开始生产经营当月：
借：管理费用　　　　　　　　　　　　　　200 000
　　贷：长期待摊费用——开办费　　　　　　　　　　200 000
(3) 若该厂不作为建设单位而作为生产企业时：
借：在建工程　　　　　　　　　　　　　　200 000
　　贷：应交税费——应交耕地占用税　　　　　　　　200 000

10.5 烟叶税会计

10.5.1 烟叶税概述

1 烟叶税概念

烟叶税是对在我国境内收购烟叶的单位，就其收购金额和规定的税率征收的一种税。

为减轻农民负担，党的十六届三中全会确立了深化农村税费改革的各项政策目标，并加快了减免农业税和农业特产农业税的步伐。2004年6月，根据《中共中央、国务院关于促进农民增加收入若干政策的意见》，财政部、国家税务总局下发了《关于取消除烟叶外的农业特产农业税有关问题的通知》，规定从2004年起，除对烟叶暂保留征收农业特产农业税外，取消对其他农业特产品征收的农业特产农业税。

2005年12月29日，十届全国人大常委第十九次会议决定废止《中华人民共和国农业税条例》。农业特产农业税是依据《中华人民共和国农业税条例》开征的，取消农业税以后，意味着农业特产农业税也要同时取消。因此，2006年2月17日，国务院第459号令废止了《国务院关于对农业特产收入征收农业税的规定》。这样，对烟叶征收农业特产农业税也失去了法律依据。但停止征收烟叶农业特产税，将会产生一些新的问题：第一，烟叶产区的地方财政特别是一些县乡的财政收入将受到较大的影响。按照现行财政体制，烟叶农业特产税收入是全部划归县乡财政的，这部分收入占当地财政收入较大的比重。第二，不利于烟叶产区县乡经济的发展，对当地基层政权的正常运转和各项公共事业的发展会产生一定的负面影响。我国的烟叶产区多数集中在西部和边远地区,农业基础薄弱,经济结构和财源比较单一,当地经济的培育和公共事业的发展等基本上要依靠地方政府的投入和推动,停止征收烟叶农业特产税会减少当地财政收入,对推动各项事业的发展不利。第三,不利于卷烟工业的持续稳定发展。烟叶是卷烟生产的主要原料,停止征收烟叶农业特产税,会影响地方政府引导和发展烟叶种植的积极性,对于卷烟工业的持续稳定发展也是不利的。

为了保持政策的连续性,充分兼顾地方利益和有利于烟叶产区可持续发展,国务院决定开征烟叶税取代原烟叶农业特产税,国务院颁布的《中华人民共和国烟叶税暂行条例》从2006年4月28日起实施。

原烟叶农业特产税是在烟叶收购环节由烟草收购公司缴纳的,这次改征烟叶税以后,纳税人、纳税环节、计税依据等都保持了原烟叶农业特产税的规定不变。另外,烟叶税的税率与原烟叶农业特产税的税率相同。因此,征收烟叶税不会增加农民的负担。

2.烟叶税的纳税人

在中华人民共和国境内收购烟叶的单位为烟叶税的纳税人。烟叶是指晾晒烟叶、烤烟叶。

3.烟叶税的计税依据与税率

烟叶税实行比例税率,税率为20%。烟叶税的税率基本保持了原烟叶农业特产税的税率水平。烟叶税实行全国统一的税率,主要是考虑烟叶属于特殊专卖品,其税率不宜存在地区间的差异,否则会形成各地之间的不公平竞争,不利于烟叶种植的统一规划和烟叶市场、烟叶收购价格的统一。

烟叶税的计税依据为收购金额。收购金额包括纳税人支付给销售者的烟叶收购价款和价外补贴。价外补贴统一暂按烟叶收购价款10%计入收购金额,即:

价外补贴金额=收购价款×10%

收购金额=收购价款+价外补贴金额

烟叶税实行比例税率,税率为20%。烟叶税的税率基本保持了原烟叶农业特产税的税率水平。烟叶税实行全国统一的税率,主要是考虑烟叶属于特殊专卖品,其税率不宜存在地区间的差异,否则会形成各地之间的不公平竞争,不利于烟叶种植的统一规划和烟叶市场、烟叶收购价格的统一。

10.5.2 烟叶税的计算

1. 烟叶税的计税依据

烟叶税的计税依据为收购金额。收购金额包括纳税人支付给销售者的烟叶收购价款和价外补贴。价外补贴统一暂按烟叶收购价款的10%计入收购金额，即：

价外补贴金额＝收购价款×10%

收购金额＝收购价款＋价外补贴金额

2. 烟叶税的计算

烟叶税的应纳税额按照纳税人收购烟叶的收购金额和规定税率计算。应纳税额的计算公式为：

应纳税额＝收购金额×税率

应纳税额以人民币计算。纳税人收购烟叶，应当向烟叶收购地的主管税务机关申报纳税。烟叶税的纳税义务发生时间为纳税人向烟叶销售者付讫收购烟叶款项或者开具收购烟叶凭据的当天。

纳税人应当自纳税义务发生之日起30日内申报纳税，具体纳税期限由主管税务机关核定。

【例10-20】某卷烟厂为增值税一般纳税人，8月向农业生产者收购烟叶，收购凭证上注明支付收购款项4万元，实际支付价外补贴款2 500元；取得运输公司通过货运发票税控系统开具的新版运输发票上注明的运输费用3 000元。烟叶验收入库后，又将其运往烟丝厂加工成烟丝，取得烟丝厂开具增值税专用发票，注明支付加工费8 500元、增值税1 445元。该企业应缴纳多少烟叶税？

收购烟叶价外补贴款＝40 000×10%＝4 000(元)

烟叶收购金额＝40 000＋4 000＝44 000(元)

应缴烟叶税＝44 000×20%＝8 800(元)

10.5.3 烟叶税的会计处理

烟叶税作为价内流转税，其应缴额构成烟叶收购单位的采购成本。

【例10-21】某卷烟厂为增值税一般纳税人，8月向农业生产者收购烟叶，收购凭证上注明支付收购款项4万元，实际支付价外补贴款2 500元；取得运输公司通过货运发票税控系统开具的新版运输发票上注明的运输费用3 000元。烟叶验收入库后,又将其运往烟丝厂加工成烟丝,取得烟丝厂开具增值税专用发票,注明支付加工费8 500元、增值税1 445元。

对纳税人按规定缴纳的烟叶税,准予并入烟叶产品的买价计算增值税的进项税额,并在计算缴纳增值税时予以扣除。即购进烟叶准予扣除的增值税额,应按照烟叶收购金额和烟叶税及法定扣除率计算。烟叶收购金额包括纳税人支付给烟叶销售者的收购价款和价外补贴,价外补贴统一按烟叶收购价款的10%计算。10%的价外补贴只是税务机关为了便于征税而规定的比例,企业实际支付的价外补贴也不一定是10%。企业在计算烟叶采购成本时,应按实际发生额计算。

收购烟叶有关税金计算如下:

收购烟叶价外补贴款=40 000×10%=4 000(元)

烟叶收购金额=40 000+4 000=44 000(元)

应缴烟叶税=44 000×20%=8 800(元)

外购烟叶进项税额=(40 000+4 000+8 800)×13%+3 000×7%=7 074(元)

烟叶收购成本=40 000+2 500+ 3 000+8 800-7 074=47 226(元)

委托加工应税消费品的组成计税价格中,材料成本不包括计税是按10%计算的烟叶补贴款,但应包括实际支付的价外补贴和20%的烟叶税。

收回加工烟丝应纳消费税额=(47 226+8 500)÷(1-30%)×30%

=23 882.57(万元)

有关会计分录如下:

(1)收购烟叶时:

借:材料采购 44 436

  应交税费——应交增值税(进项税额) 6 864

 贷:库存现金(银行存款) 42 500

   应交税费——应交烟叶税 8 800

借:材料采购 2 790

  应交税费——应交增值税(进项税额) 210

 贷:银行存款(库存现金) 3 000

(2)烟叶入库时:

借:原材料 47 226

 贷:材料采购 47 226

(3)发出委托加工时:

借：委托加工物资　　　　　　　　　　　　　　47 226
　　贷：原材料　　　　　　　　　　　　　　　　　　47 226
（4）支付加工费时：
借：委托加工物资　　　　　　　　　　　　　　8 500
　　应交税费——应交增值税（进项税额）　　　1 445
　　贷：银行存款　　　　　　　　　　　　　　　　　9 945
（5）支付代扣代缴消费税时：
借：委托加工物资（或待扣税金——待扣消费税）　23 882.57
　　贷：银行存款　　　　　　　　　　　　　　　　23 882.57
上缴税金等会计分录略。

练习题

1. 简述资源税的纳税范围和计税依据。
2. 企业如何进行资源税的会计处理？
3. 试述土地增值税的计算程序。
4. 简述城镇土地使用税的计税依据。
5. 简述烟叶税的特点及其会计处理。
6. 简述耕地占用税的特点及其会计处理。
7. 某铜矿 6 月外销铜矿石原矿 88 吨，核定资源税 1.5 元/吨。计算应交资源税，并作相应会计处理。

第11章 财产税类会计

> **学习目标**
>
> 1. 了解房产税、契税及车船税的征税范围、税收减免。
> 2. 掌握房产税、契税及车船税的计税依据。
> 3. 掌握房产税、契税及车船税应纳税额的计算及其账务处理。

11.1 房产税会计

11.1.1 房产税税制概述

房产税是以房屋为征税对象,以房屋的计税余值或租金收入为计税依据,向房屋产权所有人征收的一种财产税。

1951年8月,国务院颁布了《城市房地产税暂行条例》,规定对城市中的房屋及占地合并征收房产税和地产税,称为城市房地产税。1973年为简化税制,把对企业征收的这个税种并入了工商税。1984年10月,国务院决定在推行第二步利改税和改革工商税制时,对国内企业单位恢复征收房产税。1986年9月,国务院正式发布了《中华人民共和国房产税暂行条例》(以下简称《房产税暂行条例》),从当年10月1日起开始施行。各省、自治区、直辖市政府根据条例规定,先后制定了施行细则。至此,房产税在全国范围内全面征收。自2009年1月1日起,外商投资企业、外国企业和组织以及外籍个人,依照《中华人民共和国房产税暂行条例》缴纳房产税。

1. 房产税的征税范围

房产税的征税对象是房产。房产税的征税范围为:城市、县城、建制镇和工矿区,但是不包括农村的房屋。其中:

城市是指经国务院批准设立的市,征税范围为市区、郊区和市辖县县城,不包括农村。

县城是指县人民政府所在地。

建制镇是指镇人民政府所在地,不包括所辖的行政村。

工矿区是指经省、自治区、直辖市人民政府批准的符合国务院规定的建制镇标准,但尚未设立建制镇的大中型工矿企业所在地。

2.房产税的纳税义务人

凡在我国境内拥有房屋产权的单位和个人都是房产税的纳税义务人。其中:

产权属于全民所有的,其经营管理的单位是纳税义务人;

产权出典的,承典人是纳税义务人;

产权所有人、承典人不在房产所在地的,房产代管人或者使用人为纳税义务人;

产权未确定以及租典纠纷未解决的,房产代管人或者使用人为纳税义务人;

纳税单位和个人无租使用房产管理部门、免税单位及纳税单位的房产,应由使用人代为缴纳房产税。

3.房产税的计税依据

房产税的计税依据是房产的余值或房产的租金收入。按照房产计税价值征税的,称为从价计征;按照房产租金收入计征的,称为从租计征。

(1)对经营自用的房屋,以房产的计税余值作为计税依据。

①自2006年1月1日起,为了维持和增加房屋的使用功能或使房屋满足设计要求,凡以房屋为载体,不可随意移动的附属设备和配套设施,如给排水、采暖、消防、中央空调、电气及智能化楼宇设备等,无论在会计核算中是否单独记账与核算,都应计入房产原值,计征房产税。

②纳税人对原有房屋进行改建、扩建的,要相应增加房屋的原值。对于更换房屋附属设备和配套设施的,在将其价值计入房产原值时,可扣减原来相应设备和设施的价值;对附属设备和配套设施中易损坏、需要经常更换的零配件,更新后不再计入房产原值。

③2006年1月1日起,凡在房产税征收范围内的具备房屋功能的地下建筑,包括与地上房屋相连的地下建筑以及完全建在地面以下的建筑、地下人防设施等,均应当依照有关规定征收房产税。对于与地上房屋相连的地下建筑,如房屋的地下室、地下停车场、商场的地下部分等,将地下部分与地上房屋视为一个整体按照地上房屋建筑的有关规定计算征收房产税。

(2)房产出租的,以房产租金收入为房产税的计税依据。

(3)投资联营及融资租赁房产的计税依据。

①对投资联营的房产,在计征房产税时应予以区别对待。对于以房产投资联营,投资者参与投资利润分红,共担风险的,按房产的计税余值作为计税依据计征房产税;对以房产投资,收取固定收入,不承担联营风险的,实际是以联营名义取得房产租金,应根据《房产税暂行条例》的有关规定,由出租方按租金收入计算缴纳房产税。

②对融资租赁房屋的情况,由于租赁费包括购进房屋的价款、手续费、借款利息等,与一般房屋出租的"租金"内涵不同,且租赁期满后,当承租方偿还最后一笔租赁费时,房屋产权一般都转移到承租方,实际上是一种变相的分期付款购买固定资产的形式,因此,在计征房产税时应以房产余值计算征收。至于租赁期内房产税的纳税人,由当地税务机关根据实际情况确定。

(4)居民住宅区内业主共有的经营性房产的计税依据。

对居民住宅区内业主共有的经营性房产,由实际经营(包括自营和出租)的代管人或使用人缴纳房产税。

4. 房产税的税率

房产税以房产的计税余值或房产的租金收入为计税依据,采用比例税率。

(1)按房产原值一次减除10%～30%后的余值计征的,年税率为1.2%;

(2)按房产出租的租金收入计征的,税率为12%。

(3)根据《关于廉租住房经济适用住房和住房租赁有关税收政策的通知》(财税[2008]24号)规定,对个人出租住房,不区分用途,按4%的税率征收房产税;对企事业单位、社会团体以及其他组织按市场价格向个人出租用于居住的住房,减按4%的税率征收房产税。

5. 房产税的减免

免缴房产税的房产有:国家机关、人民团体、军队自用的房产;国家财政部门拨付事业经费单位自用的房产;宗教寺庙、公园、名胜古迹自用的房产;个人拥有的非营业用的房产。

另外,经财政部批准免税的其他房产还包括:

(1)企业办的各类学校、医院、托儿所、幼儿园自用的房产,可以比照由国家财政部门拨付事业经费的单位自用的房产,免征房产税。

(2)经有关部门鉴定,对毁损不堪居住的房屋和危险房屋,在停止使用后,可免征房产税。

(3)凡是在基建工地为基建工地服务的各种工棚、材料棚、休息棚和办公室、食堂、茶炉房、汽车房等临时性房屋,不论是施工企业自行建造还是由基建单位出资建造,交施工企业使用的,在施工期间,一律免征房产税。但是,如果在基建工程结束以后,施工企业将这种临时性房屋交还或者估价转让给基建单位,应当从基建单位接收的次月起,依照规定征收房产税。

(4)自2004年7月1日起,纳税人因房屋大修导致连续停用半年以上的,在房屋大修期间免征房产税,免征税额由纳税人在申报缴纳房产税时自行计算扣除,并在申报表附表或备注栏中作相应说明。

(5)对房地产开发企业建造的商品房,在出售前不征收房产税。但对出售前房地产开发企业已使用或出租、出借的商品房应按规定征收房产税。

11.1.2 房产税的计算

购置新建商品房、存量房,出租、出借房产,房地产开发企业自用、出租、出借自建商品房,自交付使用、使用或办理权属转移之次月起,计算房产税和城镇土地使用税。将原有房产用于生产经营的,从生产经营之月起,计征房产税。

1. 地上建筑物房产税应纳税额的计算公式

(1)按房产计税余值计算应纳税额的公式为:

年应纳税额＝房产计税余值×适用税率

其中:

房产计税余值＝房产原值×(1－原值减除比例)

(2)按租金收入计算应纳税额的公式为:

年应纳税额＝年租金收入×适用税率(12%)

2. 地下建筑物房产税应纳税额的计算公式

(1)工业用途房产,以房屋原价的50%～60%作为应税房产原值。

应纳税额＝应税房产原值×(1－原值减除比例)×1.2%

(2)商业和其他用途房产,以房屋原价的70%～80%作为应税房产原值。

应纳税额＝应税房产原值×(1－原值减除比例)×1.2%

房屋原价折算为应税房产原值的具体比例,由各省、自治区、直辖市和计划单列市财政和地方税务部门在上述幅度内自行确定。

3.出租的地下建筑,按照出租地上房屋建筑的有关规定计算征收房产税。

房产税按年计算,分期(月、季、半年)缴纳。

【例11-1】北海公司一经营用房原值2 000万,当地规定允许的扣除比例为20%,适用税率1.2%。则:

年应纳税额=2 000×(1−20%)×1.2%=19.2(万元)

【例11-2】红星公司出租房产每月租金收入5 000元,适用税率12%,则:

年应纳税额=5 000×12×1.2%=7 200(元)

【例11-3】甲企业2012年1月1日的房产原值为2 000万元,4月1日将其中原为500万元的临街房出租给某连锁商店,月租金4万元。当地政府规定允许按房产原值减除20%后的余值计税。要求:计算该企业当年应缴纳房产税。

年应纳税额=(2 000−500)×(1−20%)×1.2%+500×(1−20%)×3÷12×
　　　　　1.2%+4×9×12%
　　　=14.4+1.2+4.32
　　　=19.92(万元)

【例11-4】乙企业有原值为2 000万元的房产,2012年1月1日将其中的30%用于对外投资联营,投资期限10年,每年固定利润分红50万元,不承担投资风险。已知当地政府规定的扣除比例为20%,要求:计算该企业2012年度应纳房产税。

年应纳税额=2 000×(1−30%)×(1−20%)×1.2%+50×12%
　　　=13.44+6
　　　=19.44(万元)

11.1.3 房产税的会计核算

纳税人应设置"应交税费——应交房产税"科目对房产税进行核算。计提房产税时,借记"管理费用"或"其他业务成本"等科目,贷记本科目;缴纳房产税时,借记本科目,贷记"银行存款"等科目;期末贷方余额为应交未交的房产税。

【例11-5】假设例11-1中,北海公司是按月计提、按季缴纳房产税的。则相应的会计分录为:

(1)按月计提时:

借:管理费用　　　　　　　　　　　　　　　　　　　16 000
　　贷:应交税费——应交房产税　　　　　　　　　　　　　　16 000
(2)按季缴纳时:
借:应交税费——应交房产税　　　　　　　　　　　　48 000
　　贷:银行存款　　　　　　　　　　　　　　　　　　　　　48 000

【例11-6】东方公司2012年1月1日"固定资产"分类账中,房产原值为300万元,当年2月,公司将50万元的房产租给其他单位使用,每年收取租金6万元。3月房产无变化。当地政府规定,企业自用房屋,按房产原值一次减除20%后作为房产余值纳税。按年计算,分季缴纳。

(1)按房产余值计算1月份应缴纳的房产税:

年应纳税额=300×(1－20%)×1.2%=2.88(万元)
月应纳税额=2.88÷12=0.24(万元)

(2)按房产余值计算2月份应缴纳的房产税:

年应纳税额=(300－50)×(1－20%)×1.2%=2.4(万元)
月应纳税额=2.4÷12=0.2(万元)

(3)按租金收入计算2月份应纳房产税:

月应纳税额=6×12%÷12=0.06(万元)
3月份应纳房产税与2月份相同:2.4+0.06=2.46(万元)

(4)编制会计分录如下:
1月份预提房产税时:
借:管理费用　　　　　　　　　　　　　　　　　　　2 400
　　贷:应交税费——应交房产税　　　　　　　　　　　　　　2 400
2月份预提房产税时:
借:管理费用　　　　　　　　　　　　　　　　　　　2 000
　　其他业务成本　　　　　　　　　　　　　　　　　　600
　　贷:应交税费——应交房产税　　　　　　　　　　　　　　2 600
3月份预提房产税分录与2月份相同。
缴纳第一季度房产税时,编制会计分录如下:
借:应交税费——应交房产税　　　　　　　　　　　　7 600
　　贷:银行存款　　　　　　　　　　　　　　　　　　　　　7 600

11.2 契税会计

11.2.1 契税税制概述

契税是以所有权发生转移的不动产为征税对象,向产权承受人征收的一种财产税。契税是一个古老的税种,最早起源于东晋的"估税",至今已有1 600多年的历史。1950年4月,由政务院颁布《契税暂行条例》,在全国城市和已完成土改的乡村征收契税。1954年,财政部对《契税暂行条例》进行了修改,契税的征收范围仅限于非公有制单位的房屋产权转移行为,契税收入甚微。1978年,新宪法公布后,财政部于1981年和1990年分别发出了《关于改进和加强契税征收管理工作的通知》和《关于加强契税工作的通知》,至此,契税征收工作全面恢复。1997年7月,国务院发布了《中华人民共和国契税暂行条例》(以下简称《契税暂行条例》),并从1997年10月1日起施行。

1. 契税的征税范围

契税的征税对象为发生土地使用权和房屋所有权权属转移的土地和房屋。具体征税范围包括:国有土地使用权出让;土地使用权转让,包括出售、赠与和交换;房屋买卖。即以货币为媒介,出卖者向购买者过渡房产所有权的交易行为。

需要注意的是,视同买卖房屋的情况还包括:

(1)以房产抵债或实物交换房屋

经当地政府和有关部门批准,以房抵债和实物交换房屋,均视同房屋买卖,应由产权承受人按房屋现值缴纳契税。

(2)以房产作投资或作股权转让

这种交易业务属房屋产权转移,应根据国家房地产管理的有关规定,办理房屋产权交易和产权变更登记手续,视同房屋买卖,由产权承受方按投资房产价值或房产买价缴纳契税。

以自有房产作股投入本人经营企业,免纳契税。因为以自有的房地产投入本人独资经营的企业,房屋产权所有人和土地使用权人未发生变化,不需办理房产变更手续,也不办理契税手续。

(3)买房拆料或翻建新房应照章征收契税

2.契税的纳税义务人

契税的纳税义务人是指在我国境内承受土地使用权、房屋所有权权属转移的单位和个人,即买卖、典当、赠与、交换房产的当事人双方订立契约后的承受人为契税的纳税义务人。如果是买卖契约,买者为纳税义务人;如果是房产典当,受典人为纳税义务人;如果是房产赠送他人,受赠人为纳税义务人。

3.契税的计税依据

契税的计税依据应按照土地、房屋交易的不同情况确定:

(1)土地使用权出售、房屋买卖,其计税依据为成交价格。

(2)土地使用权赠与、房屋赠与,其计税依据由征收机关参照土地使用权出售、房屋买卖的市场价格核定。

(3)土地使用权交换、房屋交换,其计税依据是所交换的土地使用权、房屋的价格差额。

对于成交价格明显低于市场价格且无正当理由的,或者所交换的土地使用权、房屋的价格差额明显不合理且无正当理由的,由征收机关参照市场价格核定。其目的是防止纳税人隐瞒、虚报成交价格。

(4)出让国有土地使用权的,其契税计税价格为承受人为取得该土地使用权而支付的全部经济利益。

①以协议方式出让的,其契税计税价格为成交价格。成交价格包括土地出让金、土地补偿费、安置补助费、地上附着物和青苗补偿费、拆迁补偿费、市政建设配套费等承受者应支付的货币、实物、无形资产及其他经济利益。

②以竞价方式出让的,其契税计税价格,一般应确定为竞价的成交价格,土地出让金、市政建设配套费以及各种补偿费用应包括在内。

③先以划拨方式取得土地使用权,后经批准改为出让方式取得该土地使用权的,应依法缴纳契税,其计税依据为应补缴的土地出让金和其他出让费用。

④已购公有住房经补缴土地出让金和其他出让费用成为完全产权住房的,免征土地权属转移的契税。

(5)房屋买卖的契税计税价格为房屋买卖合同的总价款,买卖装修的房屋,装修费用应包括在内。

4.契税的税率

契税实行幅度比例税率,为3%~5%。各省、自治区、直辖市人民政府可以在该幅度规定的范围内,按照本地区的实际情况确定。

从 2010 年 10 月 1 日起,对个人购买 90 平方米及以下且属于家庭唯一住房的普通住房,减按 1%税率征收契税。

5.契税的减免

(1)契税减免的基本规定

①国家机关、事业单位、社会团体、军事单位承受土地、房屋用于办公、教学、医疗、科研和军事设施的,免征契税。

②城镇职工按规定第一次购买公有住房的,免征契税。

2000 年 11 月 29 日,财政部、国家税务总局规定,对各类公有制单位为解决职工住房而采取集资建房方式建成的普通住房或由单位购买的普通商品住房经当地县以上人民政府房改部门批准、按照国家房改政策出售给本单位职工的,如属职工首次购买住房,均比照《契税暂行条例》第 6 条"城镇职工按规定第一次购买公有住房的,免征契税"的规定,免征契税。本规定从发文之日起实施,以前已征税款不予退还。

③因不可抗力丧失住房而重新购买住房的,酌情准予减征或者免征契税。

④土地、房屋被县级以上人民政府征用、占用后,重新承受土地、房屋权属的,由省级人民政府确定是否减免。

⑤承受荒山、荒沟、荒丘、荒滩土地使用权,并用于农、林、牧、渔业生产的,免征契税。

⑥经外交部确认,依照我国有关法律规定以及我国缔结或参加的双边和多边条约或协定,应当予以免税的外国驻华使馆、领事馆、联合国驻华机构及其外交代表、领事官员和其他外交人员承受土地、房屋权属的,免征契税。

⑦对国有控股公司以部分资产投资组建新公司,且该国有控股公司占新公司股份 85% 以上的,对新公司承受该国有控股公司的土地、房屋权属免征契税。

(2)财政部规定的其他减征、免征契税的项目

①对拆迁居民因拆迁重新购置住房的,对购房成交价格中相当于拆迁补偿款的部分免征契税;成交价格超过拆迁补偿款的,对超过部分征收契税。

②根据《契税暂行条例》及其实施细则的有关规定,对承受国有土地使用权所应支付的土地出让金,要计征契税。不得因减免土地出让金,而减免契税。

③对国家石油储备基地第一期项目建设过程中涉及的契税予以免征。

④对廉租住房经营管理单位购买住房作为廉租住房、经济适用住房经营管理单位回购经济适用住房继续作为经济适用住房房源的,免征契税。

11.2.2 契税的计算

契税应纳税额的计算公式为：

应纳税额＝计税依据×税率

应纳税额以人民币计算。转移土地、房屋权属以外汇结算的，按照纳税义务发生之日中国人民银行公布的人民币市场汇率中间价，折合成人民币计算。

【例11-7】居民李某有两处房产，将其中一处房产出售给张某，成交价格为100万元；将另一处房产换给王某，并由王某支付换房差价20万元。要求：计算李某、张某、王某各应缴纳的契税额。（假定税率为5%）

（1）李某不缴纳契税

（2）张某应缴纳契税＝100×5%＝5(万元)

（3）王某应缴纳契税＝20×5%＝1(万元)

11.2.3 契税的会计核算

对纳税义务人缴纳契税的核算，应设置"应交税费——应交契税"科目。计算应缴纳的契税时，借记"在建工程"、"固定资产"、"无形资产"等科目，贷记本科目；实际缴纳时，借记本科目，贷记"银行存款"等科目；期末贷方余额为应交未交的契税。

单位也可以不通过"应交税费——应交契税"科目，当实际缴纳契税时，借记"在建工程"、"固定资产"、"无形资产"等科目，贷记"银行存款"等科目。

【例11-8】北海公司购买一土地使用权，成交价格为900万元；购买一处房产，成交价格为500万元。契税税率为4%。要求：计算该公司应缴纳的契税额并编制相应的会计分录。

（1）购买土地使用权应缴纳契税＝900×4%＝36(万元)

会计分录为：

借：无形资产——土地使用权　　　　　　　　　　360 000
　　贷：应交税费——应交契税　　　　　　　　　　　　　　360 000

（2）购买房产应缴纳契税＝500×4%＝20(万元)

会计分录为：

借：固定资产　　　　　　　　　　　　　　　　　200 000
　　贷：应交税费——应交契税　　　　　　　　　　　　　　200 000

【例11-9】东方公司以一栋房屋换取北海公司一栋房屋，房屋契约写明：东方公司房屋价值5 200万元，北海公司房屋价值4 000万元。经税务机关核定,认为东方公司、北海公司双方房屋价值与契约写明价值基本相符。此项房屋交换,北海公司应是房屋产权的承受人,是多得的一方,应为契税的纳税人。假设北海公司所在地契税税率为5%。则北海公司作会计分录如下:

应纳契税税额=(5 200-4 000)×5%=60(万元)

借:固定资产　　　　　　　　　　　　　　　　　　　12 600 000
　　贷:应付账款——东方公司　　　　　　　　　　　　　12 000 000
　　　　应交税费——应交契税　　　　　　　　　　　　　　 600 000

11.3 车船税会计

11.3.1 车船税税制概述

车船税是对在中华人民共和国境内车辆、船舶(以下简称车船)的所有人或者管理人所征收的一种税。1951年9月,政务院颁布了《车船使用牌照税暂行条例》,在全国部分地区开征。1973年,为简化税制,把对国营企业和集体企业征收的车船使用牌照税并入工商税。因此,当时只对不缴纳工商税的单位、个人和外侨征收,征税范围大大缩小。1984年10月,国务院决定恢复对车船征税,改名为"车船使用税"。1986年9月,国务院发布了《中华人民共和国车船使用税暂行条例》,决定从1986年10月1日起在全国施行。2006年12月,国务院颁布了《中华人民共和国车船税暂行条例》,从2007年1月1日起施行。2011年2月25日,第十一届全国人民代表大会常务委员会第十九次会议通过了《中华人民共和国车船税法》,自2012年1月1日起施行。

1.车船税的征税范围

车船税的征税范围是依法应当在车船管理部门登记的车船。车船管理部门是指公安、交通、农业、渔业、军事等依法具有车船管理职能的部门。

在机场、港口以及其他企业内部场所行驶或作业,并在车船管理部门登记的车船,应当缴纳车船税。

需要注意的是,车辆包括机动车辆和非机动车辆,船舶包括机动船舶和非机动船舶。

2.车船税的纳税义务人

车船税的纳税义务人,是指在中华人民共和国境内,车辆、船舶(以下简称车船)的所有人或者管理人为车船税的纳税人。包括在我国境内拥有车船的单位和个人。单位是指行政机关、事业单位、社会团体以及中外各类企业。个人是指我国境内的居民和外籍个人。

从事机动车交通事故责任强制保险业务的保险机构为机动车车船税的扣缴义务人,应当依法代收代缴车船税。

车船的所有人或者管理人未缴纳车船税的,使用人应当代为缴纳车船税。

上述机动车车船税的扣缴义务人依法代收代缴车船税时,纳税人不得拒绝。

3. 车船税的计税依据

(1)纳税人在购买机动车交通事故责任强制保险时,应当向扣缴义务人提供地方税务机关出具的本年度车船税的完税凭证或者减免税证明。不能提供完税凭证或者减免税证明的,应当在购买保险时按照当地的车船税税额标准计算缴纳车船税。

(2)拖船按照发动机功率每2马力折合净吨位1吨计算征收车船税。

(3)核定载客人数、自重、净吨位、马力等计税标准,以车船管理部门核发的车船登记证书或者行驶证书相应项目所载数额为准。纳税人未按照规定到车船管理部门办理登记手续的,上述计税标准以车船出厂合格证明或者进口凭证相应项目所载数额为准;不能提供车船出厂合格证明或者进口凭证的,由主管地方税务机关根据车船自身状况并参照同类车船核定。

(4)车辆自重尾数在0.5吨以下(含0.5吨)的,按照0.5吨计算;超过0.5吨的,按照1吨计算。船舶净吨位尾数在0.5吨以下(含0.5吨)的不予计算,超过0.5吨的按照1吨计算。1吨以下的小型车船,一律按照1吨计算。

对于按照规定,无法准确获得自重数值或自重数值明显不合理的载货汽车、三轮汽车、低速货车、专项作业车和轮式专用机械车,由主管税务机关根据车辆自身状况并参照同类车辆核定计税依据。对能够获得总质量和核定载质量的,可按照车辆的总质量和核定载质量的差额作为车辆的自重;无法获得核定载质量的专项作业车和轮式专用机械车,可按照车辆的总质量确定自重。

4. 车船税的税率

车船税采用分类、分级(项)幅度差别定额税率。车船税的使用税额列于《车船税目税额表》(见表11-1)。车辆的具体使用税额由各省、自治区、直辖市人民政府在规定的子税目税额幅度内确定。

表 11-1　车船税税目税额表

税　目	计税单位	每年税额	备　注
载客汽车	每辆	60～660 元	包括电车
载货汽车	按自重每吨	16～120 元	包括半挂牵引车、挂车
三轮汽车、低速货车	按自重每吨	24～120 元	
摩托车	每辆	36～180 元	
船舶	按净吨位每吨	3～6 元	拖船和非机动驳船分别按船舶税额的50%计算

注：船舶按照净吨位区间确定具体适用税额。其中：
①船舶净吨位小于或者等于 200 吨的，每吨 3 元；
②净吨位 201 吨～2 000 吨的，每吨 4 元；
③净吨位 2 001 吨～10 000 吨的，每吨 5 元；
④净吨位 10 001 吨及其以上的，每吨 6 元。

5.车船税的减免

(1)法定减免

①非机动车船(不包括非机动驳船)

非机动车，是指以人力或者畜力驱动的车辆，以及符合国家有关标准的残疾人机动轮椅车、电动自行车等车辆；非机动船，指自身没有动力装置，依靠人力驱动的船舶。

②拖拉机

③捕捞、养殖渔船

捕捞、养殖渔船，是指在渔业船舶管理部门登记为捕捞船或者养殖船的渔业船舶。不包括在渔业船舶管理部门登记为捕捞船或者养殖船以外类型的渔业船舶。

④军队、武警专用的车船

军队、武警专用的车船，是指按照规定在军队、武警车船管理部门登记，并领取军用牌照、武警牌照的车船。

⑤警用车船

警用车船，是指公安机关、国家安全机关、监狱、劳动教养管理机关和人民法院、人民检察院领取警用牌照的车辆和执行警务的专用船舶。

(2)特定减免

根据省级人民政府的规定可以根据当地实际情况，对城市、农村公共交通车船给予定期减税、免税。

新购置应予以减免的车辆所有人或管理人在购买机动车交通事故责任强制保险时已经缴纳车船税的,在办理车辆登记手续后可向税务机关提出减免税申请,经审验符合车船税减免税条件的,税务机关应退还纳税人多缴的税款。

11.3.2 车船税的计算

1. 载客汽车、摩托车

应纳税额＝应税车辆数×单位税额

2. 载货汽车、三轮汽车、低速货车

应纳税额＝自重吨数×单位税额

3. 船舶

应纳税额＝净吨位数×单位税额

【例 11-10】甲船运公司拥有净吨位 4 000 吨机动船 15 艘,税额为 5 元/吨;净吨位 1 600 吨机动船 5 艘,税额为 4 元/吨;3 200 马力的拖船 6 艘;净吨位 200 吨的非机动驳船 5 艘,税额为 3 元/吨。要求:计算该运输公司应缴纳的车船税。

应缴纳车船税＝4 000×15×5＋1 600×5×4＋3 200÷2×4×6×50%＋200×
　　　　　　　5×3×50%
　　　　　　＝300 000＋32 000＋19 200＋1 500
　　　　　　＝352 700(元)

注意:拖船和非机动驳船分别按船舶税额的 50% 计算。

11.3.3 车船税的会计核算

纳税义务人对车船税的核算应设置"应交税费——应交车船税"科目。按月计提时,借记"管理费用"等科目,贷记本科目;缴纳税金时,借记本科目,贷记"银行存款"等科目,期末贷方余额反映应交未交的车船税。

【例 11-11】乙公司拥有乘人车 3 辆,年税额 400 元;货车吨位 150 吨,年每吨税额 60 元,按季预缴车船税。要求:计算应纳税额并编制相应的会计分录。

年应纳税额＝3×400＋150×60＝10 200(元)
季应缴税额＝10 200÷4＝2 550(元)

每季预提税金时：
借：管理费用　　　　　　　　　　　　　　　2 550
　　贷：应交税费——应交车船税　　　　　　　　　　2 550
每季缴纳税金时：
借：应交税费——应交车船税　　　　　　　　2 550
　　贷：银行存款　　　　　　　　　　　　　　　　　2 550

练习题

1. 某企业拥有房产原值1 000万元，2012年7月1日将其中的25%用于对外投资，不承担生产经营风险，投资期限3年，当年取得固定利润分红20万元；2012年9月1日将其中10%按政府规定价格租给本企业职工居住，每月取得租金5万元，其余房产自用。已知当地政府规定的扣除比例为20%，要求计算该企业2012年应缴纳的房产税并作出相关的会计处理。

2. 某大型国有企业2012年承受国有土地使用权，国家给予照顾，减按应支付土地出让金的70%缴纳出让金，减免后该企业实际缴纳140万元，当地规定的契税税率为3%，要求计算该企业应缴纳的契税并作出相应的账务处理。

3. 某船运公司2012年度拥有旧机动船20艘，每艘净吨位750吨，非机动驳船2艘，每艘净吨位150吨；当年8月新购置机动船6艘，每艘净吨位1 500吨，当月取得购买机动船的发票。要求计算该公司2012年度应缴纳的车船税并作出相应的账务处理。

第 12 章 行为税类会计

> **学习目标**
>
> 1. 了解城市维护建设税、印花税及车辆购置税的概念、特点及基本要素。
> 2. 掌握城市维护建设税、印花税及车辆购置税应纳税额的计算。
> 3. 掌握城市维护建设税、印花税及车辆购置税应纳税额的账务处理。

12.1 城市维护建设税会计

12.1.1 城市维护建设税税制概述

1. 概念及特点

城市维护建设税法,是指国家制定的用以调整城市维护建设税征收与缴纳权利及义务关系的法律规范。现行城市维护建设税的基本规范,是 1985 年 2 月 8 日国务院发布并于同年 1 月 1 日实施的《中华人民共和国城市维护建设税暂行条例》。

城市维护建设税(简称城建税),是国家对从事工商经营,缴纳增值税、消费税、营业税(简称"三税")的单位和个人就其实际缴纳的"三税"税额为计税依据而征收的一种税。

城建税是国家为加强城市的维护建设,扩大和稳定城市维护建设资金的来源而采取的一项税收措施。因此,是一种兼有特定目的和受益性的行为税。与其他税种相比,具有以下两个显著特征:

(1)城建税具有附加税性质。它以纳税人实际缴纳的"三税"税额为计税依据,附加于"三税"税额,本身并没有特定的、独立的征税对象。

(2)城建税具有税款专用性。通常税收收入都直接纳入国家预算,由中央和地方政府根据需要统一安排使用,税法并不规定每个税种收入的使用范围。

但城建税不同,它专门用于城市的公用事业和公共设施的维护建设,如开发建设新兴城市、改造旧城市、发展城市公用事业以及维护公共设施等。

2.纳税义务人

城建税的纳税义务人,是指负有缴纳"三税"义务的单位和个人,包括国有企业、集体企业、私营企业、股份制企业、其他企业和行政单位、事业单位、军事单位、社会团体、其他单位,以及个体工商户及其他个人。

外商投资企业、外商企业及外籍个人自2010年12月1日(含)起开始缴纳城建税,对2012年12月1日之前发生纳税义务的"三税",不征收城建税。

3.征收范围

城建税的征收范围包括城市、县城、建制镇、工矿区。应根据行政区划作为划分标准。

12.1.2 城市维护建设税的计算

1.税率

城建税的税率,是指纳税人应缴纳的城建税税额与纳税人实际缴纳的"三税"税额之间的比率。城建税按纳税人所在地的不同,设置了三档地区差别比例税率,即:

(1)纳税人所在地为市区的,税率为7%;

(2)纳税人所在地为县城、镇的,税率为5%;

(3)纳税人所在地不在市区、县城或者镇的,税率为1%。

城建税的适用税率,应当按纳税人所在地的规定税率执行。但是,对下列两种情况,可按缴纳"三税"所在地的规定税率就地缴纳城建税:

(1)由受托方代扣代缴、代收代缴"三税"的单位和个人,其代扣代缴、代收代缴的城建税按受托方所在地适用税率执行;

(2)流动经营等无固定纳税地点的单位和个人,在经营地缴纳"三税"的,其城建税的缴纳按经营地适用税率执行。

2.计税依据

城建税的计税依据,是指纳税人实际缴纳的消费税、增值税、营业税三税税额之和。

税法对城建税的计税依据有两个方面的特殊规定:

(1)城建税是以"三税"实缴税额为计税依据,不包括纳税人违反"三税"有关税法而加收的滞纳金和罚款。滞纳金和罚款税务机关对纳税人违法行为的经济制裁,不是"三税"的征税,因此不作为计税依据。

(2)城建税以"三税"税额为计税依据并同时征收,如果要免征或者减征

"三税",也就要同时免征或者减征城建税。但对出口产品退还增值税、消费税的,不退还已缴纳的城建税;海关对进口产品代征增值税、消费税的,不再征收城建税。

3．应纳税额的计算

城建税税额的多少应以纳税人实际缴纳的"三税"税额决定,其计算公式为:

应纳税额＝纳税人实际缴纳的"三税"税额×适用税率

【例 12-1】某市一卷烟厂 2012 年 9 月实际缴纳的增值税为 100 000 元,缴纳消费税为 540 000 元,该厂无需缴纳营业税。请计算该厂本月应缴纳的城建税。

解析:本厂地处市区,适用 7% 的城建税税率。

应纳城建税税额＝(100 000＋540 000)×7%＝44 800(元)

12.1.3 城市维护建设税的会计核算

企业核算应缴纳城建税时,应设置"应交税费——应交城市维护建设税"账户。企业按规定计算应缴纳的城建税时,借记"营业税金及附加"、"其他业务支出"、"固定资产清理"等科目,贷记"应交税费——应交城市维护建设税"科目;实际缴纳时,"应交税费——应交城市维护建设税"科目,贷记"银行存款"等科目。

【例 12-2】某市区一企业 2012 年 9 月份实际缴纳增值税 300 000 元,缴纳消费税 400 000 元,缴纳营业税 200 000 元。则:

应纳城建税税额＝(300 000＋400 000＋200 000)×7%
　　　　　　＝900 000×7%
　　　　　　＝63 000(元)

计算应纳城建税时:

借:营业税金及附加　　　　　　　　　　　　　　　63 000
　　贷:应交税费——应交城市维护建设税　　　　　　　　　　63 000

【例 12-3】某市一酒厂 2012 年 9 月发生如下经济业务:

(1)9 月份共销售白酒 10 000 斤,取得不含增值税销售额为 160 000 元,本月允许抵扣的增值税进项税额为 17 000 元。

(2)9 月 26 日,销售本企业一座办公用房,获得销售收入 1 050 000 元,该房屋原值 2 000 000,已计提折旧 1 400 000,在转让房屋过程中该酒厂用银行存款支付了 20 000 元清理费。

要求:(1)计算该酒厂本月应缴纳的城市维护建设税。

　　　(2)作出相应的会计分录。

答案:(1)本月销售白酒应纳增值税税额＝160 000×17%－17 000＝

10 200(元)

本月销售白酒应纳消费税税额＝160 000×20％＋10 000×0.5＝37 000(元)

期末应缴纳的城市维护建设税＝(10 200＋37 000)×7％＝3 304(元)

(2)会计分录

①计算应缴城建税时：

借：营业税金及附加　　　　　　　　　　　　　　3 304
　　贷：应交税费——应交城市维护建设税　　　　　　　　　3 304

②9月26日，销售办公用房时：

销售时：

借：固定资产清理　　　　　　　　　　　　　　600 000
　　累计折旧　　　　　　　　　　　　　　　1 400 000
　　贷：固定资产　　　　　　　　　　　　　　　　2 000 000

支付清理费：

借：固定资产清理　　　　　　　　　　　　　　 20 000
　　贷：银行存款　　　　　　　　　　　　　　　　　 20 000

取得收入时：

借：银行存款　　　　　　　　　　　　　　　1 050 000
　　贷：固定资产清理　　　　　　　　　　　　　　1 050 000

　　计算应缴纳的营业税额＝1 050 000×5％＝52 500(元)

　　应纳城建税税额＝52 500×7％＝3 675(元)

借：固定资产清理　　　　　　　　　　　　　　 56 175
　　贷：应交税费——应交营业税　　　　　　　　　　　52 500
　　　　　　　　——应交城市维护建设税　　　　　　　 3 675

结转固定资产清理损益：

借：固定资产清理　　　　　　　　　　　　　　370 675
　　贷：营业外收入　　　　　　　　　　　　　　　　370 675

▶ 12.2 印花税会计

12.2.1 印花税税制概述

1.概念及特点

印花税是以经济活动和经济交往中书立、领受应税凭证的行为为征税对象征收的一种税,是具有行为税性质的凭证税。印花税因其采用在应税凭证上粘贴印花税票的方法缴纳税款而得名。

印花税具有凭证税和行为税性质;征税范围广泛;税率低、税负轻;由纳税人自行完成纳税义务,自行计算税额、自行购买印花税票、自行粘贴并划销或注销;双边纳税;中央政府和地方政府共享税。

2. 纳税义务人

凡在我国境内书立、领受、使用属于征税范围内所列凭证的单位和个人,都是印花税的纳税义务人,包括各类企业、事业、机关、团体、部队,以及中外合资经营企业、合作经营企业、外资企业、外国公司企业和其他经济组织及其在华机构等单位和个人。

按照征税项目划分,纳税人具体包括:

(1)立合同人——合同的当事人(包括代理人),不包括担保人、证人、鉴定人。如果一份合同由两方或两方以上的当事人共同签订,那么签订合同的各方都是纳税人。

(2)立账簿人。建立营业账簿的,以立账簿人为纳税人。

(3)立据人。订立各种产权转移书据的,以立据人为纳税人。如果书据由两方或两方以上的当事人共同书立的,则各方都是纳税人。

(4)领受人。领受人是指领取并持有权利、许可证照的单位和个人。

(5)使用人。在国外书立、领受,但在国内使用的应税凭证,其纳税人是使用人。

(6)签订人。以电子形式签订的各类应税凭证的当事人。

如果同一凭证,由两方或两方以上当事人共同书立并各持一份,各方均为印花税纳税人,应当分别就所持凭证的金额计税贴花,但担保人、证人、鉴定人不作为纳税人。如果应税凭证是由当事人的代理人代为书立的,则代理人承担纳税义务。

3. 征税对象

现行印花税只对《印花税暂行条例》列举的凭证征税,没有列举的凭证不征税。列举征税的凭证分为五大类,即经济合同、产权转移书据、营业账簿、权利、许可证照和经财政部门确认征收的其他凭证,具体征税范围如下:

(1)经济合同

①购销合同。包括供应、预购、采购、购销结合及协作、调剂、补偿、易货等合同,还包括各出版单位与发行单位(不包括订阅单位和个人)之间订立的图书、报刊、音像征订凭证。

对纳税人以电子形式签订的各类应税凭证按规定征收印花税。

对发电厂与电网之间、电网与电网之间(国家电网公司系统、南方电网公司系统内部各级电网互供电量除外)签订的购售电合同按购销合同征收印花税。电网与用户之间签订的供用电合同不属于印花税列举征税的凭证,不征收印花税。

②加工承揽合同。包括加工、定做、修缮、印刷、广告、测绘、测试等合同。

③建设工程勘察设计合同。包括勘察、设计合同的总包合同、分包合同和转包合同。

④建筑安装工程承包合同。包括建筑、安装工程承包合同的总包合同、分包合同和转包合同。

⑤财产租赁合同。不包括企业与主管部门签订的租赁承包合同。

⑥货物运输合同。

⑦仓储保管合同。

⑧借款合同。包括银行及其他金融组织和借款人(不包括银行同业拆借)所签订的借款合同。

⑨财产保险合同。

⑩技术合同。包括技术开发、转让、咨询、服务等合同。

技术转让合同包括专利申请转让、非专利技术转让所书立的合同,但不包括专利权转让、专利实施许可所书立的合同。后者适用于"产权转移书据"合同。

一般的法律、会计、审计等方面的咨询不属于技术咨询,其所书立合同不贴印花。

此外,需要特别注意以下几个问题:

①具有合同性质的凭证应视同合同征税。对于企业集团内具有平等法律地位的主体之间自愿订立、明确双方购销关系、据以供货和结算、具有合同性质的凭证,应按规定征收印花税。对于企业集团内部执行计划使用的、不具有合同性质的凭证,不征收印花税。

②未按期兑现合同亦应贴花。

③同时书立合同和开立单据的不重复贴花。

(2)产权转移书据

我国印花税税目中的产权转移书据包括财产所有权、版权、商标专用权、专利权、专有技术使用权共5项产权的转移书据。财产所有权转移所书立的书据,包括股份制企业向社会公开发行的股票,因购买、继承、赠与所书立的产权转移书据。

另外,土地使用权出让合同、土地使用权转让合同、商品房销售合同按照产权转移书据征收印花税。

(3)营业账簿

①资金账簿。反映生产经营单位"实收资本"和"资本公积"金额增减变化的账簿。

②其他营业账簿,包括日记账和各明细分类账簿等。

③有关"营业账簿"征免范围应明确的若干个问题见表12-1。

表12-1 有关"营业账簿"征免范围应明确的若干个问题

1.核算形式	一级核算形式的单位	财会部门设置的账簿贴花
	分级核算形式的	财会部门和设置在其他部门和车间的明细分类账均贴花
2.事业单位	实行差额预算管理	记载经营业务的账簿,按其他账簿定额贴花,不记载经营业务的账簿不贴花
	经费来源自收自支	应就记载资金的账簿和其他账簿分别按规定贴花
3.跨地区经营的分支机构(由各分支机构在其所在地缴纳)	上级单位核拨资金的	记载资金的账簿按核拨的账面资金数额计税贴花
	上级单位不核拨资金的	只就其他账簿按定额贴花
4.增量贴花的几种情形(凡原已贴花的部分可不再贴花,未贴花的部分和以后新增加的资金按规定贴花)	实行公司制改造并经县以上政府和有关部门批准的企业在改制过程中成立的新企业(重新办理法人登记的),其新启用的资金账簿记载的资金或因企业建立资本纽带关系而增加的资金	
	以合并或分立方式成立的新企业所新启用的资金账簿记载的资金	
	企业债权转股权新增加的资金	
	企业改制中经评估增加的资金	
	企业其他会计科目记载的资金转为实收资本或资本公积的资金	
5.其他	车间、门市部、仓库设置的不属于会计核算范围或虽属会计核算范围,但不记载金额的登记簿、统计簿、台账等,不贴印花	
	对会计核算采用单页表式记载资金活动情况,以表代账的,在未形成账簿(账册)前,暂不贴花,待装订成册时,按册贴花	

(4)权利、许可证照

权利、许可证照是政府授予单位、个人某种法定权利和准予从事特定经济活动的各种证照的统称,包括政府部门发给的房屋产权证、工商营业执照、商标注册证、专利证、土地使用证等。

(5)经财政部门确定征税的其他凭证。

12.2.2 印花税的计算

1.税目、计税依据、税率

(1)税目

印花税的税目,指合同或具有合同性质的凭证,是印花税法明确规定的应当纳税的项目,印花税共设有13个税目。一般地说,列入税目的就要征税,未列入税目的就不征税。

(2)税率

印花税的税率有两种形式:比例税率和定额税率。

①比例税率。我国现行印花税的比例税率分四个档次,即 0.1%, 0.05%, 0.03%, 0.005%。按比例税率征税的有:各类经济合同及合同性质的凭证、记载有金额的账簿、产权转移书据等。

②定额税率。印花税的定额税率是按件定额贴花,每件5元。主要适用于其他账簿、权利许可证照等。这些凭证不属于资金账或没有金额记载,规定按件定额纳税,可以方便纳税和简化征管。

印花税税目、税率表如表12-2所示。

表12-2 印花税税目、税率表

序号	税　目	计税依据	税率
1	购销合同	合同中记载的购销金额	0.03%
2	加工承揽合同	合同中的加工或承揽收入	0.05%
3	建设工程勘察设计合同	收入的费用	0.05%
4	建筑工程勘察设计合同	承包的金额	0.03%
5	财产租赁(不含融资租赁)合同	租赁金额(金额不足1 000元的按1 000元计)	0.1%
6	货物运输合同	运输费用	0.05%
7	仓储保管合同	仓储保管费用	0.1%
8	借款合同(含融资租赁合同)	借款金额	0.005%
9	财产保险合同	保险费收入	0.1%
10	技术合同	合同所载的价款、报酬或使用费	0.03%

续表

序号	税　目	计税依据	税率
11	营业账簿	"实收资本"与"资本公积"的合计金额	0.05%
		其他账簿	每本 5 元
12	产权转移书据	所载金额	0.05%
13	权利许可证	证件的件数	每件 5 元

3.计税依据的特殊规定

(1)上述凭证以"金额"、"收入"、"费用"作为计税依据的,应当全额计税。不得作任何扣除。

(2)同一凭证,载有两个或两个以上经济事项而使用不同税目税率,如分别记载金额的,应分别计算应纳税额,相加后按计税额贴花;如未分别记载金额的,按税率高的计税贴花。

(3)按金额比例贴花的应税凭证,未标明金额的,应按照凭证所记载数量及国家牌价计算金额;没有国家牌价的,按市场价格计算金额,然后按规定计算应纳税额。

(4)应税金额为外国凭证的,应按照凭证书立当日国家外汇管理局公布的外汇牌价折合成人民币,然后计算应纳税额。

(5)应纳税额在元以下的确定:应纳税额不足 1 角的,免印花税;1 角以上的,其税额尾数不满 5 分的不计,满 5 分按 1 角计算。

(6)合同订立时,计税金额难以确定的情况:有些合同,在签订时无法确定计税金额,如技术合同中的转让收入,是按销售收入的一定比例收入或是按实现利润分成的;财产租赁合同,只是规定了月(天)租金标准而无租赁期限的。

(7)纳税业务产生的确定,应税合同在签订时纳税义务就已产生,应计算应纳税额并贴花。

(8)事业单位和跨地区经营分支机构的纳税问题,对有经营收入的事业单位,凡由国家财政拨付事业经费,实行差额预算管理的单位,其记载经营业务的账簿,按其他账簿定额贴花,不记载经营业务的账簿不贴花;经费来源实行自收自支的事业单位,其营业账簿,应对记载资金的账簿和其他账簿分别计算应纳税额。

(9)以货换货交易的合同。在商品销购活动中,采用以换货方式进行商品交易签订的合同,是反映既购又销双重经济行为的合同。

(10)施工单位将自己承包的建设单位,分包或者转包给其他施工单位所签订的分包合同或者转包合同,应按新的分包合同或转包合同所载金额计算印花税额。

(11)对股票交易征收印花税。现行印花税法规定,股份制试点企业向社会公开发行的股票,因购买、继承、赠与所书立的股权转让书据,均应按书立时证券市场当日实际成交价格计算的价额,由立据双方当事人分别按 0.1‰ 的税率缴纳印花税。

(12)对国内或各种形式的货物联运,凡在起运地统一结算全程运费的,应以全程运费作为计税依据,由起运运费结算双方缴纳印花税;凡分程结算运费的,应以分程的运费作为计税依据,分别由办理运费结算的各方缴纳印花税。

(13)印花税票的属性。印花税票为有价证券,其票面金额以人民币为单位,分为 1 角、2 角、5 角、1 元、2 元、5 元、10 元、50 元、100 元,一共 9 种。

2.应纳税额的计算

纳税人的应纳税额,根据应纳税凭证的性质,先确定计税依据,分别按比例税税率或者定额税税率计算,其计算公式为:

$$应纳税额=应纳税凭证计税金额(或应税凭证件数)\times 适用税率$$

【例 12-4】某企业 2012 年 2 月开业,当年发生以下有关业务事项:领受房屋产权证、工商营业执照、土地使用证各 1 件;与其他企业订立转移专用技术使用书据 1 份,所载金额 100 万元;订立产品购销合同 1 份,所载金额为 200 万元;订立借款合同 1 份,所载金额为 400 万元;企业记载金额的账簿,"实收资本"、"资本公积"为 800 万元;其他营业账簿 10 本。试计算该企业 2012 年应缴纳的印花税税额。

(1)企业领受权利、许可证照应纳税额

$$应纳税额=3\times 5=15(元)$$

(2)企业订立产权转移书据应纳税额

$$应纳税额=1\ 000\ 000\times 0.05\% =500(元)$$

(3)企业订立购销合同应纳税额

$$应纳税额=2\ 000\ 000\times 0.03\% =600(元)$$

(4)企业订立借款合同应纳税额

应纳税额＝4 000 000×0.005％＝200(元)

(5)企业记载资金账簿应纳税额

应纳税额＝8 000 000×0.005％＝4 000(元)

(6)企业其他营业账簿应纳税额

应纳税额＝10×5＝50(元)

(7)企业2012年应纳印花税税额

全年应纳印花税税额＝15＋500＋600＋4 000＋50＋200＝5365(元)

12.2.3 印花税的会计核算

由于印花税主要是由纳税人以购买并一次贴足印花税票方式缴纳税款的,不存在与税务机关结算或清算的问题,因而不需要设置"应交税费"账户来核算企业缴纳的印花税。购买印花税票时,可以直接借记"管理费用"科目,贷记"银行存款"等科目;如果一次购买印花税票金额较大,且分月使用的,可以借记"长期待摊费用"科目,贷记"银行存款"等科目,实际使用时,再从"长期待摊费用"科目转入"管理费用"科目。

【例12-5】某工业企业于2012年4月开业,领受工商营业执照、房屋产权证、土地使用证、商标注册证各一份。注册资本200万元,实收资本200万元。除记载资金的账簿外,还有6本营业账簿。

要求:计算应纳的印花税税额并作会计分录。

(1)计算应纳税税额

企业领受权利、许可证照应纳税额＝4×5＝20(元)

企业记载资金账簿应纳税额＝2 000 000×0.005％＝1 000(元)

企业其他营业账簿应纳税额＝6×5＝30(元)

全年应纳印花税税额＝20＋1 000＋30＝1 050(元)

(2)缴纳印花税时,会计分录:

借:管理费用　　　　　　　　　　　　　　　　　1 050

　　贷:银行存款　　　　　　　　　　　　　　　　　　1 050

12.3 车辆购置税会计

12.3.1 车辆购置税税制概述

1. 概念及特点

为了进一步规范政府行为,深化财税体制改革,正确处理税费关系,遏制各种乱收费现象,参照国际惯例,以税收为主体筹集交通基础设施维护和建设资金,促进汽车工业及道路、水路等相关事业的健康发展,国务院于 2000 年 10 月 22 日颁布了《中华人民共和国车辆购置税暂行条例》,从 2001 年 1 月 1 日起实施,并取代车辆购置费。

车辆购置税是以在中国境内购置规定车辆为课税对象、在特定的环节向车辆购置者征收的一种税。就其性质而言,属于直接税的范畴。

与其他的税种相比,车辆购置税具有以下特点:
(1)征收范围单一,征税对象是特定车辆。
(2)征收环节单一,只在最终消费环节征税。
(3)税率单一,税率统一为 10%。
(4)征税具有特定目的,属于中央税价外征收,不转嫁税负。

2. 纳税义务人

车辆购置税的纳税人是指在我国境内购置应税车辆的单位和个人。

其中,购置是指:(1)购买使用行为(包括购买自用的国产应税车辆和购买自用的进口应税车辆);(2)进口自用行为;(3)受赠使用行为;(4)自产自用行为;(5)获奖使用行为;(6)拍卖、抵债、走私、罚没等方式取得并使用的行为。

单位,包括国有企业、集体企业、私营企业、股份制企业、外商投资企业、外国企业以及其他企业和事业单位、社会团体、国家机关、部队以及其他单位。

个人,包括个体工商户以及其他个人。

3. 征税对象与征税范围

车辆购置税以列举的车辆为征税对象,未列举的车辆不征税。其征税范围包括汽车、各类摩托车、电车(有轨、无轨)、挂车(全挂、半挂)、农用运输车(三轮、四轮)。具体规定如表 12-3 所示:

第12章 行为税类会计

表 12-3 车辆购置税征收范围表

应税车辆	注释	具体范围
汽车	各类汽车	
摩托车	轻便摩托车	最高设计时速不大于 50 km/h,发动机汽缸总排量不大于 50 cm^3 的两个或者三个车轮的机动车。
	二轮摩托车	最高设计车速大于 50 km/h,或者发动机汽缸总排量大于 50 cm^3 的两个车轮的机动车。
	三轮摩托车	最高设计车速大于 50 km/h,或者发动机汽缸总排量大于 50 cm^3,空车重量不大于 400 kg 的三个车轮的机动车。
电车	无轨电车	以电能为动力,由专用输电电缆线供电的轮式公共车辆。
	有轨电车	以电能为动力,在轨道上行驶的公共车辆。
挂车	全挂车	无动力设备,独立承载,由牵引车辆牵引行驶的车辆。
	半挂车	无动力设备,与牵引车辆共同承载,由牵引车辆牵引行驶的车辆。
农用运输车	三轮农用运输车	柴油发动机,功率不大于 7.4 kw,载重量不大于 500 kg,最高车速不大于 40 km/h 的三个车轮的机动车。
	四轮农用运输车	柴油发动机,功率不大于 28 kw,载重量不大于 1 500 kg,最高车速不大于 50 km/h 的四个车轮的机动车。

4.车辆购置税减免税规定

(1)一般车辆购置税减免税规定

①外国驻华使馆、领事馆和国际组织驻华机构及其外交人员自用车辆免税。

②中国人民解放军和中国人民武装警察部队列入军队武器装备订货计划的车辆免税。

③设有固定装置的非运输车辆免税。

④对纳税人自 2009 年 1 月 20 日至 2009 年 12 月 31 日期间购置的排气量在 1.6 升及以下的小排量乘用车,暂减按 5% 的税率征收车辆购置税。

⑤对 2010 年 1 月 1 日至 12 月 31 日购置的排气量在 1.6 升及以下的小排量乘用车,暂减按 7.5% 的税率征收车辆购置税。

(2)有国务院规定予以免税或者减税的其他情形的,按照规定免税或减税。

根据现行政策规定,上述"其他情形"的车辆,目前主要有以下几种:

①防汛部门和森林消防部门用于指挥、检查、调度、报汛(警)、联络的设有

固定装置的指定型号的车辆。

②回国服务的留学人员用现汇购买 1 辆自用国产小汽车。

③长期来华定居专家购买的 1 辆自用小汽车。

12.3.2 车辆购置税的计算

1. 税率

车辆购置税实行统一比例税率,税率为 10%。

2. 计税依据

(1) 购买自用应税车辆计税依据

为纳税人购买应税车辆而支付给销售方的全部价款和价外费用(不含增值税)。

(2) 进口自用应税车辆计税依据

纳税人进口自用的应税车辆以组成计税价格为计税依据,组成计税价格的计算公式为:

$$组成计税价格 = 关税完税价格 + 关税 + 消费税$$

(3) 其他自用应税车辆计税依据

纳税人自产、受赠、获奖和以其他方式取得并自用的应税车辆,凡不能或不能准确提供车辆价格的,由主管税务机关依国家税务总局核定的、相应类型的应税车辆的最低计税价格确定。

(4) 最低计税价格作为计税依据

纳税人购买和自用的应税车辆,首先应分别按前述计税价格、组成计税价格来确定计税依据。申报的计税价格偏低,又无正当理由的,应以最低计税价格作为计税依据。低计税价格由国家税务总局依据全国市场的平均销售价格制定。根据纳税人购置应税车辆的不同情况,国家税务总局对以下几种特殊情形应税车辆的最低计税价格规定如下:

第一,对已缴纳并办理了登记注册手续的车辆,其底盘和发动机同时发生更换,其最低计税价格按同类型新车最低计税价格的 70% 计算。

第二,免税、减税条件消失的车辆,其最低计税价格的确定方法为:

$$最低计税价格 = 同类型新车最低计税价格 \times [1-(已使用年限 \div 规定使用年限)] \times 100\%$$

其中,规定使用年限为:国产车辆按 10 年计算;进口车辆按 15 年计算。超过使用年限的车辆,不再征收车辆购置税。

第三,非贸易渠道进口车辆的最低计税价格,为同类型新车最低计税价格。

车辆购置税的计税依据和应纳税额应使用统一货币单位计算。纳税人以外汇结算应税车辆价款的,按照申报纳税之日中国人民银行公布的人民币基准汇价,折合成人民币计算应纳税额。

3.应纳税额的计算

车辆购置税实行从价定率的方法计算应纳税额,计算公式为:

应纳税额=计税依据×税率

由于应税车辆的来源、应税行为的发生以及计税依据组成的不同,车辆购置税应纳税额的计算方法也有区别。

(1)购买自用应税车辆应纳税额的计算

在应纳税额的计算当中,应注意以下费用的计税规定:

①购买者随购买车辆支付的工具件和零部件价款应作为购车价款的一部分,并入计税依据。

②支付的车辆装饰费应作为价外费用并入计税依据。

③代收款项应区别征税。凡使用代收单位(受托方)票据收取的款项,应视作代收单位价外收费,购买者支付的价费款,应并入计税依据中一并征税;凡使用委托方票据收取,受托方只履行代收义务和收取代收手续费的款项,应按其他税收政策规定征税。

④销售单位开给购买者的各种发票金额中包含增值税税款,因此,计算车辆购置税时,应换算为不含增值税的计税价格。(注意和增值税的关联)

⑤购买者支付的控购费,是政府部门的行政性收费,不属于销售者的价外费用范围,不应并入计税价格计税。(原因:属于财政收费)

⑥销售单位开展优质销售活动所开票收取的有关费用,应属于经营性收入,应作为价外收入计算征税。

【例12-5】某钢铁公司2012年9月购入自用小轿车一辆,该汽车销售公司开具"机动汽车销售统一发票",载明含税价款为234 000元,另收临时牌照费550元、保险费1 200元;支付购车工具及零配件3 000元,车辆装修费1 100元。相关票据均已取得。适用增值税税率为17%。

要求:计算车辆购置应纳税税额。

(1)计税依据(不含增值税)=(234 000+550+1 200+3 000+1 100)÷(1+17%)=205 000(元)

(2)车辆购置应纳税税额=205 000×10%=20 500(元)

(3)进口自用应税车辆应纳税额的计算

纳税人进口自用的应税车辆应纳税额的计算公式为:(注意和增值税和消费税的关联)

$$应纳税额=(关税完税价格+关税+消费税)\times 税率$$

【例 12-6】某化工企业 2012 年 9 月从国外进口小轿车 2 辆自用。经保管地海关对报关资料的审查,确定每辆车的关税完税价格为 365 000 元/辆,海关按关税政策收了关税 401 500 元/辆,并按消费税、增值税有关规定代征了每辆小轿车的进口消费税 22 995 元/辆和增值税 130 305 元。

(1)计税依据=365 000+401 500+22 995=789 495(元)

(2)应纳税额=789 495×10%=78 949.5(元)

(3)其他自用应税车辆应纳税额的计算

纳税人自产自用、受赠使用、获奖使用和以其他方式取得并自用应税车辆的,凡不能取得该型车辆的购置价格,或者低于最低计税价格的,以国家税务总局核定的最低计税价格作为计税依据计算征收车辆购置税:

$$应纳税额=最低计税价格\times 税率$$

(4)特殊情形下自用应税车辆应纳税额的计算

①减税、免税条件消失车辆应纳税额的计算

对减税、免税条件消失的车辆,纳税人应按现行规定,在办理车辆过户手续前或者办理变更车辆登记注册手续前向税务机关缴纳车辆购置税。

$$应纳税额=同类型新车最低计税价格\times [1-(已使用年限\div 规定使用年限)]\times 100\% \times 税率$$

②未按规定纳税车辆应补税额的计算

纳税人未按规定纳税的,应按现行政策规定的计税价格,区分情况分别确定征税。不能提供购车发票和有关购车证明资料的,检查地税务机关应按同类型应税车辆的最低计税价格征收;如果纳税人回落籍地后提供的购车发票金额与支付的价外费用之和高于核定的最低计税价格,落籍地主管税务机关还应对其差额计算补税:

$$应纳税额=最低计税价格\times 税率$$

12.3.3 车辆购置税的会计核算

企业购买、进口、自产、受赠获奖以及其他方式取得并使用的应纳税车辆应缴纳的车辆购置税,或者当初购置的属于减免税的车辆在转让或改变用途后,按规定应补缴的车辆购置税,按规定期限缴纳车辆购置税后,会计根据相关凭证,借记"固定资产"等账户,贷记"银行存款"账户(也可以通过"应交税费"账户)。

【例 12-7】某公司 8 月份购入小轿车一辆,增值税专用发票所列价款 22 万元,增值税额为 3.74 万元,9 月向主管税务机关缴纳车辆购置税。

应纳车辆购置税税额＝220 000×10%＝22 000(元)

(1) 8 月份购入时:

借:固定资产——车辆　　　　　　　　　　　　　279 400
　　贷:银行存款或应付账款等　　　　　　　　　　　　257 400
　　　　应交税费——应交车辆购置税　　　　　　　　 22 000

(2) 9 月份缴纳车辆购置税时:

借:应交税费——应交车辆购置税　　　　　　　　　22 000
　　贷:银行存款　　　　　　　　　　　　　　　　　　22 000

练习题

1. 某市区一家工业企业 2012 年 5 月应缴纳增值税 12 万元,消费税 2 万元,城市维护建设税税率 7%,计算当月应缴纳的城市维护建设税税额并编制会计分录。

2. 某企业 2012 年 2 月开业,领受房产权证、工商营业执照、商标注册证、土地使用证各一件;订立产品购销合同两份,所载金额为 140 万元;订立借款合同一份,所载金额为 40 万元。此外,企业的营业账簿中,"实收资本"账户载有资金 200 万元,其他账簿 5 本。2012 年 12 月底,该企业"实收资本"账户所载资金增加为 250 万元。计算该企业 2 月份应纳印花税额和 12 月份应补纳印花税额并作会计处理。

3. 张某 2012 年 10 月 8 日从上海大众汽车有限公司购买一辆桑塔纳轿车供自己使用,支付含增值税价款 189 000 元,另支付代收临时牌照费 150 元、代收保险费 2 850 元、车辆装饰费 2 650 元。支付的各项价费均由上海大众汽车有限公司开具"机动车销售统一发票"和有关票据。计算车辆购置税应纳税额并作会计处理。

第五篇

税务会计报表

第13章 税务会计报表

> **学习目标**
>
> 1. 了解税务会计报表的内容。
> 2. 熟悉税务会计报表的填制要求。
> 3. 了解主要税种的纳税申报的报表。

13.1 税务会计报表概述

税务会计报表是纳税人按照税法的有关规定,定期向税务机关报送的各种报表。编制税务会计报表,是纳税人按照《税收征管法》的有关规定应当履行的法定义务。税务会计报表是税务机关依法审核纳税人是否依法纳税、是否足额纳税的依据。

13.1.1 税务会计报表的内容

纳税人定期编制并向税务机关报送税务会计报表,是为了便于税务机关掌握经济信息、研究税源变化、加强税源管理、加强税收征管工作。《税收征管法》规定:"纳税人必须在法律、行政法规规定或者税务机关依照法律、行政法规的规定确定的申报期限内办理纳税申报,报送纳税申报表、财务会计报表以及税务机关根据实际需要要求纳税人报送的其他纳税资料。"扣缴义务人必须在法律法规规定或税务机关确定的申报期限内"报送代扣代缴、代收代缴税款报告表以及税务机关根据实际需要要求扣缴义务人报送的其他有关资料"。因此,税务会计报表主要包括三部分内容:

一是纳税人的财务会计报表,主要包括纳税人定期编制的资产负债表、利润表、现金流量表以及附表、附注等。

二是纳税申报表,即纳税人在确定的申报期限内填制的各税种的纳税申报表。

三是各种代扣代缴、代收代缴税款的报告表。

税务会计表按税种填制的纳税申报表主要包括：增值税纳税申报表、消费税纳税申报表、营业税纳税申报表、企业所得税纳税申报表、土地增值税纳税申报表、资源税纳税申报表、房产税纳税申报表、印花税纳税申报表等。

13.1.2 税务会计报表的填制要求

编制税务会计报表是《税收征管法》中明确规定的纳税人缴纳税款应依法履行的法定义务。编制税务会计报表的基本要求是真实可靠、全面完整和报送及时。

1. 真实可靠

税务会计报表的编制必须以纳税人真实的生产经营情况和经营成果为依据，据实填写编制各种税务会计报表。其财务会计报表必须是真实可靠的，能够真实反映企业的财务状况和经营成果；其纳税申报表和扣缴税款报告表必须严格按照税法的有关规定列示各项指标，真实反映企业应履行的纳税义务和应缴纳的各项税收的应纳税额。

2. 全面完整

纳税人和扣缴义务人在报送税务会计报表时，必须按照《税收征管法》的规定报送各种税务会计报表。

3. 报送及时

纳税人必须按照税法规定的纳税期限或税务机关确定的纳税期限报送税务会计报表。

13.2 不同税种的纳税申报的主要报表

13.3.1 增值税的纳税申报表

1. 一般纳税人增值税纳税申报表

一般纳税人实行凭发票注明税款抵扣制度，纳税申报必须实行电子信息采集。使用防伪税控系统开具增值税专用发票的纳税人，必须在报税成功后，方可进行纳税申报。

该申报表一式三联，第一、二联为申报联，由纳税人按期向税务机关申报；

第三联为收执联,纳税人在申报时应将其连同申报联一起交主管税务机关签章后收回作为申报的凭证。

《增值税纳税申报表(适用于增值税一般纳税人)》的格式见表13-1。

表 13-1 增值税纳税申报表
(适用于增值税一般纳税人)

税款所属时间:自　年　月　日至　年　月　日　　　　填表日期:　年　月　日

纳税人识别号						所属行业:	
纳税人名称	(公章)	法定代表人姓名		注册地址		营业地址	
开户银行及账号		企业登记注册类型				电话号码	

	项　目	栏　次	一般货物及劳务		即征即退货物及劳务	
			本月数	本年累计	本月数	本年累计
销售额	(一)按适用税率征税货物及劳务销售额	1				
	其中:应税货物销售额	2				
	应税劳务销售额	3				
	纳税检查调整的销售额	4				
	(二)按简易征收办法征税货物销售额	5				
	其中:纳税检查调整的销售额	6				
	(三)免抵退办法出口货物销售额	7				
	(四)免税货物及劳务销售额	8				
	其中:免税货物销售额	9				
	免税劳务销售额	10				

续表

项目		栏次	一般货物及劳务		即征即退货物及劳务	
			本月数	本年累计	本月数	本年累计
销售额	销项税额	11				
	进项税额	12				
	上期留抵税额	13				
	进项税额转出	14				
	免抵退货物应退税额	15				
	按适用税率计算的纳税检查应补缴税额	16				
	应抵扣税额合计	17＝12＋13－14－15＋16				
	实际抵扣税额	18(如 17＜11,则为17,否则为11)				
	应纳税额	19＝11－18				
	期末留抵税额	20＝17－18				
	简易征收办法计算的应纳税额	21				
	按简易征收办法计算的纳税检查应补缴税额	22				
	应纳税额减征额	23				
	应纳税额合计	24＝19＋21－23				

续表

项目	栏次	一般货物及劳务		即征即退货物及劳务	
		本月数	本年累计	本月数	本年累计
税款缴纳 期初未缴税额（多缴为负数）	25				
实收出口开具专用缴款书预退税额	26				
本期已缴税额	27＝28＋29＋30＋31				
①分次预缴税额	28				
②出口开具专用缴款书预缴税额	29				
③本期缴纳上期应纳税额	30				
④本期缴纳欠缴税额	31				
期末未缴税款	32＝24＋25＋26－27				
其中：欠缴税额	33＝25＋26－27				
本期应补(退)税额	34＝24－28－29				
即征即退实际退税额	35				
期初未缴查补税额	36				
本期入库查补税额	37				
期末未缴查补税额	38＝16＋22＋36－37				
授权声明	如果你已委托代理人申报,请填写下列资料:为代理一切税务事宜,现授权（地址）为本纳税人的代理申报人,任何与本申报表有关的往来文件,都可寄予此人。 授权人签字：		申报人声明	此纳税申报表是根据《中华人民共和国增值税暂行条例》的规定填报的,我相信它是真实的、可靠的、完整的。 声明人签字：	

2. 小规模纳税人增值税纳税申报表

小规模纳税人实行简易征收办法。在办理纳税申报时,首先应核实货物、劳务和视同销售业务的销售额,并依照征收率计算当期应纳增值税额,同时,对照审核收入账户和"应交税费——应交增值税"账户。审核无误后,据实填写纳税申报表。

该申报表一式两联,第一联为申报联,由纳税人按期向主管税务机关申报;第二联为收执联,纳税人在申报时连同申报联交税务机关签章后收回作为申报凭证。

《增值税纳税申报表(适用小规模纳税人)》的格式见表13-2。

表13-2 增值税纳税申报表
(适用于小规模纳税人)

| 纳税人识别号 | | | | | | | | | | | | |

纳税人名称(公章):　　　　　　　　　　　　　　金额单位:元
税款所属期:　年　月　日至　年　月　日　　　　填表日期:　年　月　日

	项　目	征收率	栏次	本月数	本年累计
一、计税依据	(一)应征增值税货物及劳务不含税销售额		1		
	其中:税务机关代开的增值税专用发票不含税销售额		2		
	税控器具开具的普通发票不含税销售额		3		
	(二)销售使用过的应税固定资产不含税销售额		4		
	其中:税控器具开具的普通发票不含税销售额		5		
	(三)免税货物及劳务销售额		6		
	其中:税控器具开具的普通发票不含税销售额		7		
	(四)出口免税货物销售额		8		
	其中:税控器具开具的普通发票不含税销售额		9		
二、税款计算	本期应纳税额		10		
	本期应纳税额减征额		11		
	应纳税额合计		12=10-11		
	本期预缴税额		13		
	本期应补(退)税额		14=12-13		
纳税人或代理人声明:此纳税申报表是根据国家税收法律的规定填报的,我确定它是真实的、可靠的、完整的。	如纳税人填报,由纳税人填写下列各栏:				
	办税人员(签章):　　　　财务负责人(签章):				
	法定代表人(签章):　　　　联系电话:				
	如委托代理人填报,由代理人填写下列各栏:				
	代理人名称:　　　　经办人(签章):				
	代理人(公章):　　　　联系电话:				

受理人:　　　　受理日期:　年　月　日　　　　受理税务机关(签章):

13.3.2 消费税的纳税申报表

1.烟类应税消费品消费税纳税申报表

纳税人必须按规定的纳税期限,向主管税务机关进行纳税申报。我国现行的消费税纳税申报表根据应税消费品的不同类别,分别规定了《烟类应税消费品消费税纳税申报表》(表13-3)、《酒及酒精消费税纳税申报表》(表13-4)等。

表13-3 烟类应税消费品消费税纳税申报表

纳税人识别号 □□□□□□□□□□
纳税人名称(公章):
税款所属期: 年 月 日至 年 月 日　　　　填表日期: 年 月 日
单位:卷烟万支、雪茄烟支、烟丝千克　　　　金额单位:元

项 目	适用税率		销售数量	销售额	应纳税额
	定额税率	比例税率			
卷 烟	30元/万支	56%			
卷 烟	30元/万支				
雪茄烟					
烟 丝					
本期准予扣除税额:				声明 此纳税申报表是根据国家税收法律规定填报的,我确定它是真实的、可靠的、完整的。 经办人(签章): 财务负责人(签章): 联系电话:		
本期减(免)税额:					
期初未缴税额:					

续表

本期缴纳前期应纳税额:	(如果你已委托代理人申报,请填写) 授权声明
本期预缴税额:	为代理一切税务事宜,现授权　　　(地址)　为本纳税人的代理申报人,任何与本申报表有关的往来文件都可寄予此人。
本期应补(退)税额:	
期末未缴税额:	授权人签章:

2.酒及酒精类应税消费品消费税纳税申报表

表 13-4　酒及酒精类应税消费品消费税纳税申报表

纳税人识别号 □□□□□□□□□□□□□□□

纳税人名称(公章):　　　　　　　　　　　　　　金额单位:元

税款所属期:　年　月　日至　年　月　日　　　　　填表日期:　年　月　日

项　目	适用税率		销售数量	销售额	应纳税额
	定额税率	比例税率			
白　酒	0.5元/斤	20%			
啤　酒	250元/吨				
啤　酒	220元/吨				
黄　酒	240元/吨				
其他酒		10%			
酒　精		5%			
合　计					

续表

本期准予扣除税额:	声明
本期减(免)税额:	此纳税申报表是根据国家税收法律规定填报的,我确定它是真实的、可靠的、完整的。
期初未缴税额:	经办人(签章): 财务负责人(签章): 联系电话:
本期缴纳前期应纳税额:	(如果你已委托代理人申报,请填写) 授权声明
本期预缴税额:	为代理一切税务事宜,现授权　　(地址)　　为本纳税人的代理申报人,任何与本申报表有关的往来文件都可寄予此人
本期应补(退)税额:	
期末未缴税额:	授权人签章:

13.3.3 出口货物退(免)税的纳税申报表

1. 生产企业出口货物免抵退税申报表汇总表

生产企业将货物报关离境并按规定作销售后,应在规定的期限内办理增值税纳税申报和免抵退税申报,并认真填写《生产企业出口货物免抵退税申报汇总表》,在规定的期限内,到主管税务机关办理出口退税申报。

《生产企业出口货物免抵退税申报汇总表》见表13-5。

表 13-5 生产企业出口货物免抵退税申报汇总表

(适用于增值税一般纳税人)

纳税人识别号：　　　　　　　　　　　纳税人名称(公章)：
海关代码：　　　　　　　　　　　　　税款所属期：　　年　月至　　年　月
申报日期：　　年　月　日　　　　　　金额单位：元

项　目	栏　次	当期 (a)	本年累计 (b)	与增值税申报表差额 (c)
免抵退出口货物销售额(美元)	1			
免抵退出口货物销售额	2=3+4			
其中：单证不齐销售额	3			
单证齐全销售额	4			
前期出口货物当期收齐单证销售额	5			
单证齐全出口销售额	6=4+5			
免税出口货物销售额(美元)	7			
免税出口货物销售额	8			
全部出口货物销售额(美元)	9=1+7			
全部出口货物销售额	10=2+8			
不予免抵退出口货物销售额	11			
出口销售额乘征退率之差	12			
上期结转免抵退税不得免征和抵扣税额抵减额	13			
免抵退税不得免征和抵扣税额抵减额	14			
免抵退税不得免征和抵扣税额	15(如 12>13+14 则为 12-13-14,否则为0)			
结转下期免抵退税不得免征和抵扣税额抵减额	16(如 13+14>12 则为 13+14-12,否则为0)			
出口销售额乘退税率	17			
上期结转免抵退税额抵减额	18			
免抵退税额抵减额	19			

续表

项　目	栏　次	当期 (a)	本年累计 (b)	与增值税申报表差额 (c)
免抵退税额	20（如 17＞18＋19 则为 17－18－19,否则为 0）			
结转下期免抵退税额抵减额	21（如 17＜18＋19 则为 17－18－19,否则为 0）			
增值税纳税申报表期末留抵税额	22			
计算退税的期末留抵税额	23＝22－15c			
当期应退税额	24＝（如 20＞23 则为 23,否则为 20）			
当期免抵税额	25＝20－24			
前期单证收齐	26			
前期信息收齐	27			
出口企业声明			退税部门	
此表各栏目填报内容是真实、合法的,与实际出口货物情况相符。此次申报的出口业务不属于"四自三不见"等违背正常出口经营程序的出口业务。否则,本企业愿承担由此产生的相关责任。 经办人： 财务负责人：　　　　　　　　　　（公章） 企业负责人：　　　　　　　　　年　月　日			经办人： 复核人：　　　　　　　　　（章） 负责人： 　　　　　　　年　月　日	

受理人：　　　　　受理日期：　年 月 日　　受理税务机关(签章)：

2.外贸企业出口货物退税汇总申报表

外贸企业应按要求填写《外贸企业出口货物退税申报汇总表》,在规定的期限内到主管税务机关办理出口退税申报。

《外贸企业出口货物退税申报汇总表》见表 13-6。

表13-6 外贸企业出口货物退税汇总申报表
（适用于增值税一般纳税人）

申报年月：　年　月　　　　　　　　　　　　　　　申报批次：
纳税人识别号：　　　　　　　　　　　　　　　　　海关代码：
纳税人名称(公章)：　　　申报日期：　年　月　日　　金额单位:元

出口企业申报			主管退税机关审核	
出口退税出口明细申报表	份,记录	条	审单情况	机审情况
出口发票	张,出口额	美元		本次机审通过退增值税额　　　元
出口报关单	张			其中:上期结转疑点退增值税　　元
				本期申报数据退增值税　　元
代理出口货物证明	张			本次机审通过退消费税额　　　元
收汇核销单	张,收汇额	美元		其中:上期结转疑点退消费税　　元
				本期申报数据退消费税　　元
远期收汇证明	张,其他凭证	张		本次机审通过退消费税额　　　元
出口退税进货明细申报表	份,记录	条		结余疑点数据退增值税　　　　元
增值税专用发票	张,其中非税控专用发票	张		结余疑点数据退消费税　　　　元
普通发票	张,专用税票	张		
其他凭证	张,总进货金额	元		
其中:增值税	元,消费税	元		
本月申报退税额	元			
其中:增值税	元,消费税	元		
进料应抵扣税额	元		授权人申明	
申请开具单证			(如果你已委托代理申报人,请填写以下资料)	
代理出口货物证明	份,记录	条		
代理进口货物证明	份,记录	条	为代理出口货物退税申报事宜,现授权　　为本纳税人的代理申报人,任何与本申报表有关的往来文件都可寄予此人。	
进料加工免税证明	份,记录	条		
来料加工免税证明	份,记录	条		
出口货物转内销证明	份,记录	条		
补办报关单证明	份,记录	条		
补办收汇核销单证明	份,记录	条		
补办代理出口证明	份,记录	条	授权人签字　　　　(盖章)	
内销抵扣专用发票	张,其他非退税专用发票	张	审单人	审核人:
申报人声明				年　月　日

第13章 税务会计报表

续表

此表各栏目填报内容是真实、合法的,与实际出口货物情况相符。此次申报的出口业务不属于"四自三不见"等违背正常出口经营程序的出口业务。否则,本企业愿承担由此产生的相关责任。 企业填表人: 财务负责人:　　　　　　　　　　(公章) 企业负责人:　　　　　　　　　年　月　日	签批人: 年　月　日

受理人:　　　　　　受理日期: 年 月 日　　受理税务机关(签章):

13.3.4 营业税的纳税申报表

纳税人不论当期有无营业额,均应按期填写《营业税纳税申报表》,并于次月1日起至15日内向主管税务机关进行纳税申报。

《营业税纳税申报表》的格式如表13-7。

表13-7　营业税纳税申报表

纳税人名称(公章):
纳税人管理码:　　　　　　　　　　　　　　　　填表日期: 年 月 日
税款所属日期: 年 月 日至 年 月 日　　　　　　金额单位:元

税目	营业额				本期税款计算					税款缴纳					
	应税收入	应税减除项目金额	应税营业额	免税收入	税率(%)	小计	本期应纳税额	免(减)税额	期初欠缴税额	前期多缴税额	本期已缴税额			本期应缴税额计算	
											小计	缴本期应纳税额	本期被扣缴税额	本期已欠缴税额	小计	本期期末应缴税额	本期期末应缴欠税额
	2	3	4=2−3	5	6	7=8−9	8=(4−5)×6	9	10	11	12=13+14+15	13	14	15	16=17+18	17=8−13−11	18=10−11−15
交通运输业																	
建筑业																	
邮电通信业																	
服务业																	
娱乐业																	

续表

税目	营业额				税率(%)	本期税款计算					税款缴纳					
											本期已缴税额				本期应缴税额计算	
	应税收入	应税减除项目金额	应税营业额	免税收入		小计	本期应纳税额	免(减)税额	期初欠缴税额	前期多缴税额	小计	已缴本期应纳税额	本期已被扣缴税额	本期已欠缴税额	小计	本期期末应缴税额	本期期末应缴欠缴税额
金融保险业																
文化体育业																
销售不动产																
转让无形资产																
合计																
代扣代缴项目																
总计																

纳税人或代理人声明	如纳税人填报,由纳税人填写以下各栏			
此纳税申报表是根据国家税收法律的规定填报的,我确定它是真实的、可靠的、完整的。	办税人员(签章)	财务负责人(签章)	法定代表人(签章)	联系电话
	如委托代理人填报,由代理人填写以下各栏			
	办税人员(签章)	财务负责人(签章)	法定代表人(签章)	联系电话

以下由地税机关填写	
受理人:	受理地税机关(签章):
	年　月　日

13.3.5 关税的纳税申报表

进口货物自运输工具申报进境之日起 14 天内,出口货物在货物运抵海关监管区后装货的 24 小时以前,应由进口货物的纳税人填写《关税专用缴款书》和《中华人民共和国海关进口货物报关单》、《中华人民共和国海关出口货物报关单》,向货物进出口海关申报。

1. 中华人民共和国海关进口货物报关单

表 13-8 中华人民共和国海关进口货物报关单

预录入编号: 　　　　　　　海关编号:

进口口岸		备案号		进口日期		申报日期	
经营单位		运输方式		运输工具名称		提运单号	
收货单位		贸易方式		征免性质		征税比例	
许可证号		起运国(地区)		装货港		境内目的地	
批准文号		成交方式		运费		保费	杂费
合同协议号		件数		包装种类		毛重(公斤)	净重(公斤)
集装箱号		随附单据				用途	
标记唛码及备注							

项号	商品编号	商品名称、规格型号	数量及单位	原产国(地区)	单价	总价	币制	征免

续表

税费征收情况			
录入单位 录入员	兹声明以上申报无讹并承担法律责任。	海关审单批注及放行日期 （签章）	
报关员		审单	审价
	申报单位(签章)		
单位地址		征税	统计
邮编　　电话	填制日期	查验	放行

2.中华人民共和国海关出口货物报关单

表 13-9　中华人民共和国海关出口货物报关单

预录入编号：　　　　　　　　海关编号：

进口口岸		备案号		进口日期		申报日期		
经营单位		运输方式		运输工具名称		提运单号		
发货单位		贸易方式		征免性质		结汇方式		
许可证号		运抵国(地区)		指运港		境内货源地		
批准文号		成交方式		运费		保费		杂费	
合同协议号		件数		包装种类		毛重(公斤)		净重(公斤)	
集装箱号		随附单据				用途		
标记唛码及备注								
项号	商品编号	商品名称、规格型号	数量及单位	原产国(地区)	单价	总价	币制	征免

续表

税费征收情况

录入单位 录入员	兹声明以上申报无讹并承担法律责任	海关审单批注及放行日期 (签章)	
报关员		审单	审价
	申报单位(签章)		
单位地址		征税	统计
邮编 电话	填制日期	查验	放行

13.3.6 企业所得税的纳税申报表

企业分月或者分季预缴企业所得税时,应当自月份或季度终了后之日起15日内,向税务机关报送预缴企业所得税纳税申报表,预缴税款。

《企业所得税月(季)度预缴纳税申报表(A类)》的格式见表13-10。

表13-10 中华人民共和国企业所得税月(季)度预缴纳税申报表(A类)

税款所属期间: 年 月 日至 年 月 日

纳税人识别号:□□□□□□□□□□□□□□□

纳税人名称: 金额单位:人民币元(列至角分)

行次	项 目	本期金额	累计金额
1	一、按照实际利润额预缴		
2	营业收入		
3	营业成本		
4	利润总额		
5	加:特定业务计算的应纳税所得额		
6	减:不征税收入		
7	免税收入		

续表

行次	项　目	本期金额	累计金额
8	弥补以前年度亏损		
9	实际利润额(4行＋5行－6行－7行－8行)		
10	税率(25%)		
11	应纳所得税额		
12	减:减免所得税额		
13	减:实际已预缴所得税额	—	
14	减:特定业务预缴(征)所得税额		
15	应补(退)所得税额(11行－12行－13行－14行)		
16	减:以前年度多缴在本期抵缴所得税额		
17	本期实际应补(退)所得税额		
18	二、按照上一纳税年度应纳税所得额平均额预缴		
19	上一纳税年度应纳税所得额	—	
20	本月(季)应纳税所得额(19行×1/4或1/12)		
21	税率(25%)		
22	本月(季)应纳所得税额(20行×21行)		
23	三、按照税务机关确定的其他方法预缴		
24	本月(季)确定预缴的所得税额		
25	总分机构纳税人		
26	总机构	总机构应分摊所得税额(15行或22行或24行×总机构应分摊预缴比例)		
27		财政集中分配所得税额		
28		分支机构应分摊所得税额(15行或22行或24行×分支机构应分摊比例)		
29		其中:总机构独立生产经营部门应分摊所得税额		
30		总机构已撤销分支机构应分摊所得税额		
31	分支机构	分配比例		
32		分配所得税额		

谨声明:此纳税申报表是根据《中华人民共和国企业所得税法》、《中华人民共和国企业所得税法实施条例》和国家有关税收规定填报的,是真实的、可靠的、完整的。

法定代表人(签字):　　　　　　　　　　　　　　　　年　月　日

续表

纳税人公章：	代理申报中介机构公章：	主管税务机关受理专用章
会计主管	经办人：	
	经办人执业证件号码：	受理人：
填表日期： 　　年　月　日	代理申报日期： 　　　　年　月　日	受理日期： 　　　年　月　日

13.3.7 个人所得税的纳税申报表

个人所得税纳税申报表较为常用的有《个人所得税月份申报表》（见表13-11）、《个人所得税年度申报表》、《特定行业个人所得税月份申报表》、《特定行业个人所得税年度申报表》、《个人所得税纳税申报表》等，以下为《个人所得税月份申报表》。

表13-11　个人所得税月份申报表

纳税月份：自　年　月　日至　年　月　日　　　　填表日期：　年　月　日

纳税人编码：□□□□□□□□□□□□　　　　　　　　　　金额单位：元

纳税人姓名						国籍		抵华日期		
中国境内住址					省、市、县街道及号数（包括公寓号码）_____公寓_____街道_____县/市_____省					
在中国境内通讯地址（如非上述住址）					邮编			电话		
职业		服务单位				服务地点				

所得项目	所得期间	收入额					减费用额	税率	应纳税所得额	速算扣除数	应纳税额	已扣税额	应补(退)税款
		人民币	外币			人民币合计							
			货币名称	金额	外汇牌价	折合人民币								

续表

所得项目	所得期间	收入额					减免费用额	税率	应纳税所得额	速算扣除数	应纳税额	已扣税额	应补(退)税款
		人民币	外币			人民币合计							
			货币名称	金额	外汇牌价	折合人民币								

授权代理人	(如果你已委托代理人,请填写下列资料): 为代理一切税务事宜,现授权_____ (地址)_____为本人代理申报人,任何与申报表有关的来往文件都可寄予此人。 授权人签字:	声明	我声明,此纳税申报表是根据《中华人民共和国个人所得税法》的规定填报的,我确定它是真实的、可靠的、完整的。 声明人签字:

代理申报人签字:　　　　　　　　　　　　　纳税人签字或盖章:

13.3.8 资源税纳税申报表

资源税纳税人申报缴纳资源税,应填写《资源税纳税申报表》,并在规定的期限内申报纳税。资源税的扣缴义务人代扣代缴资源税,应填写《资源税扣缴报告表》。《资源税纳税申报表》适用于开采应税矿产品或者生产盐的单位和个人申报缴纳资源税,其格式见表13-12。

表13-12　资源税纳税申报表

填表日期:　　年　月　日

纳税人识别号 □□□□□□□□□□□　　　　　　　　　　金额单位:元

纳税人名称					税款所属时期			
产品名称	销售额	销售数量	税率	应纳税款	已纳税款	应补(退)税款	备注
应纳税项目							

294

续表

产品名称	销售额	销售数量	税率	应纳税款	已纳税款	应补(退)税款	备注
减免税项目							
资源税税率收缴书号							
如纳税人填报,由纳税人填写以下各栏				如委托税务代理机构人填报,由税务代理机构填写以下各栏			
会计主管 (签章)	经办人 (签章)			代理机构名称 税务代理机构		税务代理机构 (公章)	
申报声明	此纳税申报表是根据国家税收法律的规定填报的,我确信它是真实的、可靠的、完整的。 声明人: (法人代表签字或盖章) (公章)			代理人 (签章)	联系电话	税务代理机构 (公章)	
				以下由税务机关填写			
				收到申报日期		接收人	

13.3.9 土地增值税纳税申报表

凡从事房地产开发并转让的土地增值税纳税人,其转让已经完成开发的房地产并取得转让收入,或者是预售正在开发的房地产并取得预售收入的,应按照税法要求,根据税务机关确定的申报时间,定期向主管税务机关填报《土地增值税纳税申报表》进行纳税申报。其格式见表13-13。

表 13-13 土地增值税纳税申报表
（从事房地产开发的纳税人适用）

税款所属日期： 年 月 日至 年 月 日

纳税代码(地税)： 面积单位：平方米

税务登记证号： 金额单位：人民币元

纳税人名称		项目名称		项目地址			
业别		经济性质		纳税人地址		邮政编码	
开户银行		银行账号		主管部门		电话	
行次	项目			企业申报		税务机关审核	
1	一、转让房地产收入总额 1＝2＋3						
2	其中：货币收入						
3	实物收入及其他收入						
4	二、扣除项目金额合计 4＝5＋6＋13＋16＋20						
5	1.取得土地使用权所支付的金额						
6	2.房地产开发成本＝6＝7＋8＋9＋10＋11＋12						
7	其中：土地征用及拆迁补偿费						
8	前期工程费						
9	建筑安装工程费						
10	基础实施费						
11	公共配套设备费						
12	开发间接费用						
13	3.房地产开发费用 13＝14＋15						
14	其中：利息支出						
15	其他房地产开发费用						
16	4.与转让房地产有关的税金等 16＝17＋18＋19						
17	其中：营业税						
18	城市维护建设税						
19	教育费附加						
20	5.财政部规定的其他扣除项目						
21	三、增值额 21＝1－4						
22	四、增值额与扣除项目金额之比(％)22＝21÷4						

续表

行次	项 目	企业申报	税务机关审核
23	五、适用税率(%)		
24	六、速算扣除系数(%)		
25	七、应缴土地增值税税额 25＝21×23－4×24		
26	八、已缴土地增值税税额		
27	九、应补(退)土地增值税税额 27＝25－26		

纳税人声明：本表所填数据真实、完整，愿意承担法律责任。			如委托代理，由代理人填写以下各栏。		
会计主管 （签章）	办税人员 （签章）	纳税单位(人)	代理人姓名	代理人（签章）	
		（签章）	代理人地址		
		申报日期 年 月 日	经办人	电话	年 月 日
以下由税务机关填写			说明：本表一式三份，两份报主管税务机关；一份纳税人留存		
收到申报日期		接收人			
完税凭证号码		完税日期			

13.3.10 房产税纳税申报表

房产税的纳税人应当按照《房产税暂行条例》的有关规定及时办理纳税申报，并如实填写《房产税纳税申报表》，其格式见表13-14。

表13-14 房产税纳税申报表

税款所属时期： 年 月 日至 年 月 日　　　　　　　　计算单位：元，平方米

纳税人名称		纳税编码			身份证号码(个人)			电话	
		房产所属税务机关			组织机构代码（单位）				
房产登记编号	房产地址	房屋名称（楼号、栋号、房号）	房产用途	房产原值	计税余值	适用税率	年应缴纳税额	本期应缴税额	本期减免税额	本期实缴税额

297

续表

房产登记编号	房产地址	房屋名称(楼名、栋号、房号)	房产用途	房产原值	计税余值	适用税率	年应缴纳税额	本期应缴税额	本期减免税额	本期实缴税额
	合 计									
申报人声明	本人对所提交的文件、证件以及填写内容的真实性、有效性和合法性承担责任,如有虚假内容,申报人依法承担相关责任。 法定代表人(自然人申报人)签名(盖章): 年 月 日	授权人声明	现授权 为本申报人本次申报事项的代理人,其法人代表 ,电话 。若采取邮寄方式送达申报有关往来文件,请寄给下列收件人:□申报人;□代理人。 委托代理合同编号: 授权人(法定代表,自然人申报人)签名(盖章): 年 月 日	代理人声明	本申报事项根据国家税收法律法规及国家、税务机关的有关规定填报,如有虚假内容,代理人依法承担相关责任。 代理人(法定代表、自然人申报人)签名(盖章): 年 月 日	特别声明	本人同意按照税务机关登记的本申报人的房地产信息申报纳税。 法定代表人(自然人申报人)签名(盖章): 年 月 日

受理税务机关(章):　　　　　受理录入日期:　　　　　受理录入人:

13.3.11 印花税纳税申报表

印花税纳税人申报印花税,应填写《印花税纳税申报表》,其格式见表13-15。

表 13-15　印花税纳税申报表

税款所属时期:　年　月　日至　年　月　日　　　　　　　　　金额单位:元

纳税人代码		微机代码	
纳税人名称		税款所属时期	

税目	件数	征收依据	核定比率	征收金额	税率	应纳税额	已纳税额	应补(退)税额	购花贴花情况			
									上期结存	本期购进	本期贴花	本期结存
1	2	3	4	5=3×4 或直接填写	6	7=2×5 或 5×6	8	9=5-8	10	11	12	13

续表

纳税人声明	受理人声明	代理人声明
本纳税申报表是按照国家税法和税务机关规定填报的,我确信它是真实的、合法的,如有虚假,愿负法律责任。 法定代表人(业主)签名: 　　　　　　年　月　日	我单位(公司)现授权　　　为本纳税人的代理申报人,其法定代表人电话　　,任何与申报有关的往来文件都可寄予此代理机构。 委托代理合同号码: 授权人(法定代表人)签名: 　　　　　　年　月　日	本纳税申报表是按照国家税法和税务机关规定填报的,我确信它是真实的、合法的。如有不实,我愿承担法律责任。 法定代表人签名: 代理人盖章: 　　　　　　年　月　日
受理申报日期　　年　月　日	审核申报日期　　年　月　日	录入日期　　年　月　日
受理人:	审核人:	录入人:

13.3.12 城市维护建设税纳税申报表

城市维护建设税的纳税人应当按照有关规定及时办理纳税申报,并如实填写《城市维护建设税申报表》,其格式见表13-16。

表13-16　城市维护建设税纳税申报表

填表日期:
纳税人识别号□□□□□□□□□□□□□□□　　　　　　　金额单位:元

纳税人名称						税款所属时期			
计税依据	计税金额	附加率	应纳税额	实纳金额	欠(退)税额	年累计入库税额	欠税情况		
							期初余额	本期增减	累计
1	2	3	4	5	6	7	8	9	10
增值税									
消费税									
营业税									
合　计									
如纳税人填报,由纳税人填写以下各栏					如委托代理人填报,由代理人填写以下各栏				备注

续表

会计主管 （签章）	经办人 （签章）	纳税人 （签章）	代理人名称		代理人 （签章）	
			地址			
			经办人		电话	
以下由税务机关填写							
收到申报表日期			接收人			

练习题

1.增值税纳税申报练习：

某制造公司具体情况和有关业务如下：

企业名称：某机械制造有限责任公司

企业注册号：5101002014213

企业地址： 省 市 区 街

法定代表人：李先河

注册资本：1 000万元

实收资本：1 000万元

企业类别：有限责任公司

经营范围：主营机械产品的生产、销售

企业执行的会计期间与公历年度一致，以人民币为记账本位币，增值税的纳税期限核定为10日。企业的税务登记号为：510104794934345，企业的机构代码证号为：794934345。企业开户银行： 银行 市 支行，账号：741131082200054321，企业为一般纳税人。该企业1月份发生如下涉及增值税的经济业务。

(1)1月2日，企业从本市购入甲材料一批，共5 000公斤，单价40元，增值税专用发票上注明的增值税额34 000元，货款已经支付。

(2)1月3日企业从外地工厂购入乙材料一批，共100吨，单价5 000元，增值税额为85 000元，该厂代垫运费2 000元，按7%扣除数计算，增值税额1 400元，款项暂未支付。

(3)1月4日，企业因材料质量问题将甲材料1 000公斤退还给供货方，收回价款40 000元，增值税额6 800元。

(4)1月4日,企业以商业汇票方式购入包装物一批,价款为60 000元,增值税额为10 200元。

(5)1月4日,企业购入低值易耗品一批,价款为100 000元,增值税额为17 000元,款项未付。

(6)1月6日,企业收到其投资者作为投资转入的货物一批,其中机器一台,双方确认的价值为200 000元;原材料一批,投资者提供的专用发票上注明的增值税额为17 000元,双方确认的价值为120 000元。

(7)1月8日,企业收到某客商捐赠的低值易耗品一批,货物价值为20 000元,增值税专用发票上注明的增值税额为3 400元。

(8)1月9日,企业购入日用办公用品一批直接发给生产部门,价款为6 000元,增值税专用发票上注明的增值税额为1 020元。

(9)1月11日,企业预缴增值税30 000元。

(10)1月15日,企业汽车损坏,委托某汽车修理厂进行修理,支付修理费8 000元,增值税专用发票上注明的增值税税额1 360元。

(11)1月16日,企业购入汽车一辆,价款为250 000元,增值税专用发票上注明增值税额42 500元,款项已通过银行支付。

(12)1月18日,企业购入建筑材料一批,价款为80 000元,增值税专用发票上注明增值税额13 600元,用于企业在建工程,货款已付。

(13)1月18日,企业对外销售A产品一批,收取价款900 000元,代垫运费20 000元,开出的增值税专用发票上注明增值税额153 000元。

(14)1月19日,企业将一批B产品用于企业的在建工程,按企业销售同类产品的价格计算,价款为60 000元,税率17%。该批产品的生产成本为35 000元。

(15)1月20日,某单位将一批A产品退还给企业,价款为100 000元,增值税额为17 000元,货款已退。

(16)1月20日,企业将一批A产品作为投资,提供给某公司,双方协议价格为90 000元,按企业销售同类货物的销售价格计算,该批货物的销售价格为80 000元,增值税额为13 600元。该批货物生产成本为50 000元。

(17)1月21日,企业销售一批B产品,价款600 000元,增值税税率17%,随同产品出售但单独计价的包装物10 000个,每个5元,货款尚未收到。

(18)1月21日,企业预交增值税30 000元。

(19)1月23日,企业将某单位逾期未退还包装物的押金4 000元转作其他业务收入。

(20)1月25日,由于仓库倒塌毁损一批A产品,成本20 000元;损毁一批B产品,成本10 000元。经过计算,其所耗用的材料、包装物、低值易耗品等的进项税额为5 600元。

(21)1月25日,企业将购进的乙材料10吨,转用于企业的在建工程,该批材料的成本为52 000元,其进项税额为8 840元。

(22)1月27日,企业委托某工厂加工材料,支付加工费12 000元,取得的增值税专用发票上注明增值税额2 040元。

(23)1月31日,企业支付本月电费24 000元,其中车间用电16 000元,厂部用电8 000元,增值税专用发票上注明增值税额4 080元;支付本月水费10 000元,其中车间用水8 000元,厂部用水2 000元,增值税专用发票上注明增值税额为600元;取暖费2 000元,其中车间负担1 400元,厂部负担600元,增值税专用发票上注明增值税额260元。

要求:对该企业1月业务产生的增值税进行纳税申报。

附录 A

营业税改征增值税试点方案

根据党的十七届五中全会精神,按照《中华人民共和国国民经济和社会发展第十二个五年规划纲要》确定的税制改革目标和 2011 年《政府工作报告》的要求,制定本方案。

一、指导思想和基本原则

(一)指导思想

建立健全有利于科学发展的税收制度,促进经济结构调整,支持现代服务业发展。

(二)基本原则

1. 统筹设计、分步实施。正确处理改革、发展、稳定的关系,统筹兼顾经济社会发展要求,结合全面推行改革需要和当前实际,科学设计,稳步推进。

2. 规范税制、合理负担。在保证增值税规范运行的前提下,根据财政承受能力和不同行业的发展特点,合理设置税制要素,改革试点行业总体税负不增加或略有下降,基本消除重复征税。

3. 全面协调、平稳过渡。妥善处理试点前后增值税与营业税政策的衔接、试点纳税人与非试点纳税人税制的协调,建立健全适应第三产业发展的增值税管理体系,确保改革试点有序运行。

二、改革试点的主要内容

(一)改革试点的范围与时间

1. 试点地区。综合考虑服务业发展状况、财政承受能力、征管基础条件等因素,先期选择经济辐射效应明显、改革示范作用较强的地区开展试点。

2. 试点行业。试点地区先在交通运输业、部分现代服务业等生产性服务业开展试点,逐步推广至其他行业。条件成熟时,可选择部分行业在全国范围内进行全行业试点。

3.试点时间。2012年1月1日开始试点,并根据情况及时完善方案,择机扩大试点范围。

(二)改革试点的主要税制安排

1.税率。在现行增值税17%标准税率和13%低税率基础上,新增11%和6%两档低税率。租赁有形动产等适用17%税率,交通运输业、建筑业等适用11%税率,其他部分现代服务业适用6%税率。

2.计税方式。交通运输业、建筑业、邮电通信业、现代服务业、文化体育业、销售不动产和转让无形资产,原则上适用增值税一般计税方法。金融保险业和生活性服务业,原则上适用增值税简易计税方法。

3.计税依据。纳税人计税依据原则上为发生应税交易取得的全部收入。对一些存在大量代收转付或代垫资金的行业,其代收代垫金额可予以合理扣除。

4.服务贸易进出口。服务贸易进口在国内环节征收增值税,出口实行零税率或免税制度。

(三)改革试点期间过渡性政策安排

1.税收收入归属。试点期间保持现行财政体制基本稳定,原归属试点地区的营业税收入,改征增值税后收入仍归属试点地区,税款分别入库。因试点产生的财政减收,按现行财政体制由中央和地方分别负担。

2.税收优惠政策过渡。国家给予试点行业的原营业税优惠政策可以延续,但对于通过改革能够解决重复征税问题的,予以取消。试点期间针对具体情况采取适当的过渡政策。

3.跨地区税种协调。试点纳税人以机构所在地作为增值税纳税地点,其在异地缴纳的营业税,允许在计算缴纳增值税时抵减。非试点纳税人在试点地区从事经营活动的,继续按照现行营业税有关规定申报缴纳营业税。

4.增值税抵扣政策的衔接。现有增值税纳税人向试点纳税人购买服务取得的增值税专用发票,可按现行规定抵扣进项税额。

三、组织实施

1.财政部和国家税务总局根据本方案制定具体实施办法、相关政策和预算管理及缴库规定,做好政策宣传和解释工作。经国务院同意,选择确定试点地区和行业。

2.营业税改征的增值税,由国家税务局负责征管。国家税务总局负责制定改革试点的征管办法,扩展增值税管理信息系统和税收征管信息系统,设计并统一印制货物运输业增值税专用发票,全面做好相关征管准备和实施工作。

附录 B

营业税改征增值税试点有关企业会计处理规定

根据"财政部、国家税务总局关于印发《营业税改征增值税试点方案》的通知"(财税[2011]110号)等相关规定,现就营业税改征增值税试点有关企业会计处理规定如下:

一、试点纳税人差额征税的会计处理

(一)一般纳税人的会计处理

一般纳税人提供应税服务,试点期间按照营业税改征增值税有关规定允许从销售额中扣除其支付给非试点纳税人价款的,应在"应交税费—应交增值税"科目下增设"营改增抵减的销项税额"专栏,用于记录该企业因按规定扣减销售额而减少的销项税额;同时,"主营业务收入"、"主营业务成本"等相关科目应按经营业务的种类进行明细核算。

企业接受应税服务时,按规定允许扣减销售额而减少的销项税额,借记"应交税费——应交增值税(营改增抵减的销项税额)"科目,按实际支付或应付的金额与上述增值税额的差额,借记"主营业务成本"等科目,按实际支付或应付的金额,贷记"银行存款"、"应付账款"等科目。

对于期末一次性进行账务处理的企业,期末,按规定当期允许扣减销售额而减少的销项税额,借记"应交税费——应交增值税(营改增抵减的销项税额)"科目,贷记"主营业务成本"等科目。

(二)小规模纳税人的会计处理

小规模纳税人提供应税服务,试点期间按照营业税改征增值税有关规定允许从销售额中扣除其支付给非试点纳税人价款的,按规定扣减销售额而减少的应交增值税应直接冲减"应交税费——应交增值税"科目。

企业接受应税服务时,按规定允许扣减销售额而减少的应交增值税,借记"应交税费——应交增值税"科目,按实际支付或应付的金额与上述增值税额的差额，借记"主营业务成本"等科目，按实际支付或应付的金额，贷记"银行存款"、"应付账款"等科目。

对于期末一次性进行账务处理的企业，期末，按规定当期允许扣减销售额而减少的应交增值税，借记"应交税费——应交增值税"科目，贷记"主营业务成本"等科目。

二、增值税期末留抵税额的会计处理

试点地区兼有应税服务的原增值税一般纳税人，截止到开始试点当月月初的增值税留抵税额按照营业税改征增值税有关规定不得从应税服务的销项税额中抵扣的，应在"应交税费"科目下增设"增值税留抵税额"明细科目。

开始试点当月月初，企业应按不得从应税服务的销项税额中抵扣的增值税留抵税额，借记"应交税费——增值税留抵税额"科目，贷记"应交税费——应交增值税（进项税额转出）"科目。待以后期间允许抵扣时，按允许抵扣的金额，借记"应交税费——应交增值税（进项税额）"科目，贷记"应交税费——增值税留抵税额"科目。

"应交税费——增值税留抵税额"科目期末余额应根据其流动性在资产负债表中的"其他流动资产"项目或"其他非流动资产"项目列示。

三、取得过渡性财政扶持资金的会计处理

试点纳税人在新老税制转换期间因实际税负增加而向财税部门申请取得财政扶持资金的，期末有确凿证据表明企业能够符合财政扶持政策规定的相关条件且预计能够收到财政扶持资金时，按应收的金额，借记"其他应收款"等科目，贷记"营业外收入"科目。待实际收到财政扶持资金时，按实际收到的金额，借记"银行存款"等科目，贷记"其他应收款"等科目。

四、增值税税控系统专用设备和技术维护费用抵减增值税额的会计处理

（一）增值税一般纳税人的会计处理

按税法有关规定增值税一般纳税人初次购买增值税税控系统专用设备支付的费用以及缴纳的技术维护费允许在增值税应纳税额中全额抵减的，应在"应交税费——应交增值税"科目下增设"减免税款"专栏，用于记录该企业按规定抵减的增值税应纳税额。

企业购入增值税税控系统专用设备，按实际支付或应付的金额，借记"固

定资产"科目,贷记"银行存款"、"应付账款"等科目。按规定抵减的增值税应纳税额,借记"应交税费——应交增值税(减免税款)"科目,贷记"递延收益"科目。按期计提折旧,借记"管理费用"等科目,贷记"累计折旧"科目;同时,借记"递延收益"科目,贷记"管理费用"等科目。

企业发生技术维护费,按实际支付或应付的金额,借记"管理费用"等科目,贷记"银行存款"等科目。按规定抵减的增值税应纳税额,借记"应交税费——应交增值税(减免税款)"科目,贷记"管理费用"等科目。

(二)小规模纳税人的会计处理

按税法有关规定,小规模纳税人初次购买增值税税控系统专用设备支付的费用以及缴纳的技术维护费允许在增值税应纳税额中全额抵减的,按规定抵减的增值税应纳税额应直接冲减"应交税费——应交增值税"科目。

企业购入增值税税控系统专用设备,按实际支付或应付的金额,借记"固定资产"科目,贷记"银行存款"、"应付账款"等科目。按规定抵减的增值税应纳税额,借记"应交税费——应交增值税"科目,贷记"递延收益"科目。按期计提折旧,借记"管理费用"等科目,贷记"累计折旧"科目;同时,借记"递延收益"科目,贷记"管理费用"等科目。企业发生技术维护费,按实际支付或应付的金额,借记"管理费用"等科目,贷记"银行存款"等科目。按规定抵减的增值税应纳税额,借记"应交税费——应交增值税"科目,贷记"管理费用"等科目。

"应交税费——应交增值税"科目期末如为借方余额,应根据其流动性在资产负债表中的"其他流动资产"项目或"其他非流动资产"项目列示;如为贷方余额,应在资产负债表中的"应交税费"项目列示。

附录C 模拟试题

模拟试题一

一、判断（每题2分，共16分）

1. 用于集体福利的购进货物，其进项税额不能抵扣当期销项税额。（　　）
2. 税务会计在规定各项目的征收时，表现为权责发生制和现金收付制并用。（　　）
3. 期末结转后"应缴税费—应缴增值税"的余额若在借方，反映尚未抵扣的进项税额。（　　）
4. 按税法规定可以结转以后年度的弥补亏损应确认为与其相关的递延所得税负债。（　　）
5. 单位将不动产无偿赠送他人，视同销售不动产，征收增值税。（　　）
6. 居民企业承担无限纳税义务，非居民企业承担有限纳税义务。（　　）
7. 纳税人发生的营业税应税行为所缴纳的营业税一律计入"营业税金及附加"。（　　）
8. 税务会计与财务会计的目标相同，会计处理方法也相同。（　　）

二、单项选择（每题2分，共20分）

1. 在税收理论中被称为税基的是（　　）
   A. 应税收入　　B. 计税依据　　C. 税率　　D. 允许扣除费用
2. 我国目前采用超率累进税率的税种是（　　）
   A. 房产税　　B. 个人所得税　　C. 资源税　　D. 土地增值税
3. 下列营业税的价外费用中，不属于价外费用的有（　　）
   A. 集资费　　B. 政府性基金　　C. 赔偿金　　D. 代垫款项
4. 在计算应纳税所得额时，不得从收入总额中扣除的税金是（　　）
   A. 消费税　　B. 营业税　　C. 增值税　　D. 资源税
5. 增值税、资源税、个人工资薪金分别适用的税率是（　　）
   A. 比例、定额、超率累进　　　　B. 比例、定额、超额累进
   C. 定额、比例、全率累进　　　　D. 比例、全额累进、定额

6. 不得从销项税额中扣除的进项税额是（　　）
   A. 专用发票上注明的增值税额　　　B. 海关完税凭证上注明的增值税
   C. 向农业生产者购买的免税农产品　D. 用于免征增值税的购进货物
7. 某商场（一般纳税人）采用以旧换新方式销售冰箱一台，旧冰箱折价300元，向消费者收取1 700元，该笔业务的销项税额为（　　）元
   A. 51　　　　B. 289　　　　C. 290.6　　　　D. 340
8. 具有实际生产能力的企业或企业集团，适用的出口后货物免退税方法为（　　）
   A. 抵免退方法　　　　　　　　　B. 免税采购方法
   C. 先征后退方法　　　　　　　　D. 免税方法
9. 在计算应纳税所得额时，下列支出中不得扣除的是（　　）
   A. 营业税　　　　　　　　　　　B 赞助支出
   C. 材料成本　　　　　　　　　　D. 销售固定资产损失
10. 某公司2010年收到一批捐赠原材料，增值税专用发票上注明的价款、税款分别为20 000元、3 400元，已验收入库，则（　　）
    A. 借：原材料　　　　　　　　　　　　　　　　20 000
          应缴税费——应缴增值税（进项税额）　　3 400
        贷：营业外收入——捐赠利得　　　　　　　　　　　　23 400
    B. 借：原材料　　　　　　　　　　　　　　　　23 400
        贷：实收资本　　　　　　　　　　　　　　　　　　　23 400
    C. 借：原材料　　　　　　　　　　　　　　　　20 000
          应缴税费——应缴增值税（进项税额）　　3 400
        贷：资本公积　　　　　　　　　　　　　　　　　　　23 400
    D. 借：原材料　　　　　　　　　　　　　　　　23 400
        贷：营业外收入——捐赠利得　　　　　　　　　　　　23 400

三、多项选择（每题2分，共10分）

1. 我国出口货物税收政策形式有（　　）
   A. 征多少，退多少　　　　　　　　B. 出口免税但不退税
   C. 出口免税并退税　　　　　　　　D. 出口不免税也不退税
   E. 出口退税但不免税
2. 下列向购买方收取的哪些价外费用应并于销售额计算应纳增值税（　　）
   A. 违约金　　　　　　　　　　　　B. 运输装卸费

C. 政府性基金　　　　　　　　D. 代购的车辆购置税

E. 手续费

3. 在计算应纳税所得额时,允许税前扣除的项目有(　　)

A. 税收滞纳金　　B. 成本　　　C. 营业税　　　D. 赞助支出

E. 费用

4. 纳税人自产自用应税消费品,下列属于用于其他方面的是(　　)

A. 连续生产　　B. 赞助　　　C. 广告　　　　D. 职工福利

E. 委托加工

5. 固定资产在持有期间产生暂时性差异的主要来源是(　　)

A. 固定资产原值　　　　　　　B. 折旧方法

C. 折旧年限　　　　　　　　　D. 固定资产残值

E. 固定资产减值准备的提取

四、业务题(每题 5 分,共 40 分)

1. 某旅行社 6 月取得营业额 50 万元。

要求:(1)计算营业税。

(2)列出相关会计分录

2. 某一般纳税人企业销售商品一批,不含税销售额 50 万元,运至外省,开具了增值税专用发票,货款已收。另收取运费装卸费 1 万元。

要求:(1)计算增值税销项税额。

(2)列出相关会计分录。

3. 某公司月初缴纳上月增值税 200 000 元,中旬缴纳本月增值税 300 000 元,月末结转本月应缴未交增值税 180 000 元,作出会计分录。

4. 甲企业 2011 年 12 月 31 日资产负债表部分项目账面价值与计税基础情况如下表:(设年初递延所得税资产和递延所得税负债为 0)

要求:(1)填写下表。

项　目	账面价值	计税基础	应税差异	可扣差异
交易性金融资产	2 600 000	2 000 000		
存　货	2 000 000	2 200 000		
预计负债	100 000	0		
总　计	—	—		

(2)计算递延所得税。

(3)进行会计处理。

五、业务处理题(共 14 分)

胜利公司是有出口经营权的生产企业,2011 年二季度报关出口一批货物,出口货物离岸价为 500 万美元,汇率 1∶7。当季度内销的货物销售额为 800 万,购进货物价款 5 000 万元。该企业适用出口退税率 14%,购销货物增值税均为 17%。

要求:(1)计算免抵退税额。

(2)进行税务处理。

模拟试题二

一、判断(每题2分,共10分)

1. 随汽车销售提供的汽车按揭服务,按照现行税法规定应缴纳营业税。(   )

2. 企业在对消费税进行会计处理时,只可能使用"营业税金及附加"科目。(   )

3. 企业购买的节能节水、安全生产等专用设备,该设备的投资额的10%可以从企业当年的应纳税所得额中扣除,当年不足抵免的,不可以结转下年。(   )

4. 避孕药品和用具、古旧图书,内销免税,出口环节免税不退税。(   )

5. 商业企业一般纳税人零售服装、食品、化妆品、烟、酒等消费品不得开具专用发票。(   )

二、单项选择题(每题2分,共10分)

1. 委托加工业务中,受托方代收代缴消费税时,适用的组成计税价格公式是(   )

　　A.(原材料+加工费)÷(1-消费税税率)

　　B.(原材料+加工费)×(1-消费税税率)

　　C.(原材料+加工费)÷(1+消费税税率)

　　D.(原材料+加工费)×(1+消费税税率)

2. 下列可以扣除外购应税消费品已纳消费税的是(   )

　　A. 外购酒精生产并销售的白酒

　　B. 外购已税润滑油生产并销售的润滑油

　　C. 外购已税汽车轮胎生产并销售的小汽车

　　D. 外购已税护肤护发品生产并销售的化妆品

3. 下列项目中不属于增值税征收范围的有(   )

　　A. 供电公司销售电力　　　　　B. 邮电局销售邮票

　　C. 银行销售金银　　　　　　　D. 企业将自产钢材用于扩建建房

4.下列行为中应纳营业税的是( )
A.自建自用建筑物　　　　　B.销售设备并安装
C.门市部销售报刊　　　　　D.汽车租赁

5.下列混合销售行为中,应纳营业税的是( )
A.钢窗厂生产钢窗并负责安装
B.从事运输业务的单位发生销售货物并负责运输所售货物
C.电信局销售手机并提供网络服务
D.商场销售卤制品

三、多项选择(每题 2 分,共 10 分)

1.出售无形资产,该如何处理营业税( )
A.借:银行存款
　　　累计摊销
　　贷:无形资产
　　　　应交税费——应交营业税
　　　　营业外收入
B.借:银行存款
　　贷:其他业务收入
C.借:银行存款
　　贷:无形资产清理
D.借:银行存款
　　　累计摊销
　　　营业外支出
　　贷:无形资产
　　　　应交税费——应交营业税

2.下列情况,应作为纳税义务发生确认应税销售额的是( )
A.发出代销商品,货款尚未收到,在第 90 天收到代销清单
B.发出代销商品,尚未收到代销清单,在第 15 天收到部分货款
C.发出代销商品,未收到代销清单和货款,在货物发出后满 150 天
D.发出代销货物,未收到货款和代销清单,在货物发出后满 180 天

3.关于企业所得税税前扣除的说法,符合现行税法规定的有( )
A.酒类企业的广告费一律不许再在企业所得税前扣除
B.商业企业集体的存货跌价准备允许在企业所得税前扣除
C.酒店因客人住店刷卡向银行支付手续费 5 万元,可以在所得税前扣除

D.企业接受政府科技部门的资助进行技术开发,发生的技术开发费不能享受在企业所得税前加计扣除的优惠

4.以下企业外购的已税消费品用于连续生产应税消费品的业务中,可以抵扣已纳消费税的有( )

  A.某烟厂购买烟丝用于卷烟生产
  B.某酒厂购买酒精用于白酒生产
  C.某化妆品厂购买化妆品用于生产化妆品
  D.某摩托车厂购买汽车轮胎用于生产三轮摩托车

5.以下企业中,采用季度作为营业税纳税期限的是( )

  A.保险公司 B.财务公司 C.农村信用社 D.邮政企业

四、计算及会计处理题(每题10分,共40分)

1.某生产企业12月份业务如下:

(1)外购原材料取得增值税发票上注明价款150 000元,已入库,支付运输企业的运输费800元(货票上注明运费600元、保险费60元、装卸费120元、建设基金20元),款项已支付。

(2)库存产品销售业务,销售给甲公司某商品5 000件,每件售价为20元(不含税),另外收取运费5 850元,款项已收到。

要求:(1)该企业12月份应交纳多少增值税?
   (2)作出相应的会计分录。

2.某轿车生产企业为增值税一般纳税人,2006年12月份的生产经营情况如下:

(1)12月进口一批原材料,支付给国外卖家120万元,包装材料8万元,到达我国海关以前的运输装卸费3万元、保险费13万元,从海关运往企业所在地支付运输费7万元。该企业进口原材料关税税率为10%。

(2)12月向外销售小轿车,取得不含税销售额600万元,价外收取有关手续费117万元,小轿车消费税5%,款项已收。

计算:(1)该企业进口原材料应交纳多少关税?
   (2)该企业销售小轿车应交纳多少消费税?
   (3)作出相应的会计分录。

3.A化妆品厂发出一批化妆品原料,委托B厂加工化妆品半成品,原材料成本为100 000元,B厂收取加工费2 000元,且受托方无同类产品销售价格。A化妆品厂收回化妆品半成品后,一半用于继续加工成化妆品,另一半直接对外销售。

要求:作出 A 化妆品厂相应的会计分录。

4.某企业将一处闲置不用的建筑物变卖,该建筑物账面原价为 90 000 元,已计提折旧 9 000 元,双方协商销售价为 50 000 元,要求:(1)计算出售该建筑物应缴的营业税。

(2)作出相应的会计处理

五、综合题(共 30 分)

甲企业 1 月发生如下经济业务:

(1)1 月 2 日,企业从本市购入一批甲材料,共 10 000 元,增值税专用发票上注明价款 1 700 元,货款已经支付。

(2)1 月 3 日,企业直接从农场购入生产材料玉米,收购凭证上注明买价为 50 000 元,玉米已验收入库。另发生运输费用 1 000 元,取得运输公司开来的普通发票。款项都尚未支付。

(3)1 月 5 日,企业销售一批 A 产品,价款 40 000 元,专用发票上注明的增值税额为 6 800 元,款项尚未收到。

(4)1 月 10 日,由于仓库倒塌损毁一批 A 产品,成本 2 000 元,所耗用的材料的进项税额为 340 元。

(5)1 月 16 日,企业将购进的 1 000 元的甲材料用于在建工程。

(6)1 月 20 日,预缴增值税 3 000 元。

(7)1 月 29 日,企业报关出口一批货物 3 000 美元(汇率 1∶8),出口货物退税率 13%。

要求:①对甲企业 1 月份发生的经济业务作出会计分录。

②出口货物不得免征和抵扣税额的会计处理。

③该企业当月应予退税的会计处理。

④企业收到退还的税款的会计处理。

参考文献

[1]应小陆,姜雅净.税务会计[M].上海财经大学出版社,2010
[2]中国注册会计师协会.税法[M].经济科学出版社,2012
[3]王红云.纳税会计.西南财经大学出版社,2008
[4]全国注册税务师执业资格考试教材编写组.税务代理实务.中国税务出版社,2012
[5]明光兰主编.税务会计[M].北京交通大学出版社,2008
[6]盖地.税务会计学(第二版).北京:中国人民大学出版社,2011
[7]蔡昌.税务会计点睛。北京:中国财政经济出版社,2010
[8]全国注册税务师执业资格考试教材编写组.税法(Ⅱ).北京:中国税务出版社,2012
[9]盖地.税务会计与纳税筹划(第三版).大连:东北财经大学出版社,2008
[10]盖地.税务会计学.北京:中国人民大学出版社,2009
[11]曾英姿.税务会计实务(第三版).厦门:厦门大学出版社,2009
[12]王素荣.税务会计与税务筹划.北京:机械工业出版社,2011,8
[13]古义.税法.北京:经济科学出版社,2010,7
[14]邵军.任洪水.北京:首都经济贸易大学出版社,2007
[15]张立,李雪.税务会计与筹划[M].格致出版社,2010
[16]王峰娟,童利.税务会计(第二版)[M].复旦大学出版社,2010
[17]全国注册税务师执业资格考试教材编写组.税法(Ⅰ).北京:中国税务出版社,2012